Matthew for Everyone
Part 1
Chapters 1–15

N.T.ライト
新約聖書講解 1

すべての人のための

マタイ福音書 1

1–15章

N.T.ライト［著］　大宮 謙［訳］

教文館

This translation of Matthew for Everyone: Part 1
first published in 2002 is published by arrangement with
The Society for Promoting Christian Knowledge, London, England
through Japan UNI Agency, Inc., Tokyo

日本語版刊行の言葉

N・T・ライト著 *New Testament for Everyone*（すべての人のための新約聖書シリーズ）の日本語版刊行を、動員された多くの翻訳者と共に監修者として心から喜びます。皆さんの中にはご存知の方も多いと思いますが、著者のN・T・ライト教授はおそらく歴史上もっとも多くの読者を得た聖書学者と言えるでしょう。それは彼が第一級の新約聖書学者として認められていること、その聖書解釈がバランスの取れた穏健な英国の解釈伝統を受け継いでいること、さらに現代のキリスト教会と一般社会に対して責任感のある提案を発信し続けておられることが理由として考えられます。世界中の専門家のみならず一般読者のあいだで高い評価を得ているライト教授が、今回は「すべての人のため」に――研究者のみならず一般信徒、一般読者に向けて――新約聖書全書を分かりやすく丁寧に解説する目的で本シリーズを手がけられました。このシリーズが日本語で提供されることは、日本の教会とさらに広くは日本社会にとって、キリスト教信仰の根幹にある新約聖書に改めて親しく接する機会となるに違いありません。

ライト教授は英国オックスフォード大学で一九九〇年代前半まで教鞭を執られたのち、ロンドン中心街にある有名な英国国教会ウェストミンスター・アビーの司教座神学者として、さらにダラム英国国教会の主教として奉仕され、セント・アンドリューズ大学での教授職を経て、現在はオックスフォード大学で再び教鞭を執られています。非常に多作なライト教授の著書は、すでにその多くが日本語でも紹介されています。教授は特に全六巻からなる代表的なシリーズ——「キリスト教の起源と神の問題」——において、キリスト教起源に関わるこの重要な問題を全網羅的に扱っておられます。その中で、イスラエルの救済史の終結部、また創造秩序の回復プロセスとして教会の時代を捉え、新約聖書全体をこの大きな物語に沿った一貫したムーブメントとして理解しておられます。このような大きな枠組みで新約聖書全体を把握されているライト教授は、私たちのために新約聖書全巻の道案内をするもっとも確かな、したがってもっとも相応しいガイド役と言えるでしょう。ある種のグランド・セオリーによって新約聖書全体を俯瞰的に眺める旅においては、ときとして私たちの慣れ親しんだ視野からは気が付かない風景（解釈）に遭遇することもあるでしょう。そのような風景に刺激を受ける能動的な旅が、私たちをより深い新約聖書理解へと向かわせてくれることでしょう。

本シリーズの各巻は聖書テクストのペリコペ（単元）ごとに、ライト教授自身による原語からの翻訳で始まり、各単元の主題と関連する日常生活の逸話が続き、語彙や古代社会・文化の分かりやすい解説を含めたいわゆる「注解」の部分があり、最終的に私たち読者を深い洞察に満ちた現代的な適用へと導いてくれます。その意味で本シリーズは、すべてのレベルの読者に開かれた、もっともかみ砕かれた新約聖書注解書とも言えるでしょう。その読書体験は、現代的な逸話から古代社会の解説へと時間をさかのぼり、古代社会・文化という背景に親しみつつ教会の信仰の営みに触れ、古代のキリスト者のリアリティから現代的な適用へと引き戻されるという仕方で、単元ごとにライト教授の操縦するタイム・マシンに乗って旅をするかのようです。それは聖書知識やキリスト教教義にまつわる私たちの知的関心を満足させるのみならず、この不安な時代に置かれたキリスト者や一般読者に生きる勇気を与えることでしょう。

私たち監修者と翻訳者は、本シリーズが教会の読書会や勉強会の教材として、また個人のデボーションのパートナーとして、長く親しまれることを期待いたします。

二〇二一年早春

日本語版監修者　浅野淳博
遠藤勝信
中野　実

はじめに

イエスについて初めて公に語り始めた人々は、そのメッセージがすべての人のためであることを強調しました。

教会の誕生という記念すべき日、神の霊が力強い風として吹き込まれると、イエスの弟子たちは神の臨在と新たな喜びによって満たされました。つい数週間前にイエスを拒絶する呪いの言葉を吐き、それを悔いて激しく泣き崩れたペトロは、教会を代表する指導者として堂々と立ち上がります。そして彼は、世界を完全に変えてしまった出来事について語り始めました。そう、神がペトロにもたらした変化は、この世界にもたらされた変革の一部でした。新たな命、赦し、希望そして力が、春の気配を感じて芽を吹き出す花々のように地を満たしました。生ける神がこの世界に新たなことを始める時代が訪れました。「この約束はあなたのためです」とペトロは言います。そして「あなたのすべての子孫、また遠くに離れているすべての人々のためです」と続けます（使二・三九）。この約束は特別な人のためではなく、すべての人のためなのです。

すべての人のためという思いのとおり、今生まれたばかりの共同体は、驚くほどのスピードで古代人が知りうる限りの世界にくまなく広がりました。現在の新約聖書を構成する多くの手紙や福音書などからなる文書群は、広く伝播され熱心に読まれました。これらの文書は宗教的あるいは知的エリートたちに向けられたものではありません。初めからその対象はすべての人でした。

その意図は現在も変わりません。もちろん、歴史的証拠が何で、原語であるギリシア語の本来の意味が何で、各著者が神やイエスやこの世や人類に関していかに語っているか、注意深く分析をする専門家がいないわけではありません。本シリーズがそのような研究の成果に立っていることも事実です。それでも本シリーズは、特にギリシア語が散りばめられた脚註付きの本を読み慣れない人を含めたすべての人のために書かれているのです。新約聖書の内容を語る際にどうしても避けられない表現は**太字**で示し、巻末に短い用語解説を付しました。

今日では新約聖書のいろいろな翻訳版が出回っています。本シリーズが採用する翻訳はすべての人のために新たに訳されたもので、形式的で重厚な文章を多用しがちな伝統的な翻訳とは異なります。原文にできる限り忠実であろうとすることは当然ですが、新約聖書の意味がすべての人にストレートに伝わるような翻訳を試みました。

マタイ福音書が描くイエスは豊かで多面的です。イスラエルのメシア、この世を治め、救う王、モーセよりもなお偉大な教師、もちろん、われわれすべてのために自分の命を与える人の子としても描かれます。マタイはこうしたイメージを一つ一つ並べていき、われわれが福音書のメッセージから知恵を学び、新しい生活スタイルを身に付けるようにと招きます。さあ、すべての人のために書かれたマタイ福音書をご覧あれ！

トム・ライト

聖書略号表

旧約聖書

創世記＝創、出エジプト記＝出、レビ記＝レビ、民数記＝民、申命記＝申、ヨシュア記＝ヨシュ、士師記＝士、ルツ記＝ルツ、サムエル記上＝サム上、サムエル記下＝サム下、列王記上＝王上、列王記下＝王下、歴代誌上＝代上、歴代誌下＝代下、エズラ記＝エズ、ネヘミヤ記＝ネヘ、エステル記＝エス、ヨブ記＝ヨブ、詩編＝詩、箴言＝箴、コヘレト書＝コヘ、雅歌＝雅、イザヤ書＝イザ、エレミヤ書＝エレ、哀歌＝哀、エゼキエル書＝エゼ、ダニエル書＝ダニ、ホセア書＝ホセ、ヨエル書＝ヨエ、アモス書＝アモ、オバデヤ書＝オバ、ヨナ書＝ヨナ、ミカ書＝ミカ、ナホム書＝ナホ、ハバクク書＝ハバ、ゼファニヤ書＝ゼファ、ハガイ書＝ハガ、ゼカリヤ書＝ゼカ、マラキ書＝マラ

新約聖書

マタイ福音書＝マタ、マルコ福音書＝マコ、ルカ福音書＝ルカ、ヨハネ福音書＝ヨハ、使徒行伝＝使、ローマ書＝ロマ、第一コリント書＝Ⅰコリ、第二コリント書＝Ⅱコリ、ガラテヤ書＝ガラ、エフェソ書＝エフェ、フィリピ書＝フィリ、コロサイ書＝コロ、第一テサロニケ書＝Ⅰテサ、第二テサロニケ書＝Ⅱテサ、第一テモテ書＝Ⅰテモ、第二テモテ書＝Ⅱテモ、テトス書＝テト、フィレモン書＝フィレ、ヘブライ書＝ヘブ、ヤコブ書＝ヤコ、第一ペトロ書＝Ⅰペト、第二ペトロ書＝Ⅱペト、第一ヨハネ書＝Ⅰヨハ、第二ヨハネ書＝Ⅱヨハ、第三ヨハネ書＝Ⅲヨハ、ユダ書＝ユダ、ヨハネ黙示録＝黙

目次

マタイ福音書

信仰の師クリストファー・フィリップ・アンウィンへ捧ぐ
五〇年を超える愛と支えと祈りに感謝して

一章一―一七節　イエスの系図

[1]この書には、アブラハムの子、ダビデの子、メシア・イエスの家系図が載っています。
[2]アブラハムはイサクの父であり、イサクはヤコブの、ヤコブはユダと彼の兄弟たちの、[3]ユダ
はタマルによってペレツとゼラの、ペレツはヘツロンの、ヘツロンはアラムの、[4]アラムはアミ
ナダブの、アミナダブはナフションの、ナフションはサルモンの、[5]サルモンはラハブによって
ボアズの、ボアズはルツによってオベドの、オベドはエッサイの、[6]そしてエッサイはダビデ王
の〔父でした〕。
ダビデは（ウリヤの妻によって）ソロモンの父であり、[7]ソロモンはレハブアムの、レハブアム
はアビヤの、アビヤはアサの、[8]アサはヨシャファトの、ヨシャファトはヨラムの、ヨラムはウ
ジヤの、[9]ウジヤはヨタムの、ヨタムはアハズの、アハズはヒゼキヤの、[10]ヒゼキヤはマナセの、
マナセはアモスの、アモスはヨシヤの、[11]ヨシヤはバビロン捕囚の頃にエコンヤと彼の兄弟たち
の〔父でした〕。
[12]バビロン捕囚の後、エコンヤはシャルティエルの父となり、シャルティエルはゼルバベルの、
[13]ゼルバベルはアビウドの、アビウドはエリアキムの、エリアキムはアゾルの、[14]アゾルはサドク
の、サドクはアキムの、アキムはエリウドの、[15]エリウドはエレアザルの、エレアザルはマタン
の、マタンはヤコブの、[16]ヤコブはマリアの夫ヨセフの〔父となりました〕。このマリアからイエ

スが生まれ、「メシア」と呼ばれています。

[17]こうして、アブラハムからダビデまで合わせると一四世代、ダビデからバビロン捕囚まで一四世代、バビロン捕囚からメシアまで一四世代になります。

オスカー・ワイルドの戯曲『真面目が肝心』において、主人公は自分の家庭環境について尋ねられ、自分には両親がおらず、赤ん坊の時に手さげカバンの中で見付けられたことを告白させられています。これらの隠されていた事実を耳にした相手が憤慨する場面は、ワイルドの全作品の中で最も有名で（こっけいな）瞬間の一つです。登場人物の一人がコメントしているように、「片親をなくすのは……不運かもしれないけれど、両親ともなくすのは不注意ね」。

ここで言いたいことは、もちろん、家系図を辿ることは、多くの社会で途方もなく重要だと見なされているということです。西欧世界では自由主義と民主主義に基づいて、平等という考えが長きにわたって大事にされてきました。それでも、自分の家族のルーツを辿ることによって、自分のアイデンティティが確かめられ、多くの人はそれによって興奮を覚え、励まされます。アフリカのある地域や、ニュージーランドのマオリ族の文化のように、より伝統的な多くの社会では、家族の歴史や家系図は、自分が誰であるかについての不可欠な要素です。そしてもちろん、数世紀にわたって続いてきた結び付きの強い家族や部族では、近親結婚も多くあるでしょうから、同じ人物がしばしば自分の家系を複数の仕方で辿ることができます。このような世界では、自分の祖先の物語を語ることは、現代社会において就職活動をする際に良い履歴書を作成することと同じくらい、その人の出自を公にする仕方として重要です。

このことを踏まえると、マタイ福音書の冒頭で何が起こっているのかわれわれは気が付くことでしょう。平均的な現代人は、「たまには新約聖書でも読んでみよう」と考えたとしても、初っ端の頁に出てくる自分が聞いたこともない名前の長々しいリストに困惑するでしょう。しかし、このリストを読むのは時間の無駄だと考えないことが重要です。古代、現代を問わず、多くの文化にとって、そして確かにマタイの時代のユダヤ人世界においても、この系図は、〔速いテンポで連続して太鼓を叩く〕ドラムロール、トランペットのファンファーレ、注意を喚起する町の触れ回り役に相当するでしょう。紀元一世紀のユダヤ人であれば誰でも、この家系図が印象的かつ圧倒的だと分かるでしょう。町の大通りをやって来る大行進のように、われわれは先頭にいる人々に目を向け、また真ん中にいる人々に注目しますが、すべての目は最大の栄誉である位置、すなわち最後尾に来る人を待っています。

マタイはこの点がさらに明瞭になるように、名前を配列しました。たいていのユダヤ人は、イスラエルの祖先の物語を語る際に、アブラハムから始めるでしょう。しかし、一世紀までには、自分たちの家系をダビデ王経由で辿ることができたのは、えり抜きの少数の人々だけになっていたことでしょう。ソロモンや他のユダ王国の王たち経由で捕囚に至るまで辿り続けることができたのは、さらに少数の人々だったことでしょう。

バビロン捕囚以後のほとんどの期間、イスラエルでは〔世襲の〕君主制は成り立ちませんでした。イエス誕生前の二〇〇年間、彼らの王と王妃はダビデ家の出身ではありませんでした。われわれがまもなく会うことになる老王、ヘロデ大王は、王家の血筋ではなく、完全なユダヤ人でさえなく、ローマ帝国が自分たちの中東政策を推し進めるために王にした日和見主義の軍指令官にすぎませんでした。しかし、自分たちが本当の古代イスラエルの王たちの家系であると知っていた人たちもいました。けれども、自分たちの祖先の物語を語り、彼らの名前を挙げることさえ、〔ヘロデ大王に対する〕政治的声明を出すことになり、はばかられました。誰も自分が本当の王家の一員であると自慢しているのを、ヘロデのスパイに立ち聞きされたくはないでしょうから。

しかし、それこそが、マタイがイエスに代わって行ったことです。そして、イエスが代々続く一族の一員にすぎないのではなく、実際、全リストの目標であることを強調するかのように、マタイは系図を一四の名前から成る三つのグループ、いやむしろ七つの名前から成る六つのグループに配列しています。七という数字は、最も力強く象徴的な数字でしたし、今もそうですが、七つの名前から成るグループの七番目の最初〔すなわち六番目の最後と同じ〕に生まれることは、明らかに全リストの頂点に当たります。マタイが言うには、この誕生は、イスラエルが二〇〇〇年間待っていたことなのです。〔頂点に達する〕途中に現れる特別な目印となる人たち〔あるいは出来事〕もまた、それぞれの物語を語っています。アブラハムは建国の父であり、神は彼に偉大な約束をしました。彼はカナンの地を与えられ、諸国民は彼の家族を通して祝福されるのです。ダビデは偉大な王であり、神は彼にも約束をしました。彼は将来、全世界を支配することになるのです。バビロン捕囚は、これらの約束すべてがイスラエルの罪と神の裁きの海の中に沈められ、永遠に失われたと思われる時でした。しかし、捕囚期の預言者たちは、神が再びアブラハムの民とダビデの王統を回復することを約束しました。しかしながら、それに続く長い年月は、その期間にバビロンから戻ってきたユダヤ人であっても、なお外国の異教の圧迫の下に生活しており、そのため、多くの人たちは、「捕囚」は継続しており、神がイスラエルを罪とそれがもたらした裁きから救うことをなお待っている〔期間〕であると見ていました。今やこれらの約束されたことすべてが起こる時であると、マタイは述べています。この家系の最後に来る子こそが、古《いにしえ》の預言をすべての層と水準にわたって成就するために〔来る〕神によって油注がれた、長く待ち望まれた**メシア**です。

しかしマタイは、それらが非常に奇妙な仕方で起こったことも知っています。マタイは、イエスの母マリアが、婚約者ヨセフによってではなく、**聖霊**によってどのようにして身ごもったのかを語ろうとしています。そこでマタイは、神が奇妙な仕方で王家に働いたことを思い出させる人たちを系図に加えます。すなわち、ユダが娼婦として扱った義理の娘タマル、ボアズを産んだエリコの娼婦ラハブ、ダビデが姦淫を犯したヒッタイト人ウリヤの妻です。神がこれらの突飛な仕方で働くことができるからには、今、神が行おうとしていることに目を向けなさい。そうマタイは言っているように思われます。

マタイ福音書は非常に早い時期から新約聖書の先頭に置かれていました。何百万人ものキリスト者は、イエスが誰であったのか、そして誰であるのかという自分たちの探求の始まりとして、この系図を読んできました。そのすべてが意味するところをわれわれが理解したならば、われわれはこの物語を読み進める準備ができたことになります。これは、マタイが言うには、二〇〇〇年間にわたる神の約束と目的の成就であると同時に極めて新しく異質な何かなのです。神は今日もなおそのように働いています。すなわち、自分の約束を守り、神として相応しく振る舞い、そしてなお、神を信頼することを学ぶ人々のために、いつもサプライズを用意しているのです。

一章一八―二五節　イエスの誕生

18これはメシア・イエスの誕生が起こった次第です。彼の母マリアはヨセフと婚約していまし
た。しかし、彼らが一緒になる前に、彼女が――聖霊によって――身ごもっていることが分かり
ました。19彼女の未来の夫ヨセフは、まっすぐな人でした。彼は彼女をさらし者にしたくありま
せんでした。それで、彼は結婚を内密に反故にする決心をしました。20しかし、彼がこのことを
考えていると、主の天使が夢の中で突然彼に現れました。
天使は言いました、「ダビデの子ヨセフ、マリアと結婚することを恐れてはなりません。彼女
が宿している子は聖霊によるのです。21彼女は男子を産むでしょう。あなたはその子をイエスと
名付けなさい。というのも、彼は自分の民をその罪から救うであろう方ですから」。
22このすべてが起こったのは、主が預言者を通して語ったことが成就するためです。23「見よ、
おとめが身ごもって、男子を産むでしょう、そして、彼らは彼をインマヌエルと名付けます――
それは翻訳すれば『神はわれわれと共におられます』という意味です」。
24ヨセフは眠りから覚めると、主の天使が彼に伝えたことを行いました。彼は妻と結婚しまし
た。25しかし、彼女の息子が誕生するまでは彼女と性的関係を持ちませんでした。そして、彼は

その子をイエスと名付けました。

私が見た最も記憶に残る映画の一つは、チャールズ・ディケンズの小説『リトル・ドリット』です。実際には、それは二本の作品で、いずれもとても長編です。二本の作品は物語の前半と後半を伝える続き物ではありません。そうではなくて、いずれの作品も、同じストーリーを異なる視点で描いているのです。最初の作品では、男主人公の目を通して物語が展開します。一方、二番目の作品では、同じ物語が女主人公の目を通して展開するのです。いくつかの場面は一致していますが、われわれは第二の作品で一本目では明らかでなかった多くのことを理解できるようになります。この一対の映画は、一つでなく二つの目で見るかのように、鑑賞者が劇的な物語全体に対する奥行きと幅のある視野を得ることを可能にします。

マタイ**福音書**のイエス誕生の物語は、ヨセフの目を通して展開します。一方、ルカ福音書では、マリアの目を通して物語は展開するのです。両者を調和させることはまったく試みられていません。たしかに中心の事実は同じです。しかし、自分が神の**メシア**を産むことを知って落ち着きを失っているガリラヤの少女マリアを描いているルカとは違って、自分の婚約者が身ごもっていることが分かっても、もっと冷静でいるヨセフをマタイは描いています。二つの物語が接近する唯一の点は、天使ガブリエルがマリアに言ったように、天使がヨセフに向かって「恐れるな」と言う場面です。それはイエス誕生の記事をわれわれが読む際にも、重要な言葉です。

このような場面で恐れることとは、当然のことです。今や数世紀にわたって、キリスト教への多くの反対者たちは、もちろん多くの信仰深いキリスト者たち自身もまた、これらの物語は人々を困惑させるもの、不必要なもので——真実でないと考えてきました。われわれは、多くの人々が奇跡など起こらないと言うであろうことを知っています。驚くべき癒しであれば、それらを説明する方法もあるでしょう。しかし、父親抜きに生まれた赤ん坊について説明する方法はありません。これはあまりにも無理な話です。

ある人たちは、さらに言うでしょう。これらの物語は、不幸な効果をもたらしてきたのだ、と。例えば、セックスは汚いものであり、神は何ものもそんな行為と関わらせたくないと願っているという印象が与えられた。あるいは、マリアは永遠に処女のままであったという伝説を生み出した（聖書はこれについて何も言っていません。ここでも他の箇所でも、含意されていることは、マリアとヨセフはイエス誕生の後は通常の結婚生活を送ったということです）。あるいは、処女であることが結婚することよりも良いことだという思い込みを助長した。他にもいろいろ挙げられます。

イエスの受胎と誕生の物語の周辺に奇妙な考えが生まれてきたことは、もちろん事実ですが、マタイ（そしてルカ）に、その責めを負わせることはとてもできません。彼らは、イエスがなぜそのような人物であったのかについての真実かつ究極的な説明であると自ら信じた物語を伝えているのです。

マタイとルカは、自分たちが危険を冒していることを知っていたに違いありません。古代の異教世界においては、神の介入によって、人間の父親抜きに受胎した英雄たちの物語がたくさんありました。マタイが、父親抜きにイエスが生まれたことを本当に信じていなかったならば、万事につけ非常にユダヤ的な観点を彼は持っていたので、このような物語を自ら創作したり、他の誰かのものを真似るようなことはまずしなかったでしょう。もしそんなことをしたならば、明らかにもう一つの可能性、すなわち、マリアはより明らかではあるが、ほめられない仕方で身ごもったという可能性をすぐに反対者たちに提案させ、彼らの嘲笑にキリスト教をさらすことにならないでしょうか。

なると思います。しかしそれは、イエスが何か奇妙な仕方で受胎したことを誰一人知らなかった場合の話です。われわれは、イエスの生涯においてイエスに向かって浴びせられた嘲りの響きを、ヨハネ福音書から聞き取ります。ヨハネ福音書八章四一節において、おそらく群衆は、イエスの母の結婚前の不品行をほのめかしています。マタイとルカは、そんな噂がすっかり流布していたことを知っていて、そんな記録を正そうとこのイエス誕生の物語を語っているように思います。

その一方で、マタイが二三節でイザヤ書七章一四節から引用している章句の「成就」を申し立てるために、この話を創作したと示唆する人々もいます。しかし、興味深いことに、マタイ以前の誰かがこの箇所を、来たるべきメシアによって成就されなければならない何かを示していると見なしたという証拠はありません。むしろ、マタイはすでにイエス誕生の物語を知っていたので、この箇所を見出したのであって、その逆ではないように思われます。

もちろんすべては、生ける神がそのように行うことができる、あるいは行うであろうと、あなたが信じるかどうかにかかっています。神にはできない（「奇跡など起きない」）と言う人もいます。一方、神はそのようなことをするつもりはない（「もし実際行ったのであれば、なぜ神は大虐殺を止めるために介入しようとしないのか」）と言う人もいます。あるいは、ヨセフやその当時の他の人々は、科学的自然法則をわれわれが知っているようには知らなかったのだと言う人もいます――しかしながら、この物語自体から、この意見が誤っていることは明らかです。なぜなら、もし赤ん坊ができる通常の仕方をヨセフが知らなかったならば、マリアが思いがけず身ごもったとしても、ヨセフが問題を抱え込むことはなかったはずだからです。

しかし、マタイとルカは、イエス誕生の物語すべてを脈絡もなくそのまま受け入れるように求めているのではありません。われわれがこの物語をイスラエルの全歴史――そこにおいて神はいつもいて、しばしば非常に驚くべき仕方で働いた――に照らして、そしてまた特に、この物語に引き続いて語られるイエス自身の物語にも照らして見るように求めているのです。イエス物語の後続の部分や、世界とこれまでそこで生きた数え切れない個々人に対して与えたイエスの衝撃を考慮すれば、彼が本当に**聖霊**の特別な働きによって受胎したことは、多少なりとも受け入れやすくなるのではないでしょうか。

この問いには、誰もが自分で答えなければなりません。しかし、マタイはわれわれがこの問いに止まることを望んではいません。マタイは、イエスが誰であったのか、そして誰であるのかについて、昔ながらのユダヤ流の仕方で、もっとわれわれに伝えようとしています。すなわち、イエスの特別な二つの名前によってです。まず、「イエス」という名前は、当時の一般的な男子の名前で、ヘブライ語では、モーセの死後イスラエル人たちを約束の地へと導いた「ヨシュア」と同じです。マタイはイエスを、モーセの**律法**が指し示したけれども、それ自体が生み出すことはできなかったことを今や完成させるであろう方だと見なしています。イエスがその民を救い出すのは、エジプトでの奴隷状態からではなく、罪の奴隷、すなわち、バビロンにおいてだけでなく、自分たち自身の心と生活において彼らが経験してきた「**捕囚**」からです。

一方、対照的に、「インマヌエル」という名前は、イザヤ書七章一四節と八章八節に記されていますが、他の誰にも付けられていません。この名前は「神はわれわれと共におられる」という意味ですが、おそらく子どもに付ける名前にしては大仰すぎてはばかられたのでしょう。マタイ福音書全体は、この「神はわれわれと共におられる」という主題によって枠付けられています。というのも、結びにおいて、イエスは、世の終わりまでその民と「共に」いることを約束しているのです（二八・二〇）。二つの名前は相まって、この物語の意味を言い表しています。神はその民と共におられます。すなわち、神は遠くから「介入する」のではなく、いつも働いていて、時には最も想定外の仕方で働くのです。実に、神の働きは、人々を助けのない苦境から救い出すことを目的としていますが、その際に、自分が主導権を握ることを強く求め、人々が（いわば）想像できない〔文字通りには「受胎できない」〕。「イエスの受胎」と語呂合わせ〕と見なしてきたことを成し遂げるのです。

これこそが神であり、これこそがイエスであり、その物語をマタイは今やわれわれに提示するのです。これこそが神であり、これこそがイエスであり、人間の持つ可能性が尽きてしまった時に、今日もなおわれわれのところに来て、自分の約束を成就させ、その力強い愛と恵みによって、新しく驚くべき仕方を提供するのです。

二章一—一二節　マギがイエスを訪れる

1イエスがユダヤのベツレヘムでヘロデが王であった時代に生まれた時、賢くて学識のある人
たちが東方からエルサレムに来ました。
2彼らは「ユダヤ人の王となるためにすでに生まれたその方はどこにいますか。われわれは彼
の星を東で見て、彼を拝みに来たのです」と尋ねました。
3ヘロデ王はこれを聞くと、とても動揺しましたが、全エルサレムも同じでした。
4彼は祭司長
たちや民の律法学者たちをすべて呼び集め、メシアはどこに生まれることになっているのか彼ら
に答えを求めました。
5「ユダヤのベツレヘムです」と彼らは答えました。「それこそ預言者が書いていることです。

6ユダヤの地、ベツレヘムよ、
あなたはユダヤの君主の中で最も小さくはない。
あなたから支配者がもたらされ、
私の民イスラエルを牧するでしょう」。

[7]それから、ヘロデは自分のところへ賢人たちを密かに呼びました。ヘロデは、星が現れた時
を詳しく彼らから聞き出しました。[8]それから、ヘロデは彼らをベツレヘムに送りました。
ヘロデは「行って、その子のことを徹底的に調べなさい。その子を見つけたら、私のところに
戻ってきて報告しなさい。私も行ってその子を拝むことができるように」と言いました。
[9]王が言ったことを聞いて、彼らは出発しました。彼らが東方で見ていたあの星が、彼らに先
立っていました。その星は進み、その子がいる場所の上に留まりました。[10]その星を見ると、彼
らは喜びと興奮で我を忘れました。[11]彼らは家の中に入り、その子が母マリアと一緒にいるのを
見て、ひれ伏して彼を拝みました。彼らは自分たちの宝物の箱を開け、黄金、乳香、没薬という
贈り物をその子に渡しました。
[12]彼らは夢の中でヘロデのところに戻るなと警告されました。それで、彼らは自分たち自身の
国へ違うルートで戻りました。

暗い夜のことでしたが、明るい光が、すぐ近くの町の真上に輝いていました。私はそれがヘリコプターだと確信しました。きっと警察が犯人を捜して出動していたに違いありません。あるいは、事故が起こったのかもしれません。われわれは都会から来たばかりで郊外の夜の暗さに、まだ目が慣れていなかったのです。しかし、誰の目にも容易に、空には光が見えました。明るくて、ほとんど目が見えなくなるような光です。それは、飛行機かヘリコプターに装備されたサーチライトの人工的な光でしかあり得ないと私は確信しました。

しかし、乗っていたタクシーの運転手が面白がって教えてくれたように、私は間違っていました。それは金星の光だったのです。その星はその時、われわれの星、地球に最も接近していました。金星は夕闇の空に、私が今まで想像してきたものよりも明るく輝いていました。私の目は、都会の街灯に慣れすぎていました。私は夜空がどれほど明るく、どれほど美しく感動的であるのかをすっかり忘れてしまっていました。

街灯のなかった古代世界は、夜空を決して忘れませんでした。多くの人々、特にパレスチナの東にある国々の人々は、星と惑星の研究を芸術の域にまで発展させました。そして、それぞれの星や惑星に非常に特別な意味を与えたのです。彼らは、結局のところ天と地は一つの世界であると信じていました。つまり、彼らはこう考えていました。すべてのことは相互に結び付いていて、何か重要なことが地上で起こっている時には、それが当然、天にも反映されます。反対に、星や惑星の間で驚くべき出来事があれば、それは地上でも驚くべき出来事が起こることを意味するに違いない、と。

マタイの言う「星」が何であったのかを見つけることに、聖書学者たちは苦労してきました。ハレー彗星は、紀元前一二―一一年に現れましたが、それではこの物語にはかなり早すぎるでしょう。あるいは、ある種の超新星爆発があったのかもしれません。もっとあり得そうなのは、紀元前七年に木星と土星が三回、重なったという出来事です。木星は「王家」や王の惑星であり、土星は時としてユダヤ人を象徴すると考えられていました。ですから、この出来事が示していることは明らかでした。つまりユダヤ人の新しい王が生まれようとしている、ということです。これが「賢くて学識のある人たち」が東方から来た理由であるかどうか、われわれは確信を持つことはできません。しかし、たとえもしそうでなかったとしても、思慮深い天文学者あるいは占星術師たち（古代世界では両者は一体でした）が、天での不思議な出来事に気が付き、地上でそれに対応することを探し当てたということが最もあり得そうなことです。想定されるように、もし賢人たちが裕福でもあったならば、彼らには旅に出る上での困難は何もなかったことでしょう。

マタイはこのすべてを、単に天文学的好奇心を満足させるためにわれわれに語っているのではありません。また、マタイはわれわれに一種の居心地の良い絵本物語を提供しているのでもありません。確かにわれわれは、そこから自分たちのために、馬小屋にいる一人の子どもに贈り物を持ってくる風変わりで優しい東方の王たちが登場する物語を創作してきたのですが（マタイは馬小屋については何も言っていません。マタイ福音書から知り得るのは、マリアとヨセフは単にその時にベツレヘムに住んでいて、後にナザレに移り住んだ、ということだけです（二・二三）。マタイは、訪問者たちが、王家の者だったとも言っていません）。マタイの物語の含みは、まったく違っています。

マタイがわれわれに伝えているのは、政治的にダイナマイト［のように物騒な人について］です。マタイが言うには、イエスはユダヤ人の真の王であり、ヘロデ大王は偽物、権力簒奪者、詐欺師です。われわれが後で知ることになるように、このヘロデはイエス誕生の直後に死にました。しかし、ヘロデの息子たちは統治を続け、彼らの中の一人、ヘロデ・アンティパスは、イエスの物語が展開される際に、重要な役割を果たします。ヘロデ家にとっては、他の誰かが「ユダヤ人の王」であると主張するかもしれないと考えることさえ受け入れられるものではありませんでした。

「マギ」（マタイはそのように彼らを呼びました。それは「魔術師《マジシャン》」や「占星術師」を指したり、夢、前兆、他の不思議な出来事を解釈する専門家を指します）の到着は、マタイが何を最初からはっきりさせておきたいのかをわれわれに示します。もしイエスがある意味でユダヤ人の王であるとしても、それは、彼の支配がユダヤ人に限定されることを意味しません。来たるべき王、メシアについての多くの預言の中心にあるのは、その支配が神の正義と平和を全世界にもたらすであろう、という予告です（例えば、詩七二編、イザ一一・一—一〇）。だからこそ、マタイは自分の福音書の結びにおいて、出かけて行ってすべての国民を弟子にしなさいという弟子たちへのイエスの委託を記すのです。これこそが、メシアによる世界の支配という預言が成就していく仕方であるように思われます。同じことが、意図書のあちこちにほのめかされていますが（例えば八・一一）、イエス自身は、自分の活動中には、未知数の異邦人を探し出すことはありませんでした（一〇・五—六参照）。しかし、イエスはまだ未知数の赤ん坊にすぎませんが、それでもここには来たるべきことについてのしるしがあります。というのも、マギが携えてきた贈り物は、古代世界の人々が、王たちに、あるいは神々にさえ携えるのに適切であると考えたたに違いない類のものだったからです。

　もう一つの〔理解の〕仕方によれば、この物語は、福音書の頂点を前もって指し示しています。イエスは最後に、世界で最も偉大な王の代理人——ローマ皇帝の臣下、ピラトと対面します。ピラトもまた、夢でイエスに何もしないようにと警告されたにもかかわらず（二七・一九）、〔マギからのものとは〕かなり違った贈り物をイエスに渡すことになるでしょう。それらはピラトの兵士たち（彼らは二七・二九でマギ以来、イエスを「ユダヤ人の王」と呼ぶ最初の異邦人です）が茨で作った王冠であり、また王座として与えた十字架です。イエスの死の瞬間には、明るい星の代わりに、この世のものとは思えない暗闇があり（二七・四五）、その中でわれわれは「そうです、彼は本当に神の子でした」と語る異邦人の一つの声を聞くでしょう。

マタイの語る物語全体に耳を傾けましょう。ユダヤ人の真の王であることがイエスにとって何を意味するのか考えましょう。そして、それから——彼のところへ行きましょう。あなたが取り得る道筋が何であれ、見出し得る最良の贈り物を携えて。

二章一三—二三節　エジプトへの旅

13マギが去った後、突然、主の天使が夢の中でヨセフに現れました。天使は言いました、「起きて、子とその母を連れて、急いでエジプトに去りなさい。そこに私が告げるまで留まりなさい。ヘロデがその子を探し出して殺そうとしています」。14そこでヨセフは起きて、子とその母を夜に紛れて連れて、エジプトへ去りました。15ヨセフはそこにヘロデの死まで留まりました。このことが起こったのは、主が預言者を通して語ったことが成就するためです。

私はエジプトから私の息子を呼び出した。

16ヘロデは自分がマギたちに欺かれたことを知ると、烈火のごとく怒りました。ヘロデはマギ
が自分に伝えた〔新しいユダヤの王誕生の〕時期に従って、ベツレヘムおよび周辺地方にいる二歳
以下のすべての男子を殺すために人々を派遣しました。17こうして、預言者エレミヤを通しても
たらされた言葉が成就しました。

18一つの声がラマで聞こえました、
叫び、大声で嘆く声が。
ラケルは自分の子たちのために泣いていて、
誰にも自分を慰めさせません、
なぜなら彼らはもういないからです。

19ヘロデの死後、突然、主の天使が夢の中でエジプトにいるヨセフに現れました。
20天使は言いました、「起きて、子とその母を連れて、イスラエルの地に行きなさい。その子を
殺すことを望んでいた人々は死にました」。
21そこでヨセフは起きて、その子とその母を連れて、イスラエルの地に行きました。
22しかし、アルケラオが彼の父ヘロデに代わってユダヤを支配していると聞いて、ヨセフはそ
こに戻ることを恐れました。そして夢で助言を受け、ヨセフはガリラヤ地方に去りました。23そ
こに着くと、彼はナザレと呼ばれる町に住みつきました。これは、預言者が語ったことが成就す

るためです。

彼はナザレ人と呼ばれるであろう。

私がかつて大勢の人が集まるクリスマス礼拝で説教をした時のことです。そこにはよく知られた歴史家で、キリスト教に懐疑的なことで有名な人が自分の家族に説得されて出席していました。礼拝の後で、彼は満面の笑みを浮かべて私に近づいてきました。

「私はなぜ人々がクリスマスを好むのかがやっと分かりました」と彼は高らかに言いました。

「本当ですか。ぜひ私に教えください」と私は答えました。

「赤ん坊は誰にも脅威を与えませんから、〔クリスマスに語られること〕すべては、結局のところまったく何ということもない、ただのめでたい出来事であり、〔人々はそんな類の話を聞きたがるのです〕」と彼は言いました。

私は彼の話にびっくりしました。というのも、マタイ福音書のクリスマス物語の中心にいる一人の赤ん坊は、自分を排除するために村中の他の赤ん坊全員を殺すほどの脅威を、一帯で最も権力のある人に対して与えたからです。ルカのクリスマス物語の中心にも、全世界の主となる一人の赤ん坊がいます。ローマ皇帝がそのことを分かっていなかったばっかりに、イエスの弟子たちは、第一世代のうちに、秩序に対する危険分子として帝国によって迫害されることになるのです。イエスについてあなたは他にもいろいろ言えるでしょうが、彼の誕生このかた、人々は確かにイエスを脅威と見なしました。イエスは彼らの権力闘争のルールをひっくり返したため、そんなことをする人々を通常待ち受けている運命をイエスも経験することになったのです。

実際、その瞬間から、物語には十字架の影が差しています。イエスは懸賞金を首にかけられて生まれました。陰謀が目論まれています。天使はヨセフに警告しなければなりません。彼らはかろうじて間に合ってベツレヘムから逃れました。ヘロデ大王は、家族の誰かが、たとえ愛妻であっても、自分に陰謀を企てているのではないかと疑ったならば、その相手を容赦なく殺しました。また、自分の葬式で人々が涙を流すようにと、自分が死んだ時にはエリコの指導者層の市民を虐殺するようにという命令を与えていました――このヘロデは、小さな赤ん坊の一人が王位を継ぐ者と見なされるような時には、表情一つ変えることなく、多くの赤ん坊を殺すことでしょう。ヘロデの権力が増すに従って、彼の妄想癖も高まりました――こうしたことは、世界中の独裁者たちがあの日から今日まで示してきたように、珍しくありません。

メシア・イエスがその頃、困難、緊迫、暴力、恐れの地と時代に生まれたという福音。〔この福音は〕クリスマスの場面が平和なものであるという考えすべてを払いのけます。平和の君は、歩いたり、話したりする前から、懸賞金を首にかけられた、家を持たぬ難民でした。同時に、ここの箇所や他の数箇所で、マタイは、物事が最も暗い時にさえも、われわれはイエスにおいて聖書の成就を見るのだと主張しています。これこそが、イエスラエルの贖い主が現れた次第です。これこそが、神が自分の民を解放し、全世界に正義をもたらすことに着手した次第です。世界が悲惨な中にある時に、〔独り〕快適さを享受しても意味はありません。世界が暴力と不正義を被っている時に、〔独り〕お気楽な生活を送っても意味はありません。もしイエスがインマヌエル、すなわち神はわれわれと共におられる〔ことを示す者〕ならば、痛みがあるところでこそ、イエスはわれわれと共にいなければなりません。それが、この章で〔語られている〕大切なことです。

マタイのここでのいくつもの聖書テキストの引用は、多くの読者を戸惑わせてきました。まず、彼が一五節（「私はエジプトから私の息子を呼び出した」）でホセア書一一章一節を引用する時、預言者ホセアはイスラエルの出エジプト（エクソダス）の出来事を振り返っているのであって、まだ来ていない「神の子」を待ち望んでいるのではないという事実をマタイが無視しているように一瞬、思われます。しかし、こうした判断こそがマタイにとってイエスの役割と使命には、まさにイスラエルの物語を完成させることが含まれているという事実を無視するものです。つまり、「神の子」として、イエスは、いわばイエラエルを体現する者であり、イスラエルの失敗を引き継ぐのです（特に四・一—一一参照）。

次のエレミヤ書からの引用は、ヘロデによるベツレヘムの子たちの虐殺（一八節）に預言者的背景を提供していますが、これもまた含蓄のある内容を含んでいます。エレミヤ書の箇所（三一・一五）は、神による契約の更新について述べており、ついにイスラエルは捕囚から連れ戻されるのです。イスラエルは嘆き悲しまなければなりませんが、助けは近づいています。再びマタイは、すべての先行きが暗く、希望がないと思われる時にさえ、イエスが救いをもたらすことをほのめかしています。

最後に、マタイはヨセフの家族のナザレへの定住をイザヤ書一一章一節の預言と結び付けています。そこに出てくる nazir という語は「枝」という意味です。イザヤが言うには、一つの枝がエッサイの根から育ちます。別言すれば、ダビデの王家のために新しい始まりが準備されるということです。これこそが、この章句で約束されていることであり、マタイは、この約束のほのめかしをできるだけ多くの機会に見出そうとしています。神はイエスにおいてイスラエルが待ち望んでいた救いと助けを与え、それらを通して自身の正義を全世界に与えていますが、それは、イエス誕生を巡って起こった狂気に満ちた悲惨な出来事にもかかわらず与えられたのではなく、むしろそのような悲惨な出来事が起こったからこそ与えられたのです。

われわれは、ヘロデ家の最期については、耳にしたことがありません。しかし、ユダヤ人の真の王となるために生まれた幼子は、神の救いの担い手として、また本当に神の臨在〔すなわちインマヌエル〕の担い手として、すでに紹介されました。マタイは、今からは、われわれの目の前に展開することになる神による新しい**出エジプト**〔エクソダス〕に注目するように、われわれを招いています。

三章一—一〇節　洗礼者ヨハネの説教

1その頃、洗礼者ヨハネが現れました。彼はユダヤの荒れ野で説教していました。

2「悔い改めなさい。天の王国はまもなく来ます」と彼は言っていました。

3ヨハネは、ご存知のように、預言者イザヤによって次のように言われていた人物です。

砂漠で叫ぶ声、

「主が進む道筋を準備しなさい、
その道をすっかりまっすぐにしなさい」。

[4]ヨハネ自身はらくだの毛で作られた服を着て、腰の周りに革の帯をしていました。彼の食べ
物は、いなごと野生の蜂蜜でした。[5]エルサレム、またユダヤ全土、またヨルダン川周辺の全域
は、彼のもとへ向かいました。[6]彼らは自分たちの罪を告白し、ヨハネによってヨルダン川で洗
礼を授けられました。

[7]ヨハネはファリサイ派とサドカイ派の数人が洗礼を授けてもらおうとやって来るのを見まし
た。ヨハネは彼らに言いました、「お前たち蝮の子たちよ。誰が来たるべき怒りから逃げるよう
にあなたたちに警告したのですか。[8]あなたがたは相応しい種類の実を結ぶことによって自分た
ちが悔い改めたことを証明した方がよいでしょう。[9]また、あなたがたは『われわれには自分た
ちの父としてアブラハムがいる』と、自分に言い聞かせる必要はありません。あなたがたに伝え
たいのは、神はこれらの石からでもアブラハムのために子たちを生み出しかねないということで
す。[10]斧はすでにその木の根元に狙いを定めています。良い実を結ばない木は、すべて切り倒さ
れ、火の中に投げ入れられることになっています」。

道、水、火、斧。四つの力強い象徴は、イエスの物語が実際に始まる場面を設定します。

最初に、町の大通りを流れるように通り抜ける警察車両が先導するパレードを考えてください。最初に青い光を閃かせながら、オートバイが現れます。それらが近づくと、人々は急ぎ足で道路脇に向かいます。誰もがこれから起こることを知っています。長い間不在であった王が、ついに戻ってきたのです。護衛と係官たちを満載にした二台の大きな黒塗りの車が通り過ぎました。それから、先端に旗を立てた車が、王を乗せて続きます。この時までに道は開けられ、王を待つ準備が整っていました。他の車は見当たりません。誰もがじっと立って注目し、旗を振り、祝福していました。

さて、この場面を二〇〇〇年遡らせて、暑くて埃っぽい砂漠に移してください。長い間不在であった王が、ついに戻って来ると人々は言っています。しかし、どのようにしてでしょう。道一本さえないのです。そうです、われわれは準備をした方が良いでしょう。そこで、使者が出かけて行き、砂漠にいる人々に叫ぶのです。王がまもなく戻って来ます。王のために道を造りなさい。立派な、まっすぐな道を。

このメッセージは、イザヤ書四〇章で最初に告げられて以来ずっと、洗礼者ヨハネの時までの数百年間、ユダヤ人の生活の至るところで響いてきました。それは、捕囚の恐怖の後に、民に与えられた希望、赦し、癒しについての偉大な使信の一部でした。神がついに戻って来て、慰めと救いをもたらすでしょう。そうです、ヨハネは言います。今やそれが起こっています。さあ、準備をしましょう。王、すなわち神ご自身が、戻って来ます。神の王国のために準備をしましょう、と。そして、心を打つヨハネの使信は、皆の注目を集めました。現代風の言い方であれば、彼らは青く閃く光を見て、自分たちがしていたことを止め、王を迎える準備をするのです。

しかし、問題は、彼らが少しも準備ができていなかったことでした。自分の家がかなりきれいで整えられていると考えている人でも、もし突然、王の訪問を受けると知らされたならば、もう一度、大掃除をしたくなって当然でしょう。ユダヤ人たちはと言えば、**神殿**で定期的に礼拝する信仰深い人たちですら、自分たちは、神が戻って来るための準備ができていないことを直感的に知っていました。人々が、心から神の方へ向きを変え、悔い改めた時に、神は戻って来るだろうと、預言者たちは語ってきました。それこそが、彼らが行うようにとヨハネが説教したことです。そして、彼らは大挙して、ヨハネのところへやって来ました。

　彼らは**洗礼**を受けるために来ました。彼らが自分たちの罪を告白すると、ヨハネは彼らをヨルダン川の水の中へ沈めました。これは、単に個人のための象徴的な清めというだけではありませんでした。そうではなく、神がイスラエルと世界のために歴史の中で行っている新しいことのしるしでした。この時より一〇〇〇年以上も前、イスラエルの子らは、約束の地に最初に入って征服した時に、ヨルダン川を渡りました。今や彼らは、より大きな征服、すなわち、神がすべての悪を打ち負かし、**天**でそうであるように、地に神の王国を打ち立てるための準備を自分たちが行っていることのしるしとして、ヨルダン川を再び通り抜けなければなりませんでした。

　ヨハネの使信は、すべてが慰めなのではありません。まったく反対です。ヨハネは、燃え立つ火について、また木を切り落とす斧について語りました。ユダヤの宗教指導者、すなわち**ファリサイ派**と**サドカイ派**の人々が何人か洗礼を受けに来たのを見ると、ヨハネは彼らをあざ笑いました。彼らは、たき火にする枝が燃え始めた途端に、隠れていたその枝からくねくねと体を滑らせて立ち去る蛇のようでした。彼らが本当に違った行動を取った時に初めて、ヨハネは彼らについての考えを変えることでしょう。形だけ洗礼を受けても、十分ではありません。本物の**悔い改め**は、心と生活に継続する完全な変化が起こることです。これこそが、来たるべき王のために道を準備する唯一の仕方でした。

では、彼らは何を悔い改めるべきだったのでしょうか。ファリサイ派の人々は、自分たちの清さを誇りました。彼らは、大きな罪や明らかな罪を犯すことはありませんでした。そうです、しかし、彼らのその誇りが、神が戻って来ることを妨げていました。また、イスラエル以外の人々に対してはもちろんのこと、自分たち以外のイスラエル人に対するファリサイ派の人々の傲慢さは、来たるべき王の前で必要とされる謙遜さとは極めて不調和でした。われわれは、このことについては、やがてもっと知ることになるでしょう。

ヨハネは特に、イスラエルの家系であることについて彼らの持つ確信を責めました。「われわれには自分たちの父としてアブラハムがいる」と彼らは思うことでしょう。別言すればこうです。「神はアブラハムに約束をしました。そしてわれわれはアブラハムの子です。したがって、神はわれわれの味方です。それでわれわれは最後にはきっと大丈夫に違いないのです」。ちょっと待ってください、とヨハネは警告しています。あなたがたの神は、主権を持つ創造主であって、あなたの足元のその石からアブラハムのために新しい子たちを造ることなど造作もないことなのです。斧は準備されていて、今にも木を切り落とそうとしています。すなわち、王の到着は、慈しみだけでなく裁きをも、もたらすでしょう。そして、裁きを避ける唯一の方法は、自分が実り多い木であると示すことです（イエスは、このイメージを一度ならず使いました）。〔そうでなければ〕たき火〔の枝〕にされるしかありません。

ヨハネの容赦のない警告によって、イエス物語の調子が大部分決まりました。神の王国が実際どのようなものなのかを知らないままに、ヨハネは道を準備しました。そのため、ヨハネは、その結果に混乱しました（一一・二―六）。イエスの使命は、人が思い浮かべがちなものとは、まったく異なっていました。すなわち、イエスは一方では、王国の使信がもたらす慰めと癒しを語りましたが、それと同じほど他方では、神が戻って来る時には完全な忠誠を神が要求するのだと極めて厳格に警告しました。もし、神が本当に神であるならば、神はわれわれが思い浮かべがちな単に優しくて、寛大で、お気楽な親のような方ではありません。

イエスにおいて自分の民のところへ来た神は、いつの日か栄光に満ちた自分の王国を顕わにし、全世界に正義と喜びをもたらします。その日のためにわれわれはどのような準備ができるでしょうか。どこで道をまっすぐに整える必要があるでしょうか。神が進む道にあるごみを焼き払うために、どんな火がともされる必要があるでしょうか。どの枯れた木々が切り倒される必要があるでしょうか。そして、同じく重要なのは、悔い改めるようにと今すぐ説教されるべきは誰なのでしょうか。

三章一一―一七節　イエスの洗礼

11 ヨハネは続けました、「私は悔い改めのために、あなたがたに水で洗礼を授けています。しかし、私の後から来る方は、私よりもっと力強いのです。私は彼の履物〔文字通りには「サンダル」〕

を運ぶ価値さえありません。彼は聖霊と火であなたがたに洗礼を授けるでしょう。[12]その方は箕
〔文字通りには「シャベル」〕を手に持ち、今まさに自分の納屋を整え、すべての穀物を集めて穀倉
に入れようとしています。一方、もみ殻については、彼は、決して消えることのない火で燃やし
尽くすでしょう」。
[13]その時、イエスがガリラヤからヨルダン川に到着し、ヨハネから洗礼を受けるために彼のと
ころに来ました。
[14]ヨハネは彼を押しとどめようとしました。
ヨハネは言いました、「私が、あなたから洗礼を受けるべきなのです。それなのに、あなたが
私のところへ〔洗礼を受けるために〕来るのですか」。
[15]イエスは言いました、「これこそが、今なされるべきことに違いありません。これこそが、神
の救いの計画全体を完成するために、われわれが行うべき正しい仕方です」。
そこでヨハネは同意し、[16]イエスは洗礼を受けました。イエスが水から現れ出た途端、突然、
天が開かれ、神の霊が鳩のように下って来て、自分の上に留まっているのをイエスは見ました。
[17]その時、天からの声が届きました。
その声は、「これこそ私の息子、私の愛する者です。彼は私を喜ばせる者です」と告げました。

ヨハネが、われわれと同じように驚いたと言っても間違いはないでしょう。
あるいは、少なくとも、われわれがこれから待ち受けていることを知らずに、この箇所を読んだ時

と同じようにヨハネは驚いたことでしょう。

その雰囲気をつかむために、今か今かと開演を待つ興奮した音楽ファンで扉のところまで満員になった巨大なコンサートホールにわれわれが行っていると想像してください。われわれは皆、プログラムを手にして、雷のように轟き渡る音楽が始まるのを待っています。われわれは、どんな音楽を聞くことになるのかを知っています。それは、戦いのための音楽、勝利のための音楽であり、雷鳴と稲妻、そして素晴らしい音の爆発であるでしょう。コンサートの主催者が舞台の上に現れて、響き渡る声で、かの有名な音楽家がすでに到着したことを高らかに告げます。彼は、われわれの期待のすべてに応えるであろうその音楽家を拍手喝采で迎えるようにわれわれ皆を立たせます。

われわれがそこで今か今かと待っていると、小さな人物が舞台に現れます。彼は、われわれが期待していた相手であるようにはまったく見えません。彼が持っているのは、オーケストラに演奏を始めさせる指揮者の棒ではなく、小さなフルートです。われわれが驚きのあまり黙ったまま注目していると、彼は、優しく、軽やかに、われわれが想像していたものとは極めて異なる調子で演奏し始めます。しかし、聞いているうちに、われわれはよく知っている主題が、新しい仕方で演奏されるのを耳にし始めます。その繊細な音楽は、強く心に残り、われわれの想像と希望を刺激して、影響を与えます。そして、彼の演奏が終わりを迎えると、それが合図であるかのように、オーケストラがわれわれのずっと期待していた音楽の新しい編曲で応じました。

さあ、コンサートの主催者として、まもなく現れるソリストに対する興奮へとわれわれを駆り立てるヨハネの声に耳を傾けましょう。「彼はまもなく来ます。彼は私よりもっと力強いのです。彼はあなたがたに、水だけでなく、神の風と神の火をもたらすでしょう。彼はあなたがたを分類し——雑然さを一掃し——良い麦だけが残るように、神の農場を整えるでしょう」というヨハネの声に。われわれは、偉大な指導者、おそらく生ける神自身が、大きな爆発音や光と色の輝きと共にホールの中に颯爽と入って来て、一撃ですべてを変容させることを期待して立っています。

しかし、その代わりに、われわれに与えられるのはイエスです。マタイ福音書において、今までにわれわれが会ったことのあるイエスは、懸賞金を首にかけられた赤ん坊の時の姿だけです。ヨハネの前に謙遜な様子で立つこのイエスは、洗礼を受けることを求め、ユダヤ、エルサレム、ガリラヤの同胞たちが抱く悔い改めの思いを共有しています。このイエスは自分を、裁きにおいて目の前のすべての者を一掃する神に重ね合わせるのではなく、その裁きに直面し、悔い改める必要のある人々に重ね合わせているように思われます。

ヨハネは、もちろん恐ろしくなりました。ヨハネは、イエスこそが自分の待っていた方だとすでに知っていたように思われます。しかし、それではなぜ、イエスは洗礼を受けに来ようとするのでしょうか。ヨハネの語った自分の後から来る方の行動計画はどうなってしまったのでしょうか。あの風と火は、また、神の農場の整理は、どうなってしまったのでしょうか。間違いなく、むしろヨハネこそが、イエス自身から洗礼を受ける必要があるのに〔逆のことをしたら、どうなってしまうのでしょうか〕。

イエスの答えは、驚きを伴うわれわれの眼差しの前に明らかにされるであろう福音書の物語全体に関するきわめて重要な何かをわれわれに伝えています。そうです、神の計画、すなわち、ずっと昔に神が結び、〔ご自身が〕決して忘れたことのないそれらの約束を成就するために、イエスは来るのです。そうです、それは、神の風、すなわち神の霊を世界中に吹かせるという約束であり、悪が起こるところにはどこにでも神の公平な裁きの火をもたらすという約束であり、自分たちが追いやられてきたあらゆる種類の捕囚から、悔い改めた神の民を一度限り永遠に助けるという約束です。しかし、もしイエスが、これらすべてを行うことになっているならば、それは次のような仕方で行われなければなりません。すなわち、へりくだって自分を神の民に重ね合わせることによって、彼らの代わりを務め、彼らの悔い改めを共有し、彼らの命を生き、最後には彼らの死を死ぬことによってです。

それが何の役に立つのでしょうか。また、それは、ヨハネ――そして彼の聴衆――が切望していた結果をどのようにしてもたらすのでしょうか。

こうした疑問に対するマタイの全体的な答えは、物語の残りを読んでください、ということになります。しかし、イエスが水から現れ出た時に、われわれは、その答えが何かをすでに垣間見ることができました。イスラエルは紅海の水を通り抜け、神の子、神の長子としての自分たちの身分を確証する律法を与えられました。一方、イエスは洗礼の水から現れ出て、イエスこそが神の子、イエラエルの体現者であると宣言する、神の霊、神の風、神の息を新しい仕方で受け取りました。鳩は、束の間、神の霊を体現し、象徴するものですが、来たるべき裁きが、好戦的ないし報復的な霊によって成し遂げられるのではなく、平和を作り出すことを意図していることを示しています。裁き自体も、この霊によって裁かれますが、それはちょうど、イエスが最後に自分自身に裁きを引き受け、それを終わらせるのと同じです。

この箇所が問いかけていることの中には、イエスによって驚きを与えられることを新たに学ぶことが含まれます。イエスは、われわれの計画ではなく、神の計画を成就するために来るのですが、神の預言者たちさえ、時折神が企図していることを誤解しているように思われます。イエスはわれわれが期待する音楽をいつも奏でるというわけではないでしょう。しかし、もしわれわれが、彼が言うことを注意深く聞き、また、彼が行うことを注意深く見るならば、われわれの本当の切望、すなわち表面的な興奮の下にある渇望が、豊かに満たされることに気付くでしょう。

同時に、**悔い改め**と**信仰**をもってイエスに従い、洗礼を受け、今もイエスが導く道を辿る者たちが、もし耳を傾けるならば、**天**からの同じ声がわれわれにもまた語りかけていることに気付くでしょう。われわれが自分たちの計画を脇へ押しやり、神の計画に服従する時に、われわれは、一瞬の幻、すなわち神が確かにそこにおられることを垣間見ることを許されるでしょう。そして、その突然の光景の中心に、われわれを自分の子だと断言してくださり、また、われわれの生活がきれいに整えられて、神の計画のために使う準備ができるように、自分の霊でわれわれをも整えてくださる愛情に満ちた父である神を、われわれは見出すことでしょう。

四章一―一一節　荒れ野での誘惑

1それから、イエスは悪魔によって試されるために、聖霊によって荒れ野へと導き出されまし
た。2彼は四〇日四〇夜、断食しました。そして、その最後には、すっかり空腹でした。3それか

ら、誘惑する者が彼に近づきました。
彼は言いました、「もしあなたが本当に神の子であるならば、これらの石にパンになるように
告げなさい」。
4 イエスは答えました、「人はパンによってのみ生きるのではありません、と聖書は言っていま
す。われわれは、神の口から来るすべての言葉によって生きるのです」。
5 それから、悪魔はイエスを聖なる都へと連れ去り、イエスを神殿の先端に立たせました。
6 彼は言いました、「もしあなたが本当に神の子であるならば、身を投げ出しなさい。聖書は確
かに言っています。

神はあなたの世話をするように自分の天使たちに命じるでしょう、
そして彼らは自分たちの手であなたを運ぶでしょう、
あなたが自分の足を石で痛めないように」。

7 イエスは答えました、「しかし、聖書はこうも言っています、あなたはあなたの神、主にご自
分のことを証明させてはなりません」。
8 それから、悪魔は今度は非常に高い山へとイエスを再び連れ去りました。そこで彼は、イエ
スに世界のすべての壮麗な王国を見せました。
9 彼は言いました、「もしあなたがひれ伏して私を拝むならば、私はあなたに全部を与えよう」。

10イエスは答えました、「退きなさい、サタン。聖書は言っています、『あなたの神、主を拝み、
神にのみ仕えなさい』」。
11それから、悪魔はイエスから去り、天使が来てイエスに仕えました。

ジェニファーは森の中での長い散歩に出かけました。ひどく疲れる六か月だったからです。彼女には考える時間が必要でした。

彼女は選挙運動に集中してきました。驚くことに、彼女の属する地方政党から、自分たちの候補者になってほしいと伝えられて以来ずっと、彼女は議会に立候補すること、また、自分の有権者や自分の国や世界に仕えること、この両方の名誉に圧倒されてきました。彼女の高尚な理想すべてが、彼女に微笑みかけ、彼女を手招きし、彼女が今やそれらのことを成し遂げることができるようになると告げてきました。彼女には、ある考えがありました。選ばれたならば、ついに自分は世界を変えることができるのだ。物事をより良くすることができるのだ。物事を好転させることができるのだ、という考えです。

それからというもの、選挙運動の最後の死に物狂いの日々。選挙区巡り、握手、演説、深夜の政党職員との会合、急いで取る睡眠、飲みすぎのコーヒー、さらに演説、さらに握手。そしてついに選挙。それでも彼女は信じられませんでした。得票数一万票での勝利。選挙区の人々は彼女を求めました。彼らは彼女を選びました。彼女にとって最良の日々でした。それは甘美なものでした。

しかし、彼女には、考えたり、熟考したり、すべてのことに何とかけりをつけるための空間が必要

でした。そのための、一人での森の中の長い散歩だったのです。

彼女は、自分が発見したことにショックを受けました。理想はなおそこにありました――仕えたり、世界を変えたりするという夢が。しかし、他の声もありました。それらは何だったのでしょうか。

こんな声でした。「今やついに、あなたは大金を手に入れる機会を得ました。たくさんの会社が、自分たちの利益のために議員であるあなたから大臣に働きかけてもらおうと、あなたが自分たちの会社の取締役会の一員になることを求めています。報酬はあなたの言い値です」。

こんな声もありました。「これは成功への第一歩にすぎません。もしあなたが持ち札を上手く出す〔上手に立ち回る〕ならば、もしあなたが騒動を起こさず、また、有力者たちと懇意になるならば、あなたは政府の大臣になるかもしれないし……内閣で……名声と人気……記者会見、テレビ出演……」。

何が起こっていたのでしょう。これらの声はどこから来たのでしょう。

しかし、他の声もありました。

それらの声は囁きました、「今、あなたにできることを考えてみなさい。あなたが決して好きになったことがないあの政党の活動家――あなたは彼を追い払うことができるのです。あなたは力を得たのです。そして、あなたはもっと力を得るでしょう。世界はあなたのチェス盤です。さあ、あなたのやり方でゲームをしなさい」。

初期キリスト教著作家の一人は、イエスが他の人間と同じように誘惑を受けたとわれわれに伝えています（ヘブ四・一五）。もちろん、イエスが洗礼を受けた際〔すでに〕に、あの偉大な幻によって非常に劇的な形で、イエスが感じていた神からの召命と愛は確かなものだと示されました。それでも、その後にもなお、イエスが囁く声に立ち向かわなければならず、こうした声をまさに誘惑として受け止めなければならなかったことに、われわれは驚くべきではありません。悪魔による荒れ野でのイエスに対する三つの提案は、真の召命を捻じ曲げる方法すべてを示しています。その召命とは、真に人間になり、神の人になり、世界および他の人々の僕になることです。イエスは今、これらの誘惑に立ち向かい、それらに対する少なくとも最初の勝利を収めなければなりません。もしイエスが勝利しなければ、イエスはその働きのただ中でこれらの誘惑に突然に出くわし、圧倒されることになるかもしれません。

最初の二つの誘惑は、イエスが受け取ったばかりのまさにその力を利用しています。「あなたは私の子、私の愛する者です」と神はイエスにすでに語りました。悪魔の声は囁きます。「とても素晴らしい。もしあなたが本当に神の子であるならば、自分自身のために食べ物を手に入れる力があるのに、あなたが餓えたままでいることを神が望むはずはきっとありません。あなたが誰であるのか人々が分かることをあなたはきっと望んでいることでしょう。本当に何か壮大なことを行いませんか」。それから敵は、見せかけの論理を取り下げて、大胆に、はっきり語ります。「天の父を忘れなさい。ただ私を拝みなさい。そうすれば、私はあなたに力、すなわち、他の誰も未だかつて持たなかったような偉大さを与えましょう」。

イエスは罠を見抜きます。彼は、毎回、聖書によって、また神によって答えます。イエスは、ひたすら神の言葉に頼って生きています。すなわち、ひたすら神を完全に信頼していて、神を窮地に追い込むために罠である問いを投げかけることはありません。イエスはひたすら神のみを愛し、仕えます。

肉体は、満足を求めて金切り声を上げるかもしれません。世界は手招きして誘惑するかもしれません。悪魔は、思いもかけない力を与えるかもしれません。しかし、イエスが父として知っていた愛情深いイスラエルの神は、人間になること、真のイスラエル人になること、メシアになること、これらが実際に何を意味するかを示すのです。

イエスが重要な武具として使った聖書テキストは、この驚くべき物語が、どのようにしてマタイ福音書で現在の形になったのかをわれわれが理解する助けとなります。それらのテキストは、すべて荒れ野でのイスラエルの物語から引かれています。イスラエルが紅海を渡ったように、イエスは洗礼の水を通りました。そして今やイエスは、四〇日四〇夜、イスラエルの砂漠での四〇年に相当するものに立ち向かわなければなりませんでした。しかし、イスラエルが何度も失敗した場所で、イエスは成功を収めました。ここについに真のイスラエル人が現れました、とマタイは言っています。イエスが来たのは、神がイスラエルにいつも望んでいたこと――この世に光をもたらすこと、を行うためでした（一六節参照）。

その背後にはまた、アダムとエバに関する、あのエデンの園でのもっとより深い物語があります。すなわち、ただ一つの命令。ただ一つの誘惑。ただ一つの壊滅的な結果。これらのことが起こったエデンの園での物語です。イエスは自分の父である神から目を離さず、人間の神への反抗の積年の影響を帳消しにする使命を開始しました。イエスは姿をいろいろと変えた誘惑者と再び会うことでしょう。すなわち、イエスが十字架へと進むという意向を変えるべきだと、彼の最側近によって異議を唱えられたり（一六・二三）、イエスが十字架に吊るされた時に、祭司たちや傍観者たちによって嘲けられたりするでしょう（二七・三九―四三で再び「もしあなたが神の子であるならば」という言葉を伴って）。これはちっとも偶然ではありません。誘惑者の示す道を行くことをイエスが拒否した時に、イエスは十字架の道を受け入れつつあったのです。イエスの頭の周りで鳴り響く、誘惑する囁きは、イエスの中心的な使命、イエスの洗礼が向かわせる道、受難と死に至る僕として歩むべき狭い道、これらからイエスの注意を逸らすことを目的としています。それらの囁きは、イスラエルと世界を贖うという神からの使命をイエスが遂行することを、止めようとしていました。

われわれすべてが日々において、また自分たちの人生の中での決断と召命の決定的な瞬間において立ち向かうことになる誘惑は、イエスの受けた誘惑とは全然違うかもしれませんが、それでも、まったく同じ点もあります。というのも、それらは、単にあれこれの罪を犯すようにわれわれを誘うのではありません。それらは、洗礼を受けることでわれわれが託された僕として歩むべき狭い道から、われわれの注意を逸らし、われわれを脇道へと向かわせようとしているのです。神はわれわれ一人一人に対して、犠牲は多いものの素晴らしく輝かしい使命を託そうとしています。敵は、われわれの注意を逸らさせ、神の目的を妨害するためにできるすべてのことを行うでしょう。もしわれわれを自分の子として歓迎する神の声が聞こえたならば、敵がわれわれに囁く悪魔の提案をも聞くでしょう。

しかし、われわれには神の子として、**神の子**〔イエス〕と同じ防御法を使う権利が与えられています。それはこうです。聖書の言葉をあなたの心の中に蓄えなさい。そして、その使い方を知りなさい。あなたの目を神から離さないでいなさい。そして何事に対しても神を信頼しなさい。この世に神の光をもたらすというあなたの使命を覚えていなさい。そして、あなたを誘惑して闇の中へと引き戻そうとする声に対して、はっきり「ノー」と言いなさい。

四章一二―一七節　王国の告知

[12]ヨハネが逮捕されたと聞くと、イエスはガリラヤへと立ち去りました。[13]彼はナザレを去り、
ゼブルンとナフタリの地方にある湖の側の小さな町、カファルナウムに行って住みました。[14]こ
のことが起こったのは、預言者イザヤを通して語られた言葉が成就するためです。

[15]ゼブルンの地とナフタリの地、
湖に沿った道、ヨルダン川の向こう側、
ガリラヤ、諸国民の地、
[16]暗闇の中に座していた人々は、偉大な光を見ました、
死の陰の地に座していた人々の上に差し来たる光を。

[17]その時以来、イエスは宣言し始めました。
「悔い改めなさい。天の王国がまもなく到来します」。

私がかつて知っていた一人の小さな男の子のことを話しましょう（本当に私のことではありません）。この子は、片っ端から知らない相手にイタズラ電話をかけました。そして、電話に相手が出ると、この子は「もしもし」と呼びかけます。イタズラ電話の犠牲者である相手は、疑うことなく「はい」と答えます。するとこの男の子は、「電車が来るぞ。逃げろ」と叫ぶのです。

物や出来事の接近を警告することは、いつでも重要なことです。何が近づいてくるのか、どんな危険があるのか、どんな行動をわれわれは取るべきなのか、これらのことをわれわれは知る必要があります。そしてイエスの場合、またマタイがイエスについてわれわれに伝えるやり方の場合、極めて重要なことが一つあります。それは、イエスがまもなく近づいてくると語った天の王国とは何であるのか、また人々がどんな行動を取ることをイエスが期待したのかをわれわれは知る必要がある、ということです。これは、イエスの存在と行動すべてにとって、また福音書がイエスについて言っていることすべてにとって中心的であるにもかかわらず、驚くべきことに、事態を本当に把握している人々は極めて少ないのです。

重要なことから先に取り上げましょう。他の福音書では、通常イエスは「神の王国」と言っていますが、マタイでは「天の王国」と言っています。「神」の代わりに「天」と言うことは、神への崇敬と尊敬から「神」という語を避けるユダヤ人の一般的な方法です。「天の王国」は場所を指し、神の民が死後に行くと見なされている「天」を意味しているという考えを、われわれは頭の中からすっかり取り除かなければなりません。こうした理解は、結局のところここでは意味を成しません。この類の王国が「まもなく近づいてくる」ないし「まもなく到来する」などとどうして言い得るでしょうか。

もし「天の王国」が「神の王国」と同じ意味であるならば、イエスの念頭にあることについて、われわれは、ずっと明瞭なイメージを得ることになるでしょう。一般的に言って、何かが起こることを人々に警告しようとするのは、自分の話を相手が理解できると分かっていてこそです。そして、一世紀のユダヤ人であれば誰でも、神の王国ないし天の王国について語られるのを聞けば、それが革命のことだと分かったことでしょう。

イエスは神の国運動の陰の下で育ちました。ローマ人はイエスの故国ユダヤを彼が生まれるおよそ六〇年前から支配してきました。彼らは、ユダヤを支配した異教の諸国の長いリストの最後に位置していました。ローマ人はヘロデ大王を、また大王の後には彼の息子たちを、自分たちの手先となって働く傀儡君主として即位させました。大半のユダヤ人たちは、即位させたローマ人と即位したヘロデ王家の両方に憤慨し、反乱の機会を切望していました。

しかし、彼らは大半の被征服民たちのような仕方で、自由を熱望していたのではありませんでした。ユダヤ人たちが自由を求めたのは、神、自分たち、世界について、彼らが次のように信じていたからです。すなわち、もし全世界を一人の神が造ったのであり、また自分たちが神の特別な民であったならば、異教の外国人たちに自分たちを支配させることが、神の意志であるはずはない。さらには、神はユダヤ人たちの聖書において、いつか神が本当に彼らを助け、すべてを正すと約束していました。そして、これらの約束は、特に一つのことに焦点を合わせていました。すなわち、神が王になるであろうということにです。しかも、イスラエルだけの王でなく、全世界の王でもあるのです。ついに正義と平和をもたらす王、倒錯した世界を再び正しい向きに直す王なのです。神以外に王はいないと革命家たちは信じていました。彼らは、神の王国、天の王国をこそ切望し、祈り求め、そのために働き、死ぬ用意ができていました。

そして、今やイエスは、神の王国、すなわち天の主権的支配が特急列車のように近づいていると宣言していました。ぼんやり立っていた人たちは、注意して、道を開ける方が良いでしょう。神の王国は、希望でもありますが、危険でもあります。もし正義と平和がこちらに近づいている最中であるならば、正義を捻じ曲げてしまったり、平和を邪魔してしまった人たちは、窮地に陥ることでしょう。彼らは、なお時のある間に、自分たちの態度を改めた方が良いでしょう。古くからある相応しい言葉で言えば、「悔い改めなさい」ということです。

一方で悩ましくもあることには、この「悔い改めよ」という言葉は、しばしば誤解され、「自分自身に悪感情を持つこと」を指すと考えられてきました。でも、そうではありません。この言葉は、「方向を変えること」、「振り向いて他の道を行くこと」あるいは「自分がしていることを止めて、代わりに逆のことを行うこと」を意味します。あなたがそれについてどう感じるかということは、本当には重要ではありません。あなたが何を行うか、これこそが問題なのです。

イエスは、自分の同時代人たちが間違った方向に進んでいると信じていました。彼らは一般的な意味の革命を起こそうとしていました。つまり、支配勢力に軍事的に抵抗することで、権力奪取へと至る革命です。荒れ野でのイエスへの誘惑の根底にある主題の中には、イエスが、自分を権力、特権、栄光へと押し上げるある種の運動を始めるために、神の**メシア**としての自分の地位を使うべきであるという提案がありました。

これらのメシア運動すべての問題は、闇によって闇と戦う点にありました。しかし一方、世界に神の光をもたらすことへと、イスラエルは——そしてイエスも——召されていました。預言者イザヤは、闇の中で突然の光によって目がくらんだ人々について語り、それに続けて、まもなく生まれる子、すなわち来たるべきメシアによって、神がついに真にイスラエルを解放することを語りました（イザ九・一―七）。これこそが、そのイザヤの預言とイエスの初期の説教を、マタイが組み合わせている理由です。イエスは、戦いと殺戮を終わらせるために戦いと殺戮を行う一般的な意味の革命が、無意味であると見抜くことができました。神の名において革命を行うことは、神を冒瀆する無意味なことでした。

　しかし、悩ましいことには、イエスの同時代人たちの多くが、戦い続けることを切望していました。したがって、**悔い改め**を促すイエスの使信は、個人が私的な罪を悔いるべきだというよりは（もっとも、イエスはもちろんそのことをも求めたでしょうが）、国民全体が暴力革命という崖っぷちに向かって突進することを止めるべきであり、代わりに自分たちのため、また世界のために、光と平和と癒しと赦しに満ちた神の王国へ向かう別の道を行くべきだということでした。

　もし彼らがそうしなかったならば、何が起こるでしょうか。マタイの物語が展開していくに従って徐々に、われわれは理解し始めることでしょう。もし光の担い手たちが闇を求めるならば、彼らは闇を得るでしょう。もし平和の民が戦争を求めるならば、彼らは戦争を得るでしょう。もし神の愛と赦しを世界にもたらすために召された民が他の人皆を憎むことを求めるならば、憎しみとそれがもたらすものすべてが、彼らの耳元ですごい音を立て〔て降りかかってく〕るでしょう。これは、理由なく裁かれ、罰を受けることではなく、自分で招いた裁きや罰でしょう。だからこそ、時のまだある間に彼らは悔い改めなければならないのです。神の王国がまもなく来るというのに、彼らはその妨げになっているのです。

この使信が語る悔い改めは、たとえ緊急性が加速してはいなくても、カルバリ〔の十字架〕とイースター〔の復活〕以降を生きるわれわれにとっても、今日まさに同じく急を要することなのです。マタイがわれわれに言いたいことは、こうです。すなわち、イエスが自分の働きによって、また自分の死と復活によって打ち立てた神の王国が、今や同じ問いかけをわれわれに向けています。あなたがたは、世界に神の王国を広げるために働いていますか。それとも、妨げになっていますか。

四章一八―二五節　イエスが弟子たちを召す

18 イエスがガリラヤ湖のほとりを歩いていると、彼は（ペトロとも呼ばれる）シモンと彼の兄弟
アンデレという二人の兄弟を見かけました。彼らは漁師で、湖に網を投げていました。
19 イエスは「私に従いなさい。私はあなたがたを人間を捕る漁師*にしよう」と言いました。
20 すぐに彼らは自分たちの網を捨てて、イエスに従いました。
21 イエスはさらに進み、ゼベダイの息子ヤコブと彼の兄弟ヨハネという他の二人の兄弟を見か
けました。彼らは舟の中にいて、自分たちの父ゼベダイと一緒に自分たちの網を修繕していまし

た。イエスは彼らを呼びました。
22すぐに彼らは舟を離れ、父を離れ、彼に従いました。
23イエスはガリラヤ全体にわたって進み、彼らの諸会堂で教え、王国の福音を宣べ伝え、人々
の間であらゆる病気や病状を癒しました。
24イエスについての噂はシリア全体にわたって伝えられました。彼のところへ、たくさんの種
類の病気や慢性病でひどく苦しめられていたすべての人々、悪霊に取り付かれた人々、癲癇《てんかん》の患
者、中風の患者、これらの人々が連れて来られ、イエスは彼らを癒しました。
25ガリラヤ、デカ
ポリス、エルサレム、ユダヤ、ヨルダン川の東側から、大群衆が彼に従いました。

今日ガリラヤに行けば、アンデレとペトロ、あるいはゼベダイの家族が所有していたかもしれない舟を見ることができるでしょう。

聖地での最も驚くべき考古学的発見（そこにはこうしたものが溢れていますが）の一つは、一艘の舟です。それは乾期の間にガリラヤ湖の水面が劇的に低くなったある夏に、泥から突き出ているのが発見されました。その舟は、とても注意深く湖の底から引き上げられ、清掃され、保存されました。今では特別展示されていて、何百万もの訪問者が、イエスの最初の弟子たちが漁に使用したかもしれない舟を見ることができます。この舟は、炭素年代測定によって、まさにイエスの生きていた時代のものだと特定されました。

その舟は、イエスの弟子たちの日常の生活ぶりを――そしてそのすべてを放棄してイエスに従うことによる彼らの代償が何であるかを――鮮やかに思い出させます。彼らは、巨額の利益のためにでは

なく、食べるのに困らないか、少々それを上回る程度の稼ぎを得るために家族で働く、現代的に言えば中小企業の経営者でした。魚は豊富で、販路も十分でした。国際色豊かな地域では、兵士、旅人、巡礼者、行商人たちが行き来し、地元の人たちも同様で、道行く人々はいつも、彼らが売っていた魚を買ってくれました。しかし、漁は骨の折れる仕事であり、時には危険もありました。彼らの生活はつつましくも安定していましたが、とても贅沢なものとは言えませんでした。

それでは、なぜ彼らは一人の放浪の説教者に従うために、そのすべてを放棄したのでしょうか。同じ問いに今日の人々も直面します。なぜこの人は、説教者になるために前途有望な法律家としての経歴を放棄し、一つの教会で不安定さと貧しさの中で牧会し教えるために、高収入の生涯を捨て去ったのでしょうか。なぜあの人は、神学を学び按手を受けるために、歌手としての自分の非凡な才能を捨てたのでしょうか。なぜこの人は教師に、あの人は刑務所の所長に、この人は修道士に、あの人は宣教師に、それぞれなったのでしょうか。そして——こういったかなり明白な召命は、キリスト者の召命の氷山の一角にすぎません——なぜ何百万もの他の職業のキリスト者たちはいつも、正直さ、誠実さ、信仰、希望、愛を持ち続けるために、魅力的で金になるように見える生活と専門的な職業を放棄するのでしょうか。

その答えは、イエス自身の中に、そして彼の存在と人格の驚くような磁力の中にしかあり得ません。このことは、われわれがイエスに関する物語について黙想し、イエスをより良く知るために祈る時に、ちょうど最初の弟子たちが二〇〇〇年前にイエスの存在を知り、感じたのと同じように、今日知り、感じることができます。時折、イエスの召命はゆっくり訪れ、かすかなつぶやきのように始まり、われわれがもはや無視できなくなるまで大きくなります。時折、イエスがペトロとアンデレ、ヤコブとヨハネを呼んだのと同じように、突然かつ劇的に、イエスは人々を呼びます。どんな手段、どんなスピード感ででも、それが自分の身に起こる時、あなたは、イエスには連絡手段があることを知るでしょう。われわれがどんなことに従事していようと――われわれがどんな網を修繕していようと、どんな魚を捕っていようと――われわれは、自分が何をするように求められているのか分かるほど、イエスの存在と召命に気付かされるでしょう。

少なくともわれわれは、自分たちがイエスに従うように求められていることが分かるでしょう。われわれは、いったいどこに導かれるのかを必ずしも知らされないでしょうし、もしわれわれが知らされても、おそらくわれわれはあまり行きたがらなかったことでしょう。「さあ、あなたがたは人々を捕ることになります」と、イエスはペトロとアンデレに言いました。それがどんな意味だと彼らは考えたでしょうか。捕られる方の「人々」が、どのように感じるのか、彼らは知っていたでしょうか。自分たちの主であるイエスと同じく、彼らが二人とも最後には十字架に付けられることになると、彼らは薄々でも少しは知っていたでしょうか。ヨハネの兄弟ヤコブは、二、三年の間にヘロデの命令で自分が殺されて死ぬのではないかと、ほんの少しでも考えていたでしょうか。

いいえ、彼らは考えていませんでした。神はご自分の慈しみによって、事柄を少しずつ明らかにします。ペトロも、最後には巨大な教会がローマで自分に献げられることになるとは考えていませんでした。アンデレもまた、(スコットランド、ギリシア、ロシアの)諸国が、自分を彼らの守護聖人と見なすとは考えていませんでした。彼らは、ガリラヤ湖北岸にある彼らの小さな町カファルナウムの湖畔を、一人の若い男が歩いていたあの日には、栄光も痛みも見ていませんでした。彼らはイエスを見ていただけでした。それで十分でした。パウロの受け売りになるかもしれませんが、イエスの中に栄光と痛みというすべての宝は隠されているのです。このことこそが、福音書の物語で最も大切なことです。

しかし、イエスがガリラヤ地方一帯を行き巡った際に、イエスの個人的な魅力だけで、周囲数百マイル〔一マイルは約一・六キロ〕から人々を引き付け、このイエスを探し出させたのではありません。イエスの驚くべき癒しもまた、磁力を発揮したのです。マタイはこうした出来事について、より多くの物語をやがてわれわれに語ることでしょう。今のところは、マタイは、あらゆる種類の病状や病気のために生活が荒廃していた――現代医学の知識がない生活について少し考えるだけでそれが何を意味するか理解できるでしょう――人々であっても、もしこの並外れた男のところへ来るならば癒されるのだという噂が、どのようにして突然広まったのかを、短い要約版でわれわれに語るのみです。

現代の歴史家たちは、これこそが、群衆をイエスが引き付けた理由の唯一の説明であるという点で一致しています。イエスには本当に驚くべき癒しの力が確かにありました。しかしイエスは、決して単に純粋、純然な癒し手なだけではありませんでした。と言っても、癒しはイエスの働きの一部として不可欠ではありましたが。イエスにとって癒しは、神がイエスを通して新しいことを行っているしるしでした。神の王国――主権的に救いをもたらす神の支配――が、イエスを通してついにイスラエルと世界にもたらされようとしていました。その時に、癒しを伴わないことが、どうしてあるでしょうか。やがてこの漁師たちは、気が付くと今までのように湖畔の自分たちの家の舟で穏やかに働いているのではなく、賑やかな群衆の中心で働いていました。イエスの務めは本格的に開始され、彼らはその中に取り込まれました。

今日何が群衆を引き付けるのでしょうか。娯楽でしょうか。もちろんそうです。例えば、サッカー、ロック・ミュージック、大きな花火大会です。あるいは、有名な王妃の死や大災害のような国家的大悲劇です。何か新しいことがまもなく起こるので、誰もがすぐにそこへ向かうべきだという話によって人々を呼び集めるには、何が必要であり——イエスの弟子たちは、今日何をすることができ、またすべきでしょうか。

＊原典であるギリシア語による。本書のテキストに従えば「人々のための魚」（ＮＲＳＶのみの訳）となる。

五章一—一二節 「幸い」章句

1 イエスは群衆を見ると、丘の斜面を登り、座りました。弟子たちがイエスのところへ来まし
た。2 イエスは深く息を吸い込むと教え始めました。
3 「霊において貧しい者たちへの素晴らしい知らせです。天の王国はあなたがたのものです。
4 嘆き悲しむ者たちへの素晴らしい知らせです。あなたがたは慰められるでしょう。

5柔和な者たちへの素晴らしい知らせです。あなたがたは地を受け継ぐでしょう。
6神の正義に飢え渇いている人々への素晴らしい知らせです。あなたがたは満たされるでしょ
う。
7慈しみ深い者たちへの素晴らしい知らせです。あなたがたは慈しみを自ら受けるでしょう。
8心が純粋である者たちへの素晴らしい知らせです。あなたがたは神を見るでしょう。
9平和を作る者たちへの素晴らしい知らせです。あなたがたは神の子たちと呼ばれるでしょう。
10神の道を歩んでいることが理由で迫害されている人々への素晴らしい知らせです。天の王国
はあなたがたのものです。
11私が理由で人々があなたがたを中傷し、迫害し、あなたがたについて偽ってあらゆる種類の
邪悪なことを言う時のための、あなたがたへの素晴らしい知らせです。12祝い、喜びなさい。天
ではあなたがたに大きな報いがあるからです。あなたがたより前の預言者たちも同じように迫害
されたのです」。

何年も前に、音速の壁を最初に破ったテスト・パイロットを描いた劇的な映画がありました。それまで、音速よりも速く飛んだ飛行機はありませんでした。多くの人々は、そんなことができるとは信じていませんでした。飛行機が、発生する力を受けてバラバラになってしまうだろうと考えた人たちもいました。結局、その映画では多くのパイロットたちが自分の飛行機で時速七三五マイル〔音速のマイル換算〕という魔法の数字を超えようとしましたが、激烈な振動で飛行機がバラバラになったり、

あるいは墜落してしまいました。飛行機がひとたび音速の壁に達すると、制御が効かなくなるように思われました。

とうとう映画のクライマックスで、別のパイロットが、どうしたら良いのか思い付きました。このパイロットは、飛行機が音速の壁を破ると、制御が逆向きに働くのではないかと感じたのです。つまり、飛行機がその機首を上に向けるように操縦桿を引くならば、逆に下の方に向かうというわけです。極めて勇敢にも、彼は音速を目指して飛びました。まさに音速に達するという決定的な局面で、彼は操縦桿を後ろに引く代わりに前に倒しました。そうすると通常は飛行機が急降下するものです。ところが、彼の直感は正しかったのです。機首は上を向き、飛行機は速く、自由に、かつて飛行した誰よりも速く飛び続けました。

この物語は歴史的には正確ではありません。実際に、世界で音速よりも速く移動した最初の人間はチャック・イェーガーですが、彼は、映画で描かれているとおりのことが起こったのかとしばしば尋ねられ、そうではなかったと話しています。しかしながら、音速を超えた飛行機の物語は、イエスが何をこれらの簡単な言葉だと思われる章句によって行っているのかを説明するための、生き生きとした事例を提供しています。つまり、イエスは、いわば制御を効かせ、状況を逆方向に向かわせようとしているのです。

ここで唯一可能な説明は、イエスが、神の民をいわば音速の壁を超えて――すなわち、どこか未踏の地へと――自分は連れて行こうとしているのだと考えているということでしょう。音速の壁を超える飛行機について大半の人々が知っていることの一つは、大きな爆発音を耳にするということです。

イエスの同時代人の多くは、このことは、イエスがもたらす効果を良く表現していると言ったことでしょう。

　イエスは単に偉大な教師だったのではありません。そして、もしわれわれがイエスのことをそのように描くならば、われわれは彼を誤解していることになるでしょう。この箇所は、マタイ福音書の五、六、七章にわたる有名な「山上の説教」の冒頭部分であり、マタイ流の表現で、イエスの宣教の主題が並べられています。しばしば山上の説教は、何と素晴らしい教えかと言われ、また人々がこの教えに従いさえするならば、世界はより良い場所になることでしょう、と言われます。しかし、もしイエスは単にそこに座って正しく行動する仕方を人々に伝えているだけだとわれわれが考えるならば、実際に起こっていたことをわれわれは見誤ることになるでしょう。イエスは「祝福」や「素晴らしい知らせ」を告げていましたが、それは、「このように生きるために一生懸命努力しなさい」と言っているのではありません。ここで言われていることは、すでにそのような状態にある人々は、順調なのだということです。こうした人々は幸せなのであり、この幸せを祝うべきでしょう。

　イエスはこれらが、世界の有りようや人間の振る舞いについての、単なる時間を超越した真理であると示唆しているのではありません。もしイエスがそう語っていたとすれば、それは間違いです。嘆き悲しむ者たちはしばしば慰められないままですし、柔和な者たちは地を受け継がずにいますし、正義を待ち望む者たちはたびたびその願いを墓まで持って行かざるを得ません。そうではなくて、イエスが語るこれらの主題は、今とは逆向きの世界、ないしはおそらく上下の向きが本来あるべき正しい世界の姿です。そしてイエスによれば、ご自分の働きによって現状からの向きの逆転は実現し始めているのです。これは告知であって、世界を哲学的に分析しているのではありません。起こり始めている何かについて述べているのであって、人生の一般的な真理について述べているのではありません。まさに福音です。したがって良き知らせなのであって、良いアドヴァイスなのではありません。

「私に従いなさい」とイエスは最初の弟子たちに言いました。なぜならば、イエスにおいて生ける神が新しいことを行っていたからです。また「素晴らしい知らせ」のこの一覧は、イエスによる招きの一部であり、呼び出し状の一部であり、神が斬新な方法で働く具体例を示すイエス流の言い方の一部だからです。イエスは神の民と神の世界のために新しい時代を始めています。それ以降、人々が知っていると思っていた制御機能のすべては、逆方向に働きます。われわれの世界では、まだ大半の人々は、素晴らしい知らせが、成功、富、長生き、戦いでの勝利から成り立つと考えています。一方、イエスは、謙虚な者たち、貧しい者たち、嘆き悲しむ者たち、平和を作る者たちへの素晴らしい知らせを提供するのです。

「素晴らしい知らせ」を指す語は、しばしば「祝福された」と訳されます。大切な点の一つは、これが神からの素晴らしい知らせであるということです。神は、イエスにおいて、イエスを通して働いていますが、それは、世界を逆向きに動かし、イスラエルを逆向きに動かすためであり、また、イエスの方へ今向きを変え、イエスが行っている新しいことを受け入れるすべての人に惜しみない「祝福」を注ぐためです（この祝福の一覧は時折「『幸い』章句」と呼ばれますが、それはラテン語の「幸い」が「祝福」を意味するからです）。しかし、神が普通はどのような人々を祝福するのかという一覧を提供することが、大切なのではありません。そうではなくて、神による新しい契約を告知することが、大切なのです。

　中命記においては、人々が荒れ野を通り抜けて約束の地との境界に到着したところで、神は彼らと厳粛な契約を結びました。神は、彼らが従順である場合に注がれる祝福と、不従順である場合に降りかかる呪いを、それぞれ一覧にして挙げました（二八章）。今やマタイはわれわれに、イエスがエジプトから出て（二・一五）、水と荒れ野を通り（三、四章）、約束の地に（四・一二—二五）達したことを示しました。今や、ここに、イエスの新しい契約が示されています。

　では、これらの約束はいつ成就するのでしょうか。死後、天において成就するとキリスト者に答えさせようとする大きな誘惑があります。一見すると、三、一〇、一一節は、次のように言っているように思われます。「天の王国」は霊において貧しい者たちと迫害されている者たちのものであり、またイエスのために迫害を受ける者たちには「天では」大きな報いがある。しかしながら、これは「天」の意味の誤解です。天は神の領域であり、十分な現実性を持ち、われわれの日常の（「地上の」）現実世界のすぐ近くで、それとつながって存在しています。いつの日か天と地は永遠に結び合わされ、現在は隠されている真実の姿が顕わになるでしょう。何と言っても決定的なのは、五節で柔和な者たちが地を受け継ぐと言われていることです。死後、天において肉体から分離された状態で、地を受け継ぐことは、実際ほとんど無理なことです。

　これらの約束は死後の天で成就するのではありません。正しい理解の鍵は、次の章でイエスが弟子たちに教えた祈りの中にあります。われわれが祈るべきことは、神の王国が来るように、神の意志が「天においてそうであるように地においても」行われるように、ということです。天での生活——神がすでに王である領域での生活――が、この世界での生活となるべきですが、それは、現在の「地上世界」が変えられて、神がいつも意図している美と喜びの場所になることです。そして、イエスに従う者たちは、天での生活をこの世で生きるというこの規則に従って今ここで生き始めるべきです。それこそが、山上の説教において大切なことであり、特にこれらの「幸い」章句において大切なことです。つまり、特に「幸い」章句は、神の約束する将来において意味をなす仕方で現在を生きるようにという呼び出し状です。なぜなら、そうした将来は、ナザレのイエスにおいて、すでに今、到来しているからです。この章句で言われていることは、向きが逆であるように思われるかもしれません。それでもわれわれは実はそれが本来あるべき正しい上下の向きであると、極めて勇敢にも信じるようにと招かれています。実行してみてください。

五章一三―二〇節　律法を完成させること

[13]「あなたがたは地の塩です。しかしもし塩に味がなくなったら、どうすればもう一度塩辛くな
ることができるでしょう。そんな塩は何の役にも立ちません。あなたがたはそれを投げ捨て、蹴
散らした方が良いでしょう」。
[14]「あなたがたは世の光です。丘の頂上にある町は、隠れることができません。[15]人々はランプ
を点しておいてバケツの下に隠したりしません。彼らはそれをランプ台の上に置きます。すると

それは家の中のすべての人に光をもたらします。[16]そのようにあなたがたは人々の前で自分たちの光を輝かせなければなりません。すると彼らはあなたがたがどんな素晴らしいことを行ったのかを見て、あなたがたの天の父に栄光を帰すでしょう」。

[17]「私が律法と預言者を無効にするために来たと思ってはなりません。私はそれらを無効にするために来たのではありません。私はそれらを成就させるために来ました。[18]私はあなたがたに真理を伝えます。律法がすべて成就し、天と地が消えるまで、一画も、一点も律法から消えることはありません。[19]したがって、これらの戒めのただの一つも、小さなものでさえ緩和し、そのように人々に教える者は誰でも、天の王国において最も小さな者と呼ばれるでしょう。しかし、それらを行い、それらを教える者は誰でも、天の王国において偉大な者と呼ばれるでしょう」。

[20]「そうです、あなたがたにお伝えしたい。契約に基づくあなたがたの振る舞いが律法学者やファリサイ派の人々のそれにはるかに優っていなければ、あなたがたは決して天の王国へと入ることはないでしょう」。

われわれは皆、革命的な党派が突然権力を握った時に何が起こるかを知っています。傍観者の立場から怒って叫ぶのと、政権を作り、国を動かすのではまったく違います。反政府運動を行っていた時には幸せなことに無視できた事柄すべてを整理し、処理しなければなりません。

こうした政権交代の際には、二つのことが問われます。第一に、この運動の担い手たちは、政府が行う基本的な事柄を、本当に前政権よりも上手く実施することができるのでしょうか。それとも、反政府運動を行っていた時には、今や大言壮語だったと判明したことを、がなり立てていただけだったのでしょうか。あるいは、この運動の担い手たちは、本当に期待どおりの成果を上げることができるのでしょうか。第二に、たとえ今や権力を握っていても、この運動の担い手たちは、自分自身とその元来の理想に忠実であり続けることができるでしょうか。逆にこの運動は腐敗して、他のすべての政府とまったく同じように、輝く栄光と善き意図で始まったものの、最後には腐敗と混乱だらけで終わるのでしょうか。

イエスは革命をすべて正しく始めていました——しかし、それは彼の時代に泡のように湧き立っていた他の革命すべてとは異なる類のものでした。イエスは二つのことを同時に行わなければなりませんでした。第一に、イエスは同時代のユダヤ人たちに、この運動が本当にイスラエルが信じ熱望してきたことすべてを成就するものだと示さなければなりませんでした。第二に、イエスは、自分と弟子たちが本当にイエスが告げていた新しい生き方（死に方）を実践していることを示さなければなりませんでした。この二つの間には、時に強烈な緊張関係があるように思われましたし、今日に至るまで多くの人々はこの点を誤解しています。イエスのことを、大した革命も行えなかった単に偉大なユダヤ人教師だと考える人もいます。あるいは、イエスのことを、非常に革命的であったためにユダヤ教をすっかり置き去りにして、まったく新しいものを打ち立てたと見る人たちもいます。

この箇所は、イエス自身がその二つをどのようにひとまとめにしたのかを示しています。イエスは本当に何かまったく革命的なものを提供していて、そこからブレることはありません。しかし同時に、イエスが提供していたものは、実際のところ、イスラエルの生活と伝統のすべてが指し示していた内実でもありました。

三―一二節に記されている山上の説教の目を引く導入部に続くこの箇所は、後続の部分においてイエスの心を占めるようになる主題を導入するものです。イエスは律法と預言者を成就させるために来ました。山上の説教の残りの大半は、七章一一節までずっと、このことが何を意味するのかを正確に説明しています。それから七章一二節は、五章一七節と響き合いながら、全体を要約しています。イエスは言います。自分がしてほしいと思うことを他の人々にしなさい。なぜならこれこそ律法と預言者において本当に最も大切なことだからです。それから山上の説教は、イエスが言っていることに注意を払う緊急の必要性があるという鋭い警告で結ばれています（七・一三―二七）。

われわれの現在の箇所は、山上の説教の残りの部分すべてに向かう一種の入口であり、その主題は明瞭です。イエスは、イエスの時代のイスラエルを招いています。今やイエスが来たからには、真のイスラエルとなるように。ここでイエスが語っていることは、今やすべてのキリスト者に当てはめることができますが、元来は、イエスの同時代人たちへの挑戦でした。神はイスラエルを地の塩であるように招いてきました。しかし、イスラエルは他のすべての人たちと同じく、力による政治や党派的な言い争いや戦闘的な革命を行ってきました。もし神が選んだ「塩」――その古代世界における主な働きは腐らせないこと――であるイスラエルが、その持ち味を失ってしまったならば、神はどのようにして世界が腐らないように保つことができるのでしょうか。

同じように、神はイスラエルが世界の光であるように招きました（例えばイザ四二・六、四九・六）。神は、イスラエルによって、ご自分の明るい光を世界の暗い隅々へと輝かせようとしていましたが、それは、単に悪を暴くためだけでなく、暗闇でまごまごしていた人々が自分たちの道を見つけることができるためでもありました。しかし、もし光の担い手になるように招かれた人々が暗闇の一部になってしまったらどうでしょう。それこそが、イエスによる警告であり、挑戦でした。丘の上に据えられた町エルサレムは、世界への希望のかがり火であることを求められていました。イエスの弟子たちは、そうあるべきでした。彼らが深く心から神の律法を守ることは、唯一の神、創造主、イスラエルの神が本当に神であり、この神をこそ礼拝すべきことを周辺の諸国民に示すしるしとなるでしょう。

われわれは人々が、次のように心の中で考えるのを想像することができます。「やれやれ、またも や、自分には答えがあると考えている新しい教師がおいでくださった。われわれにはすでに律法の教師たちがいるのだ。解釈の正しさを主張するファリサイ派の人々がそれだ。この男は、どこが違うというのだ」。

イエスは単刀直入に答えます。律法学者たちとファリサイ派の人々は、確かに本当に神に忠実である道、神の契約に従って振る舞う道を教えています。しかし、神の主権的支配すなわち「天の王国」は、今にも押し入って来ようとしています。それで、神が開きつつある新しい世界に属したい者たちは、律法学者たちとファリサイ派の人々が今までに夢に描いた道すべてをはるかに超えて、契約に基づいて振る舞うもっと優れた道を発見しなければなりません。

イエスは律法と預言者を破棄しようとしていたのではありません。イスラエルの物語全体、戒め、約束、またすべては、イエスにおいて成就しようとしていました。そして、今やイエスが来たからには、一つの道が、イスラエルに――そしてイスラエルを通して全世界に――開かれつつありました。

それは、振る舞い方だけを教えられるのでなく、心と考えを変えられることで振る舞いが変化することによって、神の契約を自分たちで実行する道です。

これは本当に革命的でしたし、また同時に聖書の古くからの物語と約束に深く調和していました。そして注目に値することには、イエスはそのすべてを自分自身において現実のものとしました。イエスは地の塩でした。イエスは世の光でした。全世界から見えるように、丘の頂上に立てられ、十字架に付けられ、皆のための希望のかがり火かつ新しい命となり、イエスの父である神を人々が礼拝するようにさせ、律法と預言者の最も深い成就である自己犠牲の愛の道を体現しました。

これこそが、元来はイスラエルに当てはめられていたこれらの言葉が、今やイエスに従い、イエスの命を自分たちの命の源として頼るすべての者に当てはめられる理由です。地の塩、世の光となるようにというこの呼びかけは、今日のわれわれにどのように影響を及ぼしているでしょうか。世界はたった今どこで塩と光を必要としているでしょうか。また、われわれはイエスに従うことを通して、それをどのように提供できるでしょうか。

五章二一—二六節　殺人と和解について

21「あなたがたが聞いたことには、古代の人々は『殺してはならない』と言われていました。また、殺人を犯した人は誰でも、裁きを受けなければなりません。22しかし私はあなたがたに言い

ます。自分の兄弟に怒る者は誰でも、裁きを受けなければなりません。下品な罵り言葉を使う者
は誰でも、法廷に立つ義務を負うでしょう。また、『お前は馬鹿だ』と言う者は誰でも、ゲヘナ
の火を受けるでしょう」。
23「そこで、もしあなたが祭壇のところへ自分の献げ物を携えて行こうとした時に、自分の兄弟
があなたに不満を抱いていることを思い出したならば、24自分の献げ物を祭壇の前に置いたまま、
まず自分の兄弟のところへ行って和解しなさい。それから戻って来て自分の献げ物を献げなさい。
25あなたがあなたの敵対者と一緒に道を歩いている間に、すぐに仲良くなりなさい。あなたの敵
対者があなたを裁判官に引き渡し、裁判官が役人に引き渡し、気が付くと牢屋に投げ込まれてい
たということにならないように。26私はあなたがたに真理を伝えます。あなたは最後の一ペニー
を払い終えるまでは決して牢屋から出ることはできません」。

先日またこんなことが起こりました。悲しいことによくあるのです。一人の指導的な与党の政治家が、野党に向かって相手を軽蔑するジェスチャーをしました。野党側にいた誰かが怒って応じました。すぐに何十人もの人々が立ち上がって叫び始めました。相手を侮辱する言葉があちこちで飛び交っていました。外の大通りでは、敵対する政党の支持者たちがお互いを嘲けり、さらに押し合ったり脅したりし始めました。拳が飛び交い始めました。ナイフが持ち出されました。警官隊が到着するまでに二人の人が殺されました。仲間を殺された側は、復讐を誓っていました。次の日、彼らは大挙して戻り、二人の罪のない通行人を攻撃しました。今度は彼らの家族が仕返しすることを誓いました。これ

は人間の定めなのでしょうか。

イエスはこんな世界のことも知っていました。そんな世界について書いたイエスの時代の人々は、これと同じように出来事を描きました。ローマ人はユダヤ人を侮辱し、サマリア人はユダヤ人を攻撃し、ユダヤ人は反撃し、異なるユダヤの党派は互いに侮辱したり攻撃したりします。亀裂〔文字通りには「断層線」〕がしばしば村の中を走り、一族の中を走り、時折、家庭の中にさえ走ります。人々が安全を脅かされている時――例えば、軍隊が占領している期間には、占領される側と占領する側の両方が、しばしば自分たちがかなり安全を脅かされていると感じます――彼らは興奮して、攻撃的だと感じることには何であれ、いっそうひどく反応します。しばしば全面戦争を避けるには、枯渇と欠乏に至るのを待つしかありません。

こうしたすべての悲劇の中には、自分たちの公の場での怒りを家の中に持ち帰ることが含まれます。われわれには、身に覚えがあります。上役に怒鳴られた重役は、自分の執務室に戻ると秘書に怒鳴ります。その秘書は家に帰ると子たちに怒鳴ります。子たちは猫に怒鳴ります。もし人間の成熟さの中に、自分の怒りを認識し、それが制御不能になる前に対処する術を学ぶことが含まれるならば、自分たちの大半があまり成熟していないとわれわれは結論付けなければなりません。

もしイスラエルが世の光であるようにと招かれているならば、またイエスがイスラエルをその真の使命へと呼び戻すために来たのならば、こうしたすべての悲劇にどのように対処することができるでしょうか。どのようにして怒りを静め、その怒りが暴力という形で吐き出されるのを防ぐことができるでしょうか。

山上の説教のこの箇所で、イエスは律法の戒めを取り上げ、十分に、純粋に、輝かしく人間らしく生きる道を行くための青写真を律法の戒めがどのように提供しているかを示しています。イエスはこの新しい道を切り拓き、実行可能にするために来られたのであり、この新しい道は人格の根底へと深く下って行き、まったく異なる行動パターンを生み出します。

イエスは自分に非常に近しい誰かに対して燻っている怒りから始めます。いいでしょう、それは殺人には至らないかもしれません。しかし、殺人を禁じる戒めで大切なことは、あなたが誰かを殺すのを踏み止まるべきだというのではなく、相手に死んでほしいという考えにさえ近づくべきではないということです。どんな「裁き」をあなたは招くことになるのでしょうか（二二節）。明らかに、神の裁きです。しかし、これは単に最後に神によって下される罰のことだけではなく、むしろたった今始まるであろう裁きのことをも指しています。あなたが自分の怒りを心の中で燻らせたままにしている時はいつでも、あなたは十分に人間らしい状態を少し下回っています。あなたは自分自身を自ら卑下しているのです。もちろん、もし自分の怒りに任せて下品な罵り言葉を浴びせ続けるならば、遅かれ早かれあなたは気が付くと被告人として裁きの場に立たされることになるでしょう。そして、もしあなたが、相手が誰であってもあざ笑い、罵る類の人であるならば、ゲヘナ――古代イスラエルの煙の燻るごみ焼き場――の火が、あなたを完全に呑み込んでしまい、あなたの心の中の火だけが残されることとなるでしょう。

他の選択肢は何でしょうか。イエスは二つの著しく具体的で実際的な戒めを提供しています。それは、和解しなさい、仲良くなりなさい、というものです。何と単純なことでしょう――しかもなお何と大いに難しく犠牲の大きいことなのでしょう。それは、いわば高い台座から自分で降りること、すなわち、自分が怒っていた相手に対する優位な自分の立場を放棄することをほぼ確実に含むでしょう。しかし、そもそも誠実な人間は台座の上で暮らしません。彼らは、地に足が着いていて、他の誰とも高さが同じです。

特に――これは非常に印象的なのですが――和解は礼拝にさえ優先します。イエスが思い浮かべているのは、誰かが遠い道のりを経て神殿の中庭に入り、途中で犠牲の動物を買った後に、突然(しかもそれは、憐れみ深く聖なる神の面前に進み出る時であったかもしれません)、行き違いになってしまったある関係を思い出した場面です。このとき場面は、ほとんど喜劇のようになります。イエスの聴衆の大半が住んでいたガリラヤに戻るには、およそ三日かかります。イエスは、〔ガリラヤ往復に要する〕一週間、神殿の中庭に座らせたまま放っておくことになる生きた動物のことを心配しながらも、急ぎ足で家に戻り、立腹している相手に謝り、その後でエルサレムに戻った礼拝者のことを、真剣に思い浮かべていたはずはありません。イエスの教えではよくあることですが、これは強調するための誇張であるように思われます。ここで言われている大切な点は、自分が礼拝に行く時に、自分と隣人、姉妹、兄弟との間に怒りの感情が何もないように日々生活しなければならないということです。不可能でしょうか。今やその道を示すためにイエスが来たからには、それは不可能でないと、イエスは暗に示しています。

そこでイメージは広がります。今度の場面ではあなたと隣人は自分たちの法律上の意見の相違を決着させるために実際に裁判官のところへ向かっています。けれどもイエスは語ります。「裁判所に到着さえしてはいけません。事前に解決しなさい。さもなくば最後には牢屋に入れられて、有り金すべてを支払うことになるかもしれません」。これはそのままでも、たぶん良い忠告でしょう。でも、きっと訴訟だけに留まらず、応用範囲は広いでしょう。イエス時代のイスラエルは困難に陥っており、外側からは異教徒によって、内側からは裕福な貴族によって抑圧されていました。多くのユダヤ人は、自分たちが正しいと認められ、敵が倒される神の法廷での裁きの日を待ち望んでいました。イエスは語ります。「そう考えることさえしてはいけません。敵ではなく友を作りなさい」。イエスはこの章の後半で（三八―四八節）、この点に戻るでしょう。友を作ることをしなければ、何が起こるでしょうか。あなたの敵がついに勝つかもしれません。その時あなたはどうするでしょうか。

　山上の説教の終わりまでに、この遠回しな警告はよりいっそう明瞭になります。その家は大きな音を立てて倒れるでしょう。イエスは単に個人的な怒りや行動について（確かにそれは重要ではありますが）語っているのではないと思います。イエスはもっとより大きな危険についてほのめかしています。イスラエルが、今すぐに神の選ばれた民になる方法、すなわち神の光を世界に放つ方法を学ばなければ、惨事が待ち構えています。その惨事の根っこは、怒りの対処に個人が失敗したことにあり、その実《み》は数世紀にわたって迫害されたのだから暴力は正当化されると国家が主張することにあります。

　ここでのすべての教えは、もちろん、あなたがイエスを見つめるまでは実行不可能です。マタイの物語を読み進めるに従って、われわれは自分たちの当然の疑問（「いったいどのようにしたらイエスが語ることを実行できるだろうか」）に答えが与えられることを発見します。イエスは怒りの道を進むことを拒みました。代わりに、イエスはイスラエルの中にいる敵の怒り、そしてイスラエルの外敵であるローマ人の怒りを自分に引き受け、その重荷を負って死にました。それ以降、和解は単にわれわれがその実現のために努力するかもしれない理想ではなくなりました。それは、〔イエスに続いて〕今度はわれわれが、成果として、業績として、今や成し遂げなければならないものなのです。

五章二七—三七節　不倫と誓いについて

[27]イエスは続けます、「あなたがたが聞いたことには、『不倫してはならない』と言われていました。[28]しかし私はあなたがたに言います。みだらな思いを抱いて女性をじっと見る者は誰でも、すでに自分の心の中で彼女と不倫してしまったのである。[29]もしあなたの右目があなたを躓かせるならば、それをもぎ取って投げ捨てなさい。そうです。自分の体の一部を損う方が、体全体をゲヘナに投げ込まれるよりもあなたにとって良い。[30]また、もしあなたの右腕があなたを躓かせるならば、それを切り離して投げ捨てなさい。そうです。自分の体の一部を損う方が、体全体がゲヘナに行くよりもあなたにとって良い」。

[31]「また、『もし誰かが自分の妻を離縁するならば、夫は妻にそれを証明する法的文書を与えるべきです』とも言われていました。[32]しかし私はあなたがたに言います。自分の妻を離縁する者は誰でも、それが不道徳と関連していない限りは、彼女に不倫させることになります。また、離縁された女性と結婚する者は誰でも、不倫することになります」。

33「また、あなたがたが聞いたことには、ずっと昔に人々は『偽って誓ってはならず、誓って約束したことを主に対して実行しなさい』と言われていました。34しかし私はあなたがたに言います。決して誓ってはなりません。天によって誓ってはなりません（それは神の王座です）。35地によって誓ってはなりません（それは神の足台です）。エルサレムによって誓ってはなりません（それは大王の都です）。36あなたの頭によって誓ってはなりません（あなたは自分の髪一本も白にも黒にも変えることができません）。37あなたが話す時には、はいと言いたい時には『はい』と言いなさい、またいいえと言いたい時には『いいえ』と言いなさい。それ以上のことは何であれ悪い者から来るのです」。

私がこの部分を書く準備をしているときに、他国にいる古い友人からEメールが届きました。彼が言うには、彼の教会もまたわれわれの時代の非常に多くの教会を悩ませている一つの問題に直面しているとのことでした。離婚について教えたときに、イエスは実際には何を言いたかったのでしょうか。私は、これまでの部分でもそうしてきたように、この問いについてしっかり考え、この部分をまず書き上げ、それから友人のEメールに返信することに決めました。

明らかに、離婚は世界中の多くの人々にとって痛みを伴う差し迫った問題です。今日、規模の大きなほとんどの教会には、少なくとも何人かの離婚した人がいるでしょう。離婚後に再婚した夫婦がいることも多いでしょう。ほんの数年前までは、大半の聖職者たちは道義上、こうした人々を聖餐に与らせることができませんでした。しかし今は大半の教会は、どの宗派であれ、世界の大半の地域で、たとえそれらの教会が離婚を大罪と見なし続けていたとしても、再婚した夫婦を正会員として受け入れています。実のところ、多くのキリスト教の宗派において多くの聖職者自身が、離婚と再婚を経験しています。私はこの文章を書きながら、今日の〔Eメールの〕相手だけでなく、こうした状況にあるとても近しい友人や私の家族のことを考えています。われわれは何を言わなければならないのでしょうか。イエスは何を言いたかったのでしょうか。彼の教えは今日どれほど実際的なのでしょうか。

もちろん、離婚については、新約聖書で唯一この箇所だけで取り上げられているのではありません。この箇所やマタイ福音書一九章三―九節と共に、マルコ福音書一〇章二―一二節、ルカ福音書一六章一八節、第一コリント書七章一〇―一六節を学ぶことは重要です。それらは一斉に、イエスが（例えばマラ二・一四―一六のような旧約聖書の教えと一致して）断固として強く離婚に反対していること、そして初代教会がこのことを実際に適用する方法について苦闘したことを示しています。

離婚についてのこの箇所が、その前後を、ある意味でより基本的な他の二つのテーマによって挟まれていることに注意することも重要です。もし人々が一方で自分たちの身体的欲望を制御する方法を知っており（二七―三〇節）、他方で人々が完全な誠実さや真実を語ることに専心していたならば（三三―三七節）、離婚はあったとしてもより少なくなったであろうことを指摘するために、言わずもがなのことが前後で語られているのかもしれません。離婚は通常、欲望と嘘が雑草のように成長し、結婚という壊れやすく美しい植物の息の根を止めるままにした時に起こります。

それですから、最初の答えは明らかです。欲望の最初のしるしを断固として処理しなさい。目を引っこ抜くことや手を切り離すことは、（祭壇に一週間動物を置きっ放しにして和解するために立ち去ること同じく）意図的な誇張ですが、非常に端的に大切なことを示しています。魅力的な誰かを見た時に、衝動的な欲望を決して感じてはならないとイエスが言っていると考える必要はありません。そんなことは不可能でしょうし、いずれにせよその言葉の趣旨ではありません。イエスがわれわれに避けるように命じていることは、最初の衝動に続いて相手をじっと見ること、そして欲望に満ちた空想を抱くことです。同じように、自分に対して、また配偶者に対して、真実を言うことを堅く決心しなさい。これらの二つのことを夫婦の間で守ることは、苦境にある現代の結婚がまさしく直面する大半の試練を克服することになるでしょう。もし教会がこれらの規律について長年にわたって注意深く教えてきていたならば、離婚は今や、われわれには大した問題ではなかったことでしょう。

しかし、マタイとパウロの両者が明瞭に認識しているように、われわれは自分たちが到達していない〔不案内な〕ところからでなく、自分たちが到達している〔よく知っている〕ところから始めなければなりません。マタイにとっては、ここと一九章に記されているように夫婦の一方による性的不道徳——おそらくはある種の不倫関係——は離婚する十分な根拠です。パウロにとっては、もしキリスト者が非キリスト者と結婚していて、相手が別れを望んでいるならば、それもまた十分な根拠です。もっとも、パウロの属する教会の中にも、離婚を望む人たちがたぶんいたでしょうが、キリスト者はこちらから離婚すべきではないとパウロは力説しています。そして、この二つの場合にも、再婚が許される場合のみ離婚が認められることは（この問題についての論者すべてにとってではありませんが）私にとっては明らかであるように思われます。裏を返せば、もし再婚が許されないならば、その時には離婚は実際には成立しないということです。したがって、もしこれらの二つの場合に離婚が許されていることが明らかであるならば、少なくとも潜在的には再婚が予想されているとわれわれは考えなければなりません。

けれども、おそらくここで言うべき最も重要なことは、イエスは確かに自分の聴衆たちないしは後の教会が、正確には何が許されているのかということについての果てしない論争に巻き込まれることを望んではいなかったということです。それよりもはるかに重要なのは、世の光、地の塩となる方法について考えることです。そして性行動の領域においては、答えは明らかであり、身の引き締まるものであり、一世紀のより広範囲な異教世界にとってそうであったと同じく、今日もまさに自らに挑戦してくるものです。性欲は、それ自体は良いものであり、天与のものですが、ゲヘナの火のようなものでもあり、しっかりと管理することが必要です。不適切に——別言すれば結婚の文脈以外で——性欲に襲われる時に、それを拒むことは、キリスト教の規律の中で最も基本的なことに含まれます。

これは、人々が時折言うような「抑圧」の類ではありません。むしろイエスが求めることは、木が強く成長し、良い花を付けることができるように、健康な芽をいくつか切り取ってバラを剪定するようなものです。不適切な性的情熱に押し流されないという選択は、時折、片手を切り離されたり、片目を引き抜かれるようなものだと感じるでしょう。また、われわれの世界ではしばしば、こうした情熱に押し流されないことがわれわれにとって非常に悪い〔野暮な〕ことだと伝えようとしてきました。しかしわれわれは、最初にでも最後にでもなく常に、この世よりもわれわれの主に従うことを選ばなければなりません。

三三節以下の語ること、そして誓うことに関するイエスの意見は、十戒の第二戒、すなわち「主の名をみだりに唱えてはならない」を深化させたものであるように思われます。当時の人々が、咄嗟の発言の中でたびたび何かにかけて誓った大半のものは、神に対する誓いでした。話す前にもっとよく考え、本心を口に出し、語るときには余計なことは言わない方が良い、という教訓を学びなさい。余計な言葉、特に「大げさな」言葉は、話し手の基本的な正直さに疑念を呼び起こさせます。もしあなたが、こうした言葉を加えて語る必要があるならば、おそらくわれわれはあなたをまったく信用しないでしょう。

この章全体にわたって、イエスは道徳的戒めをただ与えているのではありません。イエスは、人間らしく生きるまったく新しい道を明らかにしています。その道が奇妙に見えたとしても不思議ではありません。しかし、イエスはその道を切り拓いた上で、従うようにわれわれを招いています。

五章三八―四八節　あなたの敵を愛すること

[38]「あなたがたが聞いたことには、『一つの目には一つの目、一本の歯には一本の歯』と言われていました。[39]しかし私はあなたがたに言います。悪に抵抗するために暴力を使ってはいけません。そうではなくて、誰かがあなたの右頰を叩く時は、もう一方を相手に向けなさい。[40]誰かがあなたを訴えてあなたのシャツを取ることを望む時は、相手にあなたの外套も与えなさい。[41]さらに、誰かがあなたを強いて一マイル行かせる時は、もう一マイル彼と一緒に行きなさい。[42]誰

であれ求める者には与えなさい、またあなたから借りることを望む相手を拒んではなりません」。
[43]「あなたがたが聞いたことには、『あなたの隣人を愛し、あなたの敵を憎みなさい』と言われ
ていました。[44]しかし私はあなたがたに伝えます。あなたの敵を愛しなさい。あなたを迫害する
人々のために祈りなさい。[45]そのようにして、あなたがたは自分たちの天の父の子となるのです。
何と言っても神は太陽を悪い者と良い者の上に同じように昇らせ、正直者と不正な者の両方の上
に雨を送ります。[46]考えてみなさい。自分を愛する者たちをあなたが愛したことで、あなたは特
別な報酬を期待するでしょうか。徴税人たちでさえそのようにしていないでしょうか。[47]またあ
なたが自分自身の家族にだけ挨拶することは、いったい何が特別なことなのでしょうか。異邦人
たちでさえそのようにしていないでしょうか。[48]それですから、あなたの天の父が完全であるの
とまさに同じく、あなたは完全でなくてはなりません」。

かつて仕事のために三、四日、小さい子どものいる自分の家族と離れなければならなかった父親がいました。自分の留守中に妻が放っておかれることのないようにと、当時九歳だった長男と父親は少し話をしました。

「パパが出かけたら、パパがいつも家で何をしているか考えて、それをパパの代わりに君にしてほしい」と彼は言いました。もちろん父親が考えていたのは、台所を掃除すること、皿を洗うこと、ごみを出すこと、その類のことです。

家に帰ってくると、彼は自分の妻に長男である息子が何をしたか尋ねました。「ええっと、それが

とても不思議な感じだったの。朝食の後すぐにあの子は自分でコーヒーをもう一杯入れて、居間に行き、大音量の音楽をかけ、三〇分も新聞を読んだの」と彼女は言いました。その父親はその場に残り、自分の息子があまりにも正確に普段の自分を真似しすぎたのではないかと思いました。

　山上の説教のこの箇所について驚かされることは、われわれの天の父が行っていることをよく見て、自分たちも同じことをするようにと告げられていることです。これには戸惑います。というのも、選ばれた民であるイスラエルは、神は誰をもえこひいきしないことを認めるように挑戦されているからです。われわれはそれをどのような意味に受け取ればよいのでしょうか。もし彼らが選ばれているならば、彼らは神からえこひいきされている人たちということではないのでしょうか。

　この戸惑いに対する答えは、山上の説教ですでに語られたところに記されています。イスラエルが選ばれたのは、世界の残りの人々を外の暗闇に留まらせたままで、彼らが神の特別な民となるためではありません。イスラエルが選ばれたのは、世の光、地の塩となるためです。イスラエルが選ばれたのは、イスラエルを通して神がすべての民を祝福することができるためです。今やイエスは、ついに世の光となるようにと、イスラエルを招いています。イエスは道を開き、密林地帯を通ってその使命へと向かう道を切り拓き、自分の弟子たちにこの危険な道を自分と共に進むように駆り立てています。

　確かにその道は危険です。というのも、イエスの時代のイスラエルには多くの敵、すなわち国土を侵略し、その民を過酷な支配と課税に服させる異教の諸国があっただけではありません。国民的抵抗運動が続々と起こり、増大する不正義と邪悪さに対する怒りによって油を注がれたために、ちょうど同じくらい多くの危険が国内にもありました。こうした中でまた、ユダヤ社会内部での分裂がもっと目立つようになり、少数の人が非常に裕福になる一方で、大多数は貧しくなり、中には非常に貧しくなる人もいました。

これらはすべて、イエスの言葉に耳を傾けていた人々にとって差し迫った問題でした。イエスが語った王国の使信は、彼らの生活にどのように適用されたのでしょうか。さらにはそれは、今日のわれわれの生活にどのように適用されるのでしょうか。

イエスは一つの新しい種類の正義、すなわち創造的で、癒し、回復させる正義を提供しています。聖書に見出される古い正義は、極端な復讐に走るのを防止することを目的としています。一つの目には一つの目、一本の歯には一本の歯というように、同等の復讐を認める方が、どちらかが相手よりも、よりひどい仕方で復讐することで確執が徐々に増大するよりも良いというのです。しかし、イエスはそれよりも良い仕方で、事を進めようとします。まったく復讐しないに越したことはありませんが、神の驚くほど忍耐強い愛を反映した、それよりもさらに創造的な方法が提案されています。実に、この神は、すべての人々が、神こそが唯一の真の神であり、神の最も深い性質が満ち溢れる愛であると分かるために、イスラエルが神の光を世界に輝かせることを望んでいるのです。他のどの神も、このように行動するようにと人々を励ますことはありません。

そこでイエスは、自分の念頭にある三つのヒントを示します。第一に、右頬を叩かれることは当時の中東世界では、ほぼ確実に右手の甲で叩かれることを意味しました。それは単なる暴力ではなく侮辱です。すなわち、そうされる相手が目下の者、おそらくは奴隷や子や（その世界では、そして時折今日でさえ）女性であることを暗に示しています。どうすることが正解なのでしょうか。叩き返すことは悪を循環させ続けるだけです。もう一方の頰を差し出すことが暗に示すことは、お望みならば、私をもう一度叩きなさい、しかし今度は目下の者としてではなく同等の者として、ということです。

第二に、自分が法廷にいて、力強い敵が（おそらくある大きな負債の不払いの件で）自分を訴えて、着ているシャツまで剝ぎ取ろうとしていると考えてみてください。あなたは勝つことはできません。しかしあなたは、敵が実際にどんなことを行っているかを相手に示すことはできます。彼にあなたの外套をも与えなさい。そうすれば、大半の人々がシャツと外套という二つの衣類しか着ない世界では、あなたの惨めな裸の姿によって、彼を恥じ入らせることになるのです。金持ちで権力を持ちながらも、不注意な人々は、こんなことを行っているのです。彼らは貧しい人々を、平気で辱めているのです。

第三の事例は、明らかにローマによる軍事的占領を反映しています。ローマ兵たちには、自分たちの装備品を強制的に市民に一マイル運ばせる権利がありました。しかし、この点に関する法律は非常に厳格でした。すなわち、ローマ兵たちが誰かにそれ以上の距離を運ばせることは禁じられていました。彼らと立場を逆転させなさい、とイエスは助言しています。苛立つことも、怒ることも、復讐を図ることも、してはなりません。あなたの寛大な神に倣いなさい。もう一マイル運びなさい。そして、人間らしく生きるための異なる道があると知らせることによって、兵士を驚かせ（また――もし指揮官に気付かれたらどうしようと――彼を不安にさせ）なさい。その異なる道とは、復讐を図らず、武装抵抗運動にも加わらず（それこそ三九節が意味することです）、暴力と不正義に対して神的な〔意味での〕勝利を収める道です。

これらの事例は、漫画のようにイメージを伝える、ちょっとしたスケッチのようなものにすぎません。自分が置かれている状況がどのようなものであろうとも、自分でじっくり考える必要があります。圧迫と挑発にもかかわらず、あるいは自分の怒りと苛立ちにもかかわらず、神の物惜しみしない愛を反映させるとは、どういう意味なのでしょうか。

実行することは不可能でしょうか。ええ、あるレベルではそうです。しかし、もう一度言いますが、イエスの教えはただの良い助言ではなく、それは**良き知らせ**なのです。イエスは自分の教えのすべてを自分が行い、人間らしく生きる新しい道を開き、イエスに従う者すべてがその道を発見できるようにしました。人々がイエスを嘲った時、イエスは応えませんでした。人々がイエスに挑んできた時には、違う考えをすることを相手が強いられる、からかうような物語を時にはユーモアを交えてイエスは相手に伝えました。人々がイエスを打った時には、イエスは痛みを負いました。人々がイエスの背中にローマ人の道具の中で最悪の拘束具――その上で彼が殺されることになる重たい横木――を負わせた時には、イエスはそれを都から自分の処刑場所まで運びました。人々がイエスを十字架に釘で打ち付けた時には、イエスは人々のために祈りました。

山上の説教は、私たちについてだけ述べているのではありません。もしそうだったならば、われわれは理想主義の美しい一片として、この説教を称賛することはあっても、すぐに何事もなかったかのように、日常の生活に戻ることでしょう。山上の説教はイエスについて述べているのです。これはイエスの生涯の設計図でした。イエスは自分が直面しなかったことについては一切、自分の弟子たちに求めていません。そして、われわれはすでに、イエスの生涯の中に一つの主題があることに気付いていますが、その主題はどんどん大きくなり、もはやわれわれが見落とすことができなくなるでしょう。

もしこれこそが、神が実際にどんな方であるかを示す方法であるならば、またもしこれこそがイエスがまっすぐに従った生活パターンであるならば、マタイはわれわれが、次の結論に達するように招いていることになります。それは、イエスこそが、インマヌエル、すなわち神がわれわれと共にあることを体現する人物だという結論です。山上の説教は、行動の仕方についてだけ述べているのではありません。それはイエスが愛し、死ぬ姿の中に生ける神を発見することについて、また、その愛を、切実に求めている世界へと、自ら映し出すことをわれわれが学ぶことについて述べているのです。

六章一―六節　密かな信心深い振る舞い

[1]「あなたがたが自分たちの信心深い振る舞いを実践する時は、人目を気にしながら行わないように気を付けなさい。さもないと、あなたがたは自分の天の父からは、何の報いも与えられないでしょう」。

[2]「そこで、あなたが貧しい者に施しをする時には、自分の前でトランペットを鳴らしてはいけません。それはシナゴーグや道端でちょうど芝居じみた行動をしている時に、人々が行うことです。彼らがそうするのは、人々から感心されるためです。私はあなたがたに真理を伝えます。彼らは自分たちの報酬をすべてすでに受け取っています。[3]そうではいけません。あなたが施しをする時には、あなたの右手がしようとしていることを左手には何も知らせてはいけません。[4]そ

のようにして、あなたの施しは密かなものになるのです。そうすれば、密かに見ているあなたの
父は、あなたに報いを与えるでしょう」。
[5]「あなたが祈る時には、芝居役者たちのようであってはいけません。彼らは、人々が彼らに気
が付くようにシナゴーグや街角で立って祈ることが大好きです。私はあなたがたに真理を伝えま
す。彼らは自分たちの報酬をすべてすでに受け取っています。[6]そうではいけません。あなたが
祈る時には、自分の部屋に入り、扉を閉め、そこに密かにいるあなたの父に祈りなさい。そうす
れば、密かに見ているあなたの父は、あなたに報いを与えるでしょう」。

かつて中東に住んでいた時、午後散歩に出かけたことがありました。家に帰る途中で、少しお腹が空いたので、道沿いの売店で板チョコを買いました。家に戻って、自分の部屋に行き、紅茶を一杯入れ、板チョコの包みを開け、一かけら折って食べようとしました。幸いなことに、口の中に入れてしまう前に、私は手に持った板チョコのかけらをちらっと見ました。その時、私は思わず叫んでそれを落としました。何とそれは動いていました。ただの板チョコにしか見えなかったものの内側に、何百もの小さなにょろにょろしている虫がいたのです。

イエスはこの板チョコの一件は知りませんでしたが、外側は立派に見えても内側は腐っているものについては確かに知っていました。われわれは、この山上の説教の中心において、いわば端から端まで純粋な板チョコである人生を送るということがどんな意味であるかについてのイエスの鋭いコメントを見出します。

最初の節の「信心深い振る舞い」という語は、原語のギリシア語では五章二〇節の「契約に基づく振る舞い」という語と同じです。それは特にマタイ福音書では多くの意味を持つ語ですが、その中心的な意味は、神の特別な民であることからイスラエルに課せられた神に対する義務ということです。五章では、律法により焦点が当てられ、またこうした律法を守る（あるいは破らない）ことが、本人の精神生活と動機においてどんな意味があるかということに、より焦点が当てられていました。今や六章では、焦点は、第一にユダヤ人が標準的な義務だと見てきた三つのことに当てられています。すなわち、施し、祈り、断食です。いずれの場合にも（断食については次項で論じます）イエスの要点は同じです。重要なのは動機です。もしこれらの宗教的義務が人目を気にしながら行われるのであれば、その中心は腐ってしまいます。

イエスはこれらの具体的な行いが重要でないとは言っていません。必要な人々に施すこと、日々神に祈ること、適切な時に断食すること――イエスは人々がこれらすべてを行い続けることを当然なことだと考えています。重要なのは、こうしたことを単純に神に向かって、神のために行うようになることです。事実、山上の説教はすべて、神に重点を置いていますが、それは、もしわれわれが注意を怠るならば、神をそっちのけにして宗教的義務を形式的に実行することが容易に起こるからです。

イエスはこれらのことを行うことによって、利益を得ることも当然だと考えています。多くの人々は、報酬のことなど何も考えずにすべてのことを行うようにイエスが求めていると思っています。そのため、イエスが、われわれの天の父がわれわれに報いを与えてくださるという自分の確信を三回繰り返していることに（四、六、一八節）、かなり衝撃を受けます。明らかに、イエスは、私欲のない行為という考え、あるいは「愛他主義」について、われわれが気にするほどには気にかけていません。実際、イエスが言っていることは、はるかにもっと現実的です。もしわれわれがまったく純粋な動機から行動しようとして、何かを行いたいという欲求さえすべて自分の心から取り除こうと苦闘したとしても、われわれは常に心の片隅のどこかに、小さな欲求――愛他的に振る舞おうという欲求も含めて――を見出すことでしょう。このように、視線を自分ではなく神に向ける代わりに、われわれは、気が付けば再び自分に焦点を戻し、神を喜ばせる代わりに、高尚で私欲のない行為をするという自分の理想を満足させることを望んでいるのです。

しかしイエスが望んでいるのは、そんなことではなくて、われわれが、神を愛し喜ばせることに非常に熱心なあまり、自分たちが行うべきことすべてを、ただ神に見られるためにのみ行うことです。そうは言っても、時には他の人から注目されることもあるでしょうし、特に礼拝を導く専門職である聖職者や他の役割を担う奉仕者が、神のためだけでなく、自分に注目している人たちのために「務めを果たす」ことは、とてもありがちなことです。

だからこそイエスは、いつも誠実でいる方法、すなわち外に現れる姿と隠された本心が一致しているためのとても具体的な指示をいくつか与えています。例えば施しをしたならば、そのことをすっかり忘れてしまうように全力を尽くしなさい。現代では、寄付したことを自分の納税申告書に記録することが必要であるかもしれません。そうなるとせっかくの寄付が、節税対策だと思われるかもしれません。それでもここで大切なことは、神が根っから寛大であるのと同じ思いで施しをすることです。いつも誠実でいるための最良の道は、他の誰にも施しについて気付かれないことです。

同じことは祈りにも当てはまります。一人でいる時のあなたが本当のあなたです。あなたの家の奥の部屋に行き、あなたの父に話しかけなさい。そのことについて騒ぎ立てる必要はありませんし、それどころか、あなたがそうしていることを知っている人が少なければ少ないほど良いのです。信心ぶった言い回しを大げさに言い続ける必要もありません。あなたは、〔祈りの〕枠組みあるいは出発点として役立つ定型の言い方があることを見出すかもしれません。確かに、イエスは弟子たちに彼が特別に勧める〔祈りの〕枠組みを与えようとしています。しかし、大切なことは神と一対一でやり取りをすることです。

どんな種類の報酬をわれわれが期待すべきかをイエスは言っていません。それも大切なことに含まれます。神をより良く知るだけでも十分な報酬です。しかし、その上に他のこともあるかもしれません。自分で実際に行ってみるまでは、決して分かりません。それでも明らかなことは、イエスは自分の弟子たちを内面と外面が完全に調和している人生へと、招いているということです。その調和は、その人の両面が、密かに見ている神に焦点を合わせている時にもたらされるのです。

六章七—一五節　主の祈り

7「あなたがたが祈る時には、入り乱れた言葉の山を積み重ねてはなりません。それこそ異邦人が行っていることです。より多くのことを自分たちが言えば言うほど、自分たちの〔祈りが〕も

っと聞かれると彼らは考えます。8それですから、彼らのようであってはいけません。いいです
か、あなたがたの父は、あなたがたが父に求める前にあなたがたに何が必要であるかを知ってい
ます」。
9「それですから、このようにこそあなたがたは祈るべきです。

天におられる私たちの父よ
あなたの名が称えられるように
10あなたの国が来ますように
あなたの意志が行われますように
天でのように、地上でも。
11われわれに今日自分たちが今必要なパンを与えてください。
12そしてわれわれが〔負っている〕借りを免除してください、
われわれもまたわれわれに対する〔他の人の〕借りを免除したように。
13われわれを大きな試練に至らせないで、
われわれを悪から救ってください」。

14「そうです。もし人々の間違った行いをあなたがたが赦すなら、あなたがたの天の父もあなた
がたを赦すでしょう。15しかし、もしあなたがたが人々を赦さないなら、あなたがたの天の父も

あなたがたの間違った行いを赦さないでしょう」。

その地域で最も優れた説教者の一人であるという評判を得ていた友人に私は話しかけていました。私は、彼に、どのように〔説教準備に〕取り組んでいるのか尋ねました。彼は、自分には特別な技術は何もないと言いました。彼はただその日のために定められた聖書箇所について、〔説教の〕枠組みが現れるまであれこれ考えるだけだというのです。そして、ひとたび枠組みを得てしまえば、〔後は〕それをすべて書くだけだというのです。

もちろん、それは単純な答えであるように思われますが、そのように短く謙虚な応答の背後に数時間の奮闘と祈りがあることをわれわれは推測することだけはできます。しかし、生活の多くの場面においてわれわれもまたしばしば経験することですが、基礎となる枠組みが見付かるまでは右往左往するのです。そして、このことは、ほとんどいつも祈りについても当てはまります。

イエスは自分の念頭にある祈り方を非ユダヤ世界の多くで行われているものと対比させます。われわれは多くの文書や碑文から、非ユダヤ人の多くが自分たちの祈りに実に多様な決まり文句を使用していることを知っています。それは、長々とした複雑な呪文であり、それを彼らは、ある神や女神に自分たちが気に入られるためにせっかちに何度も繰り返すのです。そのような祈りは、しばしば確信なさげな調子によって特徴づけられていました。古代の異教世界には多くの神々がいましたし、次にどの神をなだめるべきなのか、あるいはどの決まり文句によってか、誰もあまり分かっていませんでした。

これは驚くべきことではありません。祈りは人生の大きな神秘の一つです。大半の人々は少なくとも時折は祈ります。他の宗教的伝統の中には、たくさん祈る人々もいます。最も初歩的な段階では、祈りは、向こうで誰かが聞いているかもしれないという万が一の可能性に期待して、何もない空間に向かって叫ぶことです。最も習熟した段階では、祈りは愛に溶け込みますが、それは、神の臨在が非常に現実的になるので、われわれが言葉を超えて神の実在性、寛大さ、輝き、恵みを感じるに至るからです。大半のキリスト者の祈りは、大抵の場合は、初歩と習熟という両極端の間のどこかに位置付けられます。率直に言って、多くの人々にとって、祈りはただ神秘なだけでなく、謎でもあります。彼らは自分たちが祈るべきだと知っていますが、どのように祈るべきなのか、はっきりと確信が持てないのです。

主の祈りが山上の説教の中心において提供するのは、一つの枠組みです。イエスは、あなたがたがいつもまったく同じ言葉で祈るべきだとは言っていませんし、実際ルカの主の祈りには、小さいけれども興味深い仕方でマタイ版とは異なっている箇所があります（ルカ一一・二―四）。イエスはこの一連の思考が、建物全体よりもむしろ足場のように作用することを意図したかのように見えます。もちろんこの祈りがそのままで（通常はわれわれがマタイ版に見る、より長い祈りで）無数のキリスト者によって毎日用いられてはいますが。すでにイエスの時代までには、短いけれども力強い祈りを一日に三回唱えるというユダヤ教の祈りのパターンは、十分確立されていました。おそらく、イエスはこの祈りもそのように用いられることを意図していました。

それでは、この祈りからわれわれは、神と定期的な交わりを持つことについて何を知ることができるでしょうか。第一に、あまりにも明白でかえってわれわれは見過ごしてしまうかもしれませんが、この祈りには非常に深い意味があるのです。それはある秘密の魔力あるいは魔法につながる「アブラカダブラ」といった魔術的で意味のない決まり文句ではありません。この祈りは、口に出して言うだけでなく、心の中で唱えることのできる（もっともそうすると、自分たちの思考が広がってしまうでしょうが）ものです。この祈りが強く暗示していることは、われわれ人間が、宇宙の創造者に向かって話す際に、自分たちの日常の言葉を使うことができ、またそうすべきであり、神もわれわれがそうすることを欲し意図しているということです。別言すれば、この祈りが暗示していることは、われわれが一人の真の神と意思疎通ができ、われわれが神の意思を尋ね求めることを神は欲しているということです。

第二に、すべてのことはわれわれが神を（イエスがこの説教全体にわたって行っているように）「父」と呼ぶことの中に置かれています（実際、われわれが山上の説教全体に一つの題を付けるとすれば、「神を『父』と呼ぶことの意味」ではどうかと提案できるかもしれません）。イエスの時代のユダヤ人にとって、神に対するこの呼称は、イスラエルをエジプトから救い出し、そのことで「イスラエルは私の息子、私の長子である」（出四・二二）ことを明確に示した**出エジプト**における神の行為に遡りました。

第三に、この神は人が造った偶像ではありません。この神は生きている神であり、「**天**」に住み、自分の主権的で救済的な支配が「地」に生み出されるのを見ることを切望しています。これは実際、**神の王国**が完全にここに現れるようにという祈りです。すなわち、神の民が地から天へと取り去られるようにという祈りでなく、天の栄光と美しさが地の現実にもなるようにという祈りです。そのことが実現する時には、神の名前――神の性質、神の評判、神がまさにここにいること――は、どこででも非常に称賛されるでしょう。この祈りの前半は、このようにすべて神についてのことです。そこから始まらない祈りはいつも自分たち自身のことに集中する危険があり、まもなく祈りであることをまったく止めてしまい、脈絡のない考え、恐れ、自分たちの心の中の切望に堕することでしょう。

第四に、しかしながら、この神はこの世界と自分の創造物である人間を愛する創造主であるので、われわれ自身にさえ増して、われわれのことすべてを気にかけています。われわれはこのことを知って安心して、神に自分たちが必要なすべてのことを求めることができます。この章の残りの部分の多くは、このことをはっきり説明しています。しかし、もしわれわれが本当にこの祈りを神がほめたたえられることを求めて祈っているならば、われわれは決して自分たちのための食べ物のためだけに祈ることはできません。われわれは、全世界の必要のために祈らなければなりません。そこでは、何百万もの人が飢えており、多くの者が餓死しているのです。そしてすでにわれわれは、祈りから湧き起こったこととして、次のことに気付いているのかもしれません。もしわれわれがそのことについて本当に祈るならば、われわれもそれについて何かを行うことで、自分たちの祈りに対する神からの答えの一部とならなければならないかもしれないということに。しかし、それ以上のことは、やがて明らかになるでしょう。

第五に、われわれは赦しを求めて祈ります。個々の行為一つ一つとその結果との関係が永遠で壊れることがないと考えるいくつかの宗教とは異なり、ユダヤ教とキリスト教の中心には、人間の行為は非常に重大な結果をもたらすものの、人が赦しを得ることはなお可能であり、神の愛を通して実際に赦されるという信仰があります。われわれが赦しを求めることが一、二の稀な場合だけでなく、とても通常なこととして必要となるだろうとイエスは見なしています。これにはハッとさせられますが、われわれが必要とする時にはいつでも、赦しが無償で与えられるという慰め深い知らせと一致しています。

しかしながら、十分注目に値することに、祈りそのものにまさに込められている一つの条件があります。すなわち、われわれ自身が、人々を赦していなければならないということです。イエスは後でその理由を説明するための特別の機会を設けています。他者を赦すことに自らを開こうとしない心は、神の赦しが提供されている時にも、心を閉じ続けています。イエスはこのことについて一八章でさらに述べるでしょう。

この祈りは重苦しく現実的な調子で終わっています。イエスが信じていたことは、大いなる試練の時がこの世界に来つつあり、自分は、その闇の中へと一人で歩いて行かなければならないということでした。イエスの弟子たちは、それを免れるように祈るべきです。今でさえ、イースターの光の中で、また聖霊の導きと力によって、われわれはなおこのように祈る必要があります。さらに、危機の時、すなわち、世界にとって、教会にとって、またわれわれの心と命において、すべてが暗闇のように思われる時が何度も来るでしょう。もしわれわれが十字架に付けられたメシアに従うならば、われわれは自分たちが暗闇を免れることを期待すべきではありません。しかし、われわれは、その最悪の惨害から守られるように、また、悪から、すなわち、抽象的にも、人格化された形でも、その両方における「悪いもの」から救い出されるように、祈らなければなりませんし、祈ることが許されています。

ここに、われわれに必要であることをイエスが知っていた枠組みがあります。ここに、あなたがたが神に対する自分たちの知識、愛、奉仕において成長するに従って、日々あなたがたが用いることをあなたがたの天の父が待ち、切望している祈りがあります。その祈りをあなたがたが自分のものとすることを、何が妨げているのでしょうか。

六章一六—二四節　断食と永続する宝について

[16]「断食する時には、芝居役者たちのように陰気であってはなりません。彼らは自分たちの顔を
誰だかまったく分からないほど変わり果てさせて、それによって誰もが彼らが断食していると分
かるようにします。私はあなたがたに真理を伝えます。彼らは自分たちの報酬をすべてすでに受
け取っています。[17]そうではいけません。あなたがたが断食する時には、自分の髪と顎ひげを自分が
通常行う方法で整え、顔を洗いなさい。[18]他の人々に——あなたがたの父が密かに気付いている
のを除いて——あなたの断食を気付かれないように。そうすれば、密かに見ているあなたの父は、
あなたに報いを与えるでしょう」。
[19]「宝を地上に蓄えてはなりません。衣蛾や錆がそれをすっかり蝕むでしょうし、強盗が押し入
って、それを盗むでしょう。[20]そうではいけません。自分たちのために天に宝を蓄えなさい。そ
こでは衣蛾や錆がそれを蝕むことはありませんし、押し入って、それを盗む強盗も一人もいませ

ん。[21]あなたがたの宝を私に見せなさい。そうすれば、あなたがたの心がどこにあるのか私はあなたがたに示しましょう」。
[22]「目は体のランプです。それですから、もしあなたの目が誠実で澄んでいれば、あなたの体全体は光で満ちるでしょう。[23]しかし、もしあなたの目が邪悪であれば、あなたの体全体は暗闇の中にあります。それですから、もしあなたの中の光が結局は暗闇に変わるならば、それ以上に深い暗闇はないでしょう」。
[24]「誰も二人の主人に仕えることはできません。ですから、彼らは第一〔の主人〕を憎んで第二〔の主人〕を愛するか、第一〔の主人〕に献身して第二〔の主人〕を軽蔑するかです。あなたがたは神と富の両方に仕えることはできません」。

その学生はしょんぼりしているように見えましたが、それも無理はありません。数週間というもの、彼は自分が問題なくやっていると考えてきました。なるほど、彼は一生懸命には勉強してきませんでした。しかし、彼は大学のサッカーチームの一員で、ロックバンドで演奏していて、何冊かの非常に興味深い小説を読んでいました。けれども、どういうわけか彼は他の大半の学生ほどには多くの時間を図書館での学びに費やしてきませんでした。今や彼の個別指導教官が彼と向き合って質問しています。彼の優先順位は何だったのでしょうか。彼は大学教育を受け、学位を得たかったのでしょうか。それとも素晴らしい休日のキャンプにでもいるかのようにキャンパスにいたかっただけなのでしょうか。

もちろん、多くの学生たちは、いくつもの異なる付き合いをどうにか遣り繰りし、なお学位取得に十分な成果を挙げています。しかし、しばしば彼らは難しい選択に直面しなければなりません。利発で精力的な若者であれば、理論的にはどの週でも、いくつもの予定をあれこれとこなすことができますが、一日の時間は限られていて、すべてのことを行うことはできません。本当に重要なことは何でしょうか。一〇年後に振り返った時に、あなたは何と言うのでしょうか。「最大限の努力をしておけば良かった」でしょうか。あるいは「全力を尽くしておいて良かった」でしょうか。

この文章は優先順位について語っており、優先順位の中心は神にあります。神を第一に考えることの重要性には疑う余地がありません。しかし、問題なのは、基本的には自分たちの生涯を神に献げることをすでに決意しているキリスト者にとってさえ、自分たちが神のためにできることが、多種多様であるようにしばしば思えることです。というのも、神は愛情深く優しい方であり、われわれが、奴隷のように強いられてではなく、むしろ自由な選択として神を愛し仕えることを望んでいるからです。そして、しばしば神のために行っているはずの多種多様なことの方が、神よりも優先され始めます。特に、こうしたことが金儲けになったり、あるいは名声をもたらす時には。この文章が語っている最も大切なことは、ただひたすら、しかも密かに、神を愛し仕えるようになることです。とても信心深いことを見せびらかすためであれ、富を蓄えるためであれ、常に大きなチャンスを探していることではありません。

最初の段落は、すでに述べたお金や祈りについての箇所において見出されるものと同じ主題を取り上げています。イエスは、自分の弟子たちが神への祈りと献身の一つとしてときどき断食することを想定しています。後ほど（九・一四―一五）イエスは、自分が一緒にいる間は、弟子たちは断食すべきではないと語りますが、ひとたびイエスが去った後には、断食すべきであるとほのめかしています。しかし、問われているのは、その方法です。

イエスの時代の一般的な慣習では、自分が断食していることを宣伝するために、髪の毛（また顎ひげ）を絡まったままにしたり、自分の顔に灰を塗り付けたりしたようです。イエスは、それは芝居だと宣言します。それは仮面を被っているようなものです。本当の断食は、自分と神との間のことであり、見せびらかすために行うものではありません。ですから、あなたが普段、自分の頭や顔に行うようにしなさい――洗い、とかし、いつもの仕方で自らを整えなさい（イエスの文化においては油を塗ることを含みますが、それこそ、「いつもの仕方で自らを整える」という言い回しの文字通りの意味です）。ここでも、また全体でも、重要なのは、次の問いです。すなわち、あなたの目は神にじっと注がれていますか、それとも他の誰か（あるいは何か）にでしょうか。あなたの優先順位はどちらですか。

続く三つの短い言葉は、すべて同じ点を強調しています。第一に、イエスは二つの種類の宝の違いを指摘しています。天と地についての他の言及箇所でも同じですが、「この世について心配してはなりません――あの世のための準備をしなさい」と言われていると考えるべきではありません。ここでの「天」は、神がまさに今いるところであり、もしあなたがまさに今神を愛し仕えるようになるならば、未来においてだけでなく、現在においてもあなたが宝を得るであろうところです。もちろんイエスは（彼の時代のほとんどすべてのユダヤ人のように）、神はその忠実な民のために、死の後に、素晴らしい未来を備えていると信じていました。しかし、彼らは普通はその未来のことを「天」とは呼びませんでした。イエスは自分の弟子たちが、まさに今、天の宝を確かなものとすることを望んでいます。その宝とは、弟子たちが未来においてと同じく現在において享受することができる宝であり、地上に蓄えられたすべてのものが見舞われるさまざまな問題を被ることがない宝です。どうしたらこのことは実現するでしょうか。この章で今まで述べられてきたこと全体が手がかりです。つまり、愛情深い神の御前で生きるようになりなさい。すべてのことを神のために、ただ神のために行うようになりなさい。優先順位を正しくしなさい、ということです。

第二に、自分のランプが光を放っているので、暗闇の中にはいないことを確かめなさい。この短い言い回しの意味は微妙です。目は体のランプです、と言うことによってイエスは何を言いたいのでしょうか。

三つのことだと私は思います。第一に、言ってみれば、「自分たちの目を神にじっと注ぎ続け」なければならない、とイエスは言いたいのです。実際に神を見ることはできないので、それはイメージを伝えようとする表現ですが、イエスが言いたいことは分かります。

第二に、それでも私が考えるに、イエスは文字通り、われわれが実際に何を見るかに気を付けるべきであると言いたいのです。あなたがたの目はどこに自然と引き込まれるのでしょうか。あなたがたは目の動きを制御しているでしょうか、それとも目の動きの方があなたがたを——またあなたがたの考えと心を——思うがままに導くのでしょうか。

第三に、目は車のヘッドライトのようです。もしあなたが夜、暗い道を運転していて、ライトを点けようとしたのに——何も起こらなかったとしたらどうでしょう。どれほど外が暗いのか、あなたはそこで突然気が付くでしょう。イエスが言っていることですが、それこそが、もしあなたの目が神に注がれておらず、またもし代わりにあなたの目が何であれ人目を引くもの、すなわち、たまたま目に留まったきれいなものを追いかけているならば、それがどういうことなのかを示しています。再び優先順位の問題です。あなたの目はあなたを正しい方向に導き、前方の道を指し示しているでしょうか。

最後に、ここの箇所の言葉の中で最もよく知られたものについてです。あなたは神と……マモン（まあちょっと古い翻訳ですが）に仕えることはできません。「マモン」は財産と富全般について、それがまるでほとんど神であるかのように言う仕方でしたが——それこそまさにここでのイエスの要点です。（危険なことに「全能の神」のように）「全能のドル」というようなことを言うことで、われわれは同じことをしています。われわれは自分たちが皆あまりにお金の力を認識しているので、お金について、こんな冗談を言ったりします。コメディアンのセリフですが、「確かに『金が物を言う』けれども、自分には大抵『さようなら』としか言わないんだ」といった類のものです。しかし、イエスが言っていることは、お金は指示を出すということです。お金はあなたにあれこれ指図します。しかし、もしあなたが自分の優先順位を正しくするならば、ボスはただ一人であり、それは神です。

私たちは優先順位を整えなくてはいけません。あなたが自分の人生を二年後、五年後、一〇年後、一五年後に振り返った時に、果たして自分が最優先すべきことを最優先にしたことを喜んでいるでしょうか。

六章二五—三四節　心配しなくて大丈夫

[25]「さて、私に言わせてください。あなたがたの命について——何を食べようか、何を飲もうか
——心配しなくて大丈夫です。あなたがたの体について——何を着ようか——心配しなくて大丈
夫です。命には食べ物以上のことがあります。体には一揃えの衣服以上のことがあります。[26]空
の鳥たちをよく見なさい。それらは種を蒔きませんし、収穫しませんし、倉庫に物を貯蔵しませ
ん——それでもあなたがたの天の父はそれらに食べ物を与えます。あなたがたがそれらとどれほ
ど異なるか考えなさい。[27]あなたがたのうちの誰がそれについて心配するだけで自分の背を一五
インチ加えることができるでしょうか」。
[28]「また、なぜ何を着ようかと心配するのですか。田園地帯の百合からヒントを得なさい。それ
らは働きません。織物を織りません。[29]しかし、私に言わせてください。豪奢な服をまとったソ
ロモンでさえ、これらの一つほど素晴らしくは着飾っていませんでした。[30]それですから、もし
神が、今日はここに〔生えて〕いて、明日はたき火にくべられる野の草にさえそのような類の服
を与えるならば、神はあなたがたにも服を与えないでしょうか、あなたがた小さな信仰の者たち
よ」。
[31]「それですから、あなたがたは『自分たちは何を食べようか』、『自分たちは何を飲もうか』、

『自分たちは何を着ようか』と心配してばかりいなくて大丈夫です。[32]それらはすべて異邦人たち
が騒ぎ立てている類のことであり、あなたがたの天の父はそれらすべてがあなたがたに必要であ
ることを知っています。[33]そうではなくて、神の王国と神の〔求める〕生活をあなたがたの最優
先事項にしなさい。そうすれば、これらのことすべてもあなたがたに与えられるでしょう」。
[34]「それですから、明日について心配しなくて大丈夫です。明日は自分自身のことを心配するこ
とができます。一度には一日分の困難ですっかり十分です」。

イエスは何と根っからの幸せ者なのだろうかと思ったことがあるでしょうか。

もちろん、預言によればイエスは「悲しみの人であり、悲嘆をよく知っている」ことをわれわれは知っています。イエスが十字架へ向かった時に、全世界の暗闇と悲しみが彼の上に降ったことをわれわれは知っています。確かに、ゲツセマネの場面、すなわち、イエスが自分の父の意志と格闘し、また自分が果たして正しい道を進んで来たのだろうかと苦しみのうちに思い巡らしていたあの場面は、かつて語られた最も痛ましい物語の一つです。イエスがラザロの墓で泣いたことを、また人々が神を信頼することも、イエスが行っている素晴らしいことを見ることも拒んだ時に、イエスが悲しんだことをわれわれは知っています。

しかし、これらは例外的なことであり、いわば明るい背景の上に描かれた暗い部分のようなものです。ここのような箇所を読むと、われわれはイエスの全般的な明るさが、イエスの生活体験からそのまま流れ出ていることが分かります。イエスは鳥たちが、ただ生きていることを楽しんで、空高くガ

リラヤの丘の風の流れに乗って旋回するのを見たことがありました。それらの鳥は、人間がする類の仕事など決して行っていないように思われるのに、それでも彼らはたいてい元気に生き続けていることがイエスには分かっていました。たくさんの異なる種類の花が、肥沃なガリラヤの土壌で育っているのをイエスは見たことがありましたし――「百合」とここで訳されている語は、秋咲きクロッカス、アネモネ、グラジオラスのようないくつかの異なる植物を含みます――それらの繊細な美しさに彼は固唾を呑んだものでした。大きな草刈りがまでの一刈り、通り過ぎる一頭のロバ、その中で画廊に飾るほどの美しさを見せる、この素晴らしい花々というオブジェ、しかしこれらの花の命は短いのです。その美しさはどこから来たのでしょうか。これらの花は、化粧をするのに鏡の前で数時間を費やすことはありません。美しい服を求めに市場に買い物に行くこともありません。それらはありのままの姿で、神から与えられた美しさで輝くのです。

イエスは、世界の創造主である自分の父が善であるという強く生き生きとした感覚を持っていました。イエスの霊性全体は、次のように主張した教師たちから何マイルも離れています。それは、現在の世界は影と憂鬱さと虚栄心の場所であり、また真の哲学はそこから逃れて精神的なことに集中することにあるという主張です。イエスの教えは実体験に基づいています。したがって、イエスが自分の弟子たちに明日のことを心配しなくて大丈夫だと伝える時には、イエスが率先して模範を示したとわれわれは見なさなければなりません。イエスは、今この瞬間が有意義なのは明日のために準備するためのみであるかのように、いつも心配そうに先のことばかり見ていたのではありませんでした。そうではないのです。イエスは、今をすべてとして生き、現在の課題にすべての注意を払い、今ここで神が善であることをほめ称える術を持っていたのです。もしそれこそが幸福のレシピでないならば、何がそれなのか私には分かりません。

そして、イエスは自分の弟子たちも同じであることを望んでいました。イエスが彼らに神を優先することを強く促した時に重要であったことは、イエスがどの神について語っているのか認識することでした。イエスは、この世界から遠く離れ、美しさや命や食べ物や衣服に関心がない神について、語ってはいません。イエスが語っているのは、創造主についてですが、この創造主は、美しさと活力と刺激に溢れた素晴らしく神秘的な物でこの世界を満たし、また、自分が創造した人間たちに何よりもまず神を信頼し、神を愛し、自分たちの美しさと活力と刺激を神から受け取ることを望んでいます。

それですから、何を食べようか、飲もうか、着ようかと心配しなくて大丈夫だとイエスがわれわれに告げる時には、これらのことが重要でないと言いたいのではありません。われわれがそれらのことを軽蔑していることを示すためだけに、（ある教師たちが勧めたように）われわれはできるだけ少なく食べたり飲んだりし、また最もぼろぼろでみすぼらしい服を着た方が良いと言いたいのでもありません。全然違います。イエスは誰よりもパーティ好きでした。また、イエスの着ていたチュニックの上質さは、ローマの兵士たちが、それを気に入り、イエスが死んだ時にはそれを引き裂かずに、サイコロを振って誰のものにするのか決めたほどでした。しかし、要点はここでも優先順位でした。この世界を第一に考えるならば、それはあなたがたの手の中で、衣蛾が衣を蝕むように、蝕まれて価値のないものになるでしょう。一方、神を第一に考えるならば、この世界が加えてあなたがたに与えられるでしょう。

もちろんイエスは、われわれが種を蒔いたり収穫を刈り取るべきでないし、服を作るために生地を織ったり、糸を紡いだりすることに真剣に取り組むべきでないと言いたいのでもありません。むしろわれわれはこれらのことを喜んで行うべきであり、まるで神が意地の悪い暴君で、われわれを痛めつけて生活を困難にさせようとしているかのように憂鬱そうに行うべきではありません。なぜなら、われわれの神、われわれの父はすべての創造主であり、われわれに食べ物や服を与えることを望んでいるからです。もちろん、われわれは心配事に満ちた世界に住んでいるのですから、その影響を受けるがままにすることは容易です。しかし、山上の説教全体の根底にある諸原理は、この一点で非常に大きな、しかしワクワクするような課題に集約されます。すなわち、われわれが目指すべきことが、神の王国とそれに見合う生活様式であり、「義」あるいは契約に基づく振る舞い、すなわち神の民であることを際立たせる生活様式であるということです。これらを目指すならば、食べ物、飲み物、着る物が自ずと充足されるのをあなたがたは見出すでしょう。

まったく心配事なしに生きることは、多くの人々には、まったく呼吸せずに生きることと同じほど不可能であるように思われます。ある人々は、心配事の虜になっているので、もし自分たちが心配することが何もないと、自分たちが何かを忘れてしまったのではないかと心配します。山上の説教の中心には、驚くべきことに、取り上げようとする人がほとんどいない一つの招きがあります。イエスの幸せを共有する方法を学んではいかがですか。

七章一—六節　他者を裁くことについて

[1]「人々を裁いてはなりません。そうすれば、あなたがたが裁かれることはありません。[2]知っての通り、あなたがたが他者を裁く裁き方で、あなたがたは裁かれるでしょう。あなたがたが他者を測るために用いる物差で、あなたがたは測られるでしょう。[3]あなたがたはなぜ隣人の目の中のほんの小さな埃をじっと見つめるのに、自分たちの目の中の厚板は無視するのですか。[4]どうしてあなたがたは自分たちの目の中に厚板があるのに、隣人に『さあ、あなたの目からほんの小さな埃を取り除かせてください』と言えるのですか。[5]あなたがたは芝居をしているだけです。第一に、あなたがたの目から厚板を取り除きなさい。そうすればその時にあなたがたは、隣人の目からほんの小さな埃を取り除くのに十分なほど明瞭に見えるでしょう」。

[6]「聖なる物を犬に与えてはなりません。あなたがたの真珠を豚に投げてはなりません。もしあなたがたがそうするならば、それらの動物はそれらを足で踏みつけるでしょう――そしてそれから向き直ってあなたがたを襲うでしょう」。

ウィリアム・シェイクスピアは、一つの劇全体をマタイ福音書七章二節に基づいて書きました。『尺には尺を』は「喜劇」に分類され、確かに結末ではすべてがハッピーエンドです。しかし、劇の大半は暗く不安に駆られます。

高貴でありながら厳格な貴族アンジェロは、ヴィンセンシオ公爵がしばらく出かけている間、ウィーンの統治を任せられました。公爵は出かける振りだけはしましたが、実際には変装してすぐ近くに留まっていました。アンジェロは権力を握るとすぐに、公爵が与えていった指示に従って、古来の法律を従来になく厳格に適用して、結婚前に子を設けたクローディオという男に死刑の宣告を下しました。死刑を宣告された男の妹であるイザベラは、神自身からの裁きには偏りがないことや、アンジェロもまた気が付けばキリストにおいて神がもたらした慈悲が必要になるかもしれないことを彼に警告して、自分の兄の命乞いをしました。

この世に生まれた人間はそれだけで罪を犯しています、
それでも神は罰しようとなさらず、救いの道を
お示しになりました。もしも最高の裁判官である
神が、いまのままのあなた様を裁かれるとすれば
どうなりましょう。それをお考えになれば、
その唇に慈悲のことばが湧きあがってくるでしょう、
生まれ変わった人のように。

（『尺には尺を』第二幕第二場）*

アンジェロは拒んで、クローディオは死ななければならないと告げます。しかし同時に、アンジェロはイザベラへの激しい情欲に襲われ、もし彼女が自分の意のままになりさえすれば、兄の命を助けようと提案しました。物語には紆余曲折がありますが、最後にアンジェロは自分の悪徳を暴かれ、自

分が十分それに値する死を懇願します。しかし公爵は、この懇願には応じずに、諸般の事情を考慮して、すべての人を赦しましたが、それは同時に、深く豊かな正義が行われることでした。

シェイクスピアは至るところで正義と慈悲のキリスト教的意味を示唆しています。主権的な神は、この世界には不在であるように思われますが、事実存在し、もちろん究極的にはイエスにおいて存在しています。イエスは人間の罪と独善を取り上げ、それらを暴き、処置し、なお慈悲が正義に対して輝かしい勝利を収めるようにしています。ここに深く考えるべき神秘があります。

これこそが、ここの箇所の底流をなしている神秘です。イエスは他者を非難することに対して厳しく警告しています。もちろんこれは、(ある人たちが考えたように) イエスの弟子たちは誰も治安判事になるべきでないという意味ではありません。神が意図しているのは、この世界が秩序立っていて、不正義が抑制されていることです。イエスは正式な法廷について言っているのではありません。人々が自分たちは道徳の守護者やお互いについての批評家であると主張する時に、日常生活の中で生じる裁きと非難について言っています。

われわれは、イエスが特定の対象を念頭に置いていると正しくも推測します。五章二〇節でイエスは彼らの名前を挙げています。すなわち、律法学者たちとファリサイ派の人々です。歴史から、また新約聖書から、心から謙虚で信心深い多くの律法学者たちとファリサイ派の人々がいることをわれわれは知っています。しかし、強硬派の圧力団体——ファリサイ派の人々は基本的にそうでしたが——はいつも、道徳水準が保たれているかどうかお互い同士が皆で監視する雰囲気を作る傾向にあります。多くの国々において、この種の道徳的雰囲気は、性道徳との関連でかつては維持されていました。

今日でもしばしば道徳主義は同じく激烈ですが、その対象は変化しました。今日では、対象は、例えば自然保護や環境かもしれません。ある国々では、適切なごみ捨てと汚染の危険について自分たちが非常に気にかけているので、ご近所同士、正しい種類のごみを正しい種類の袋の中に入れるかどうか確かめるためにお互いの様子をこっそりうかがっています。この「汚染」という言葉は実際、何が起こっているのかを示す一つの指標です。「汚染」（＝汚れ）はまさにファリサイ派の人々が恐れていたことでした。

イエスは、このような「裁き」すべてに対して警告しています。イエスは、われわれが自分たちや世界のために高い行動基準を持つべきでないと言いたいのではありません。道徳的失敗を理由に相手を見下し合う誘惑は、自分が神を演じようとする誘惑なのだと言いたいのです。われわれは神ではないのですから、そうすることは（文字通りには変装としてマスクを被る芝居役者を意味する）「偽善者」となるために、役を演じ、振る舞う誘惑を意味します。

われわれへの警告となるアンジェロの事例によって、われわれはこのような人々に何が起こるか分かります。裁きは彼らに跳ね返り、彼らが他の人々に対して使った測り棒は、彼らにも使われることでしょう。また、彼らは偉そうな態度で他の人々の問題を解決しようとしますが、自分たちの思いがあまりに大きく膨らみすぎて、彼らは物事をまっすぐ見ることができないでしょう。イエスは、ある人々が最後には他の人々を助けて、その人たちの目から小さな埃を取ることができる可能性を排除していないことにわれわれは留意すべきです。イエスは、公衆道徳として、そのようなことを行うべきでないとは言っていません。そうではなくて、イエスが警告しているのは、最も熱心に他の人々に対して何をすべきか（あるいは、もっと有りそうなのは何をすべきでないか）伝えたがっているように思われるまさにその人たちこそが、そうし始める前に、鏡の中をじっくり見るべきであることです。

それでは、犬や豚や真珠についてはどうでしょうか。これは、イエスの弟子たちが極めて重大な判断を下すべきであること――すなわち、ある人々がこれらの部類に含まれるので、聖なるもの、あるいは高価なものを与えるべきでないこと――を暗に示していないでしょうか。

そうです。イエスはここで、その人の共同体――イエスの場合は当時のユダヤ世界の中のガリラヤでの村や町の生活共同体――と外部者との間の区別を想定しているように思われます。「犬」は何と言っても異邦人に対する日常的な差別用語でした。ユダヤ人は豚肉を食べなかったので、豚は異邦人によってのみ飼われていました。イエスは、ユダヤ世界を理解しようとさえしない人々に、その内部でのみ意味を成す王国の意味や生活を説明しようとしないように弟子たちに警告しているように思われます。

もしこれが正しければ、それは後にイエスが一〇章五―六節で言っていることと合致します。初期の福音伝道は、ユダヤ人に対してのみ行われました（ロマ一五・八をも参照）。十字架刑と復活の後では、もちろんすべては異なります。すなわち、その時には福音は、世界を包み込むために外に向かわなければなりません。しかし、さしあたりは、神殿において祭司たちが聖なるものを守っているように、弟子たちは、福音を大切に取っておくべきです。たとえわれわれが今日、福音という富を誰も彼もと共有するように命じられた新しい世界に住んでいるとしても、われわれがなお王国の使信を何か聖なる美しいもの、大切に取っておき、尊重するべきものと見なすべきだと考えるのが良いでしょう。

＊『シェイクスピア全集　尺には尺を』小田島雄志訳、白水Uブックス、一九八三年、五七―五八頁。

七章七―一二節　祈りについて

[7]「求めなさい、そうすればあなたがたに与えられるでしょう。探しなさい、そうすればあなた
がたは見つけるでしょう。ノックしなさい、そうすればドアはあなたがたに開かれるでしょう。
[8]誰でも求める者は受け取り、誰でも探す者は見つけ、誰でもノックする者はドアを開けてもら
えるでしょう。[9]分かりませんか。もしあなたがたの息子がパンを求めたとしたら――あなたが
たの誰が子に石を与えるでしょうか。[10]あるいは、もし子が魚を求めたとしたら、あなたがたは
蛇を与えるでしょうか。[11]このように、あなたがたが悪い者ではあっても、自分たちの子にどの
ようにして良い贈り物を与えればよいか知っているとするならば、あなたがたの天の父はご自分
に求める者たちに、さらにより一層良い物を与えることでしょう」。
[12]「それですから、あなたがたが人々に自分たちのためにしてほしいことは何であれ、まさにそ
れを彼らにしなさい。そうです。これこそ律法と預言者で最も大切なことです」。

私は資金集めが嫌いです。一方、多くの人々はそれが得意です。多くの人が実際に楽しんで資金集

めをしています。しかし私にはそれが耐えられません。私は何であれ人に物をせがむことが嫌いです し、金を無心することはすべての中で最悪なことだと感じます。ですから、私はそれがあまり得意で はありません。ある国々では、聖職者や同じような職にある人々は、人々に対してにこやかに大義名 分のために寄付を求めることが期待されていることを私は知っています。でも、個人的には、そうす ることはいつも難しく、当惑させられます。

それで、自分がこのような箇所を読むと、にわかには信じられず、どういう趣旨であるのか思い起 こさなければなりません。イエスは本当に、神がわれわれの要望することすべてに答えるだろうと言 いたいのでしょうか。神は、自分の子どもたちが求めたり必要とするものを与えることを待ち望んで いる父のようであることを言いたいのでしょうか。われわれは本当に、そのように並外れて制限のな い約束に甘えることができるのでしょうか。

私が考えるに、われわれが時折このような約束を信じ損なったり、それらの約束に基づいて行動し 損なうのは、神への信仰を持ち損なっているからではなく、むしろ、私の資金集め嫌いのように、生 来の人間の気の進まなさから起こります。思い出すには昔のことすぎますが、私はおそらく小さい時 に、いつまでも物をせがまないように教えられました。しかし、私だけでなく多くの人々には、物を せがむことについてそのような本能的な気の進まなさがあるのではないかと私は思います。もし何か をせがむように人々に強要するならば、そんなのは利己的だとか、あるいは神にはわれわれが急に求 めた物を何でも〔すぐに〕与えるのでなく、神の時に従って物事を行っていただきたいと、彼らは言 うかもしれません。

彼らの言うことが正しかろうと、なかろうと、いずれにしても、聖書全体の中で最も輝きを放ち、寛大である一連の約束の一つをトーンダウンさせることはもったいないことでしょう。物をせがむことは、おそらく「利己的」ではありません。子どもたちが両親と関係を持つことになっているのは、おそらく自然なことです。われわれが拒んでそうしないことは、おそらく実際に神を悲しませたり、あるいは、なぜ自分の子どもたちは調子がどうなのか言わないのだろうか、いったい何をしてほしいのだろうかと神を戸惑わせるでしょう。もちろん、心の寛大さは容易に悪用されますし、われわれは皆、単に自分たちが贅沢をするためにだけひどく不適切な物を神に求める人々をおもしろおかしく描く歌を知っています（「おお主よ、私にメルセデス・ベンツを買ってください」*）。ヤコブの手紙（四・三）には、間違ったことを求めることへの厳しい警告がいくつかありますし、祈りについてのいかなる本格的議論もこのことを考慮に入れる必要があります。しかし、ほとんどの人にとって問題なのは、間違ったことを熱心に求めることではありません。問題は、正しいことを求める熱意がとうてい十分ではないことです。

また、「正しいこと」とは、単に十分な道徳的特質を指すのではありません（もっとも、もしあなたがたがあえて聖いこと、謙遜さ、あるいは他の自分の身に危険が及ぶ正しいことを求めるならば、神はそれらをあなたがたに願い通り与えるかもしれません）。それは、われわれが日々必要とすることを指し、神はわれわれとちょうど同じように、それを心にかけています。もし神が父であるならば、神を官僚や独裁者としてではなく、父として扱いましょう。官僚や独裁者は、われわれの些細で彼らには無関係な心配事に邪魔されたくはないでしょうから。神がわれわれのことに関わるのには忙しすぎるかどうか、決めるのは神なのです。次のような事実、すなわち、ある国では戦争が、他のどこかでは飢饉が、あらゆる場所で地震、悲劇的な事故、殺人、略奪が続いていること、また、神がそれらのすべてを悲しんでいること――これらのことは、われわれの愛情深い父にとっては何であれわれわれに関わる上での差し障りにはなりません。国連の要職にある人たちには、差し障りとなるかもしれませんが。神が自分にはわれわれのために割く時間、場所、愛がまだあると言っているからには、われわれは神の言葉を文字通りに受け取るべきです。

もちろんわれわれが成長した子どもになるに従って、自分が創った世界の苦しみや悲しみに対する神の懸念を、われわれはますます共有するでしょう。われわれは自分のことよりも、もっとそのことのために祈りたいと思います。しかし、イエスがわれわれに教えた王国の祈りの中で、神の意志が地上で行われるようにと祈ることと共に、われわれは自分たちが今ここで必要なことを求めて祈ることを教えられたのです。ですから、何をためらうことがあるでしょう。

自分たちはすでに試してみたのですが上手く行きませんでした、とわれわれはおそらく言うでしょう。確かに、祈りは神秘であり続けます。時折、神が「願いはかなえられない」と返答しているように思われる時に、われわれは困惑すると思います。そして、神が極めて賢く、力強く、愛情深いのに、皆がそれぞれに願うことを神がかなえてくれないのであれば、それは奇妙だと人々はいつも思ってきました。しかし、ウィリアム・テンプル大主教の有名な言葉があります。「私が祈る時、偶然の一致が起こります。私が祈りを止める時、偶然の一致は起こるのを止めます」。現代の最も賢い教会思想家の中には、神の王国を突然に来たらせることは、神の意志ではないという結論を慎重に下した人たちがいます。もし神が突然に神の王国を来たらせるならば、われわれはそれに耐えることができないでしょう。神は、難しい素材を扱う一人の芸術家のように働いています。そして、祈りは、こうした素材のいくつかが芸術家に抵抗する代わりに、彼と協力して何かを作り上げる方法です。実際に祈りがどんな働きをしたのかについては、神を面と向かって見るまでは、われわれは決して完全に理解することはできません。しかし祈りが働きを担っていることは、最も基本的なキリスト教的理解の一つです。

ですから、神を父として扱いなさい。そして自分たちの調子がどうなのか神に伝えなさい。求め、探し、ノックしなさい。そして何が起こるのか見なさい。途中にいくつかの驚きがあることを予期しなさい。しかし神があなたがたをがっかりさせることを予期してはなりません。これこそが、本当に山上の説教全体の根底にある使信であり、今やあと数段落で結びに至ります。

一二節は、実際、これまでの使信、すなわち五章一七―二〇節から始まる使信を要約しています。イエスが来たのは律法と預言者を廃止するためにでなく、成就するためです。どのように成就するのでしょうか。イスラエルに次のことを教えることによってです。すなわち、神が実際に誰であるのか教え、また、神を模範とすること、神を信頼すること、神を愛し従うことが実際にどういうものか教えることによってです。一方、地上での、また他の人々との行動に関して言えば、律法全体は一つの文章で言い表すことができます。すなわち、他の人々から自分たちがしてほしいことを相手にしなさい、ということです。

イエスは、このいわゆる「黄金律」を提示した最初の偉大な道徳教師でも最後のそれでもありませんでした。しかし「黄金律」はイエスの多くの教えを要約するものです。同じようなことを言った多くの人々との違いは、道徳的教訓の根底に天の父の愛があることです。イエスの弟子たちは、次の点で他の人々とは違っていることが期待されていながら、悲しいことにそうでないことが多いのです。それは、天の父の愛を知り、気が付くと自分たちがこの「黄金律」やそこから派生する他の規則に喜んで、自由に従うことができているという点です。そうできた時には、弟子たちは、神の愛と光をこの世界に自分たちが映し出すことが可能なのだと知るでしょう。

＊ロック歌手ジャニス・ジョプリン（Janis Joplin）の歌の一節。

七章一三—二三節　二つの道

[13]「狭い門を通って中に入りなさい。破滅に導く門は、知っての通り素敵で幅広く、そこへ向かう道は、とてもゆったりしています。たくさんの人々が、その道を行きます。[14]しかし、命に導く門は狭く、そこへ向かう道は、ギュッと狭められています。この道に辿り着く人は多くありません」。

[15]「偽預言者たちに注意しなさい。彼らは羊を装ってあなたがたのところへ来るでしょうが、内側は飢えた狼です。[16]あなたがたは彼らが結ぶ実によって彼らを見分けることができるでしょう。

あなたがたは茨の茂みにぶどうが、あるいは、あざみにいちじくが実っているのを見つけること
はないでしょう。[17]同じように、良い木は良い実を結び、悪い木は悪い実を結びます。[18]実際、良
い木が悪い実を結ぶことはできませんし、悪い木が良い実を結ぶこともできません。[19]良い実を
結ばない木はすべて切り倒され、火に投げ入れられます。[20]ですから、あなたがたは木をその実
によって見分けなければなりません」。
[21]「私に向かって『先生、先生』と言う人が皆、天の王国に入るわけではありません。天の父の
意志を行う人だけです。[22]その日には、多くの人が私に向かって『先生、先生――われわれはあ
なたの名によって預言しました。われわれはあなたの名によって悪霊を追い出しました。われわ
れはあなたの名によってたくさんの力強い業を行いました』と言うでしょう」。
[23]「その時、私は彼らに向かって『私はまったくあなたがたのことを知りません。あなたがたは
悪人集団です――私の前から立ち去りなさい』と言わなければなりません」。

最近は車の運転がますます複雑になっています。道路標識がますます増えました。「車線閉鎖」。「泥に注意」。「速度の遅い農耕用作業車あり」。速度制限標識、スピード違反取締カメラ設置の警告標識、疲れすぎる前のコーヒー休憩を勧める標識、目的地までの距離を伝える標識については言うまでもありません。

イエスは偉大な山上の説教を一連の警告標識で結んでいます。ここまでイエスの教えを学んできたのであれば、車のハンドルをしっかり握って、最善を願えば事足りるのでないと知ることが必要です。

ければなりません。

集中し、危険に備え、何事も甘く見てはいけないと認識する必要があります。抜け目なく気を配らなければなりません。

ここの箇所には、こうした警告のうちの三つが、高速道路の標識のように矢継ぎ早に現れます。その門をくぐったことを確認しなさい――それはあまり広くはありません。正しい道から逸れるように誘う人々を警戒しなさい。他の人のうしろを付いて行っているからといって目的地に無事に到着するだろうと考えてはなりません。これらの警告は痛烈で憂慮すべき内容であり、われわれはこうしたことを真剣に受け止める必要があります。

第一に、狭い門です。壁に囲まれたエルサレムの旧市街には、今でもいくつかの門があります。広い車道が通っている門もありますが、他の門には急で狭い階段があり、歩行者、動物、小さな手押し車だけが通れます。イエスの聴衆は、そのような多くの町や都市に馴染みがあったかもしれません。いくつかの町の門は一度に四、五人が出入りするのに十分な幅広さであったかもしれません。一方、他の門は、狭いので順番に通らなければならなかったかもしれません。どんなペースでどの方向に進むのか決めるのを人任せにして、「流れに身を任せ」れば良いのだという一切の考えに、イエスは断固として反対しています。

あなたがたは本当にこの狭い門を通って中に入ることを望まなければなりません。流れに身を任せて、ただ漂うならば、入り損なうでしょう。しかし、この門は命へと導き、他の門はすべて破滅へと導きます。選択の結果は最後には明らかにされ、避けることも、厳しい結果を免れることもできません。選択が重大です。つまり、行為と動機が重大なのです。イエスに従うようになり、また、神を父として知るようになることが重大です。永遠の問題が問われています。私が強調してきたように、「天」は現在における神の次元、神の存在領域であって、単に将来の行き先なのではありません。しかし、それは、将来の運命がないという意味でもありませんし、現在あなたがたが行う選択によって、その運命が決定されはしないという意味でもありません。また、「おそらくイエスはそういうつもりではないだろう――確かに彼がそんなに厳しいはずがない――たとえわれわれが何をしようとも、おそらく結局上手く収まるだろう」と言う小さな声が聞こえたならばすぐに次の警告に耳を傾けることが必要です。

次の警告とは、聖書の教えによれば、「偽預言者たち」に対するものです。古代イスラエルにおいて、「偽預言者たち」とは、ヤハウェの言葉を語っていると主張したものの、実際にはそうでなかった人々のことでした。もし人々が彼らの言うことを聞いていたならば、人々は結局間違った道を行くことになり、惨事がさらに続くことでしょう。しかし、偽預言者たちがもちろん問題なのは、彼らがとても素晴らしく、とても分別があり、とても信頼に足るように見えることです。自分が害のない羊を装うことができるとしても、狼は必ずやあなたがたに自分の爪や歯を見せるに違いないのです。それこそ偽預言者たちが行うであろうことです。

旧約聖書では、預言者たちの真偽を確かめる方法は、預言の成り行きを見守ることでした。もし預言者が何かが起こると告げたならば、それが実際に起こるかどうかによって彼らが誠実であるかどうか分かるでしょう。一方、イエスには、もっと目で見て分かり、おそらくより素早い識別方法がありました。あなたがたに助言する人の生活を見なさい。それを木だと考えなさい。この木に健康で美味しい実が成っているのが見えますか。他の人々がその実によって真に養われているのが見えますか。あるいは、実際には、それは嘘、不道徳、貪欲という実を成らせていますか。

キリスト教の教会の中には、人を色分けしようとさせる誘惑がいつもあります。例えば、「彼はわれわれの仲間だろうか」と人々は尋ねます。あるいは、「彼女は私の党派、われわれのグループ、ふさわしい伝統に属しているだろうか」と。しかし、どの党派にも、どのグループにも、どの伝統にも、真の信仰者や本物の預言者もいれば、偽預言者や取り巻きもいます。真偽を確かめる唯一の方法は、木の実を探して、それがどんな実か確かめることです。

「実」とは、目に見える霊的な力を、単にこれ見よがしに誇示することであるはずがありません。むしろ偽預言者たちは、しばしばそういう類のものを生み出すことができます。重要であるのは、より深い何か、より個人的な何かです。一連の警告の最後のものは、われわれの注意を終わりの日、すなわち審判の日へと向けさせます。二二節の「その日には」〔という言葉〕は、マタイにおいて最初の用例ですが、決して最後の用例ではありません。そしてこの言葉は、来たるべき神の裁きについての旧約聖書の警告をイエスが転用して、神が最終的に行動を起こした時に何が起こるのかについてイエスが警告する際の常套句です。個人的にはイエスのことを知らないままに、「イエスの名において」驚くべきことを成し遂げる人もいるように思われます。力ある業を行ったとしても、その人が本当にイエスの仲間であるとは限りません。たとえ力ある業を行ったとしても、結局は「悪を行う者たち」であった人もいます。重要なのは、イエスを知ること――あるいはむしろ、イエスによって知られることでしょう。それはどういう意味でしょうか。福音書の残りを読んで、見出してください。

七章二四―二九節　真の従順さ

[24]「さて、それで、これらの私の言葉を聞き、それらを行う者は皆、自分の家を岩の上に建て
た賢い人のようになるでしょう。[25]激しい雨が降り、洪水が起こり、風が吹いてその家に打ち付
けました。でも、それは倒れませんでした。なぜならそれは岩の上に建てられていたからです。
[26]また、これらの私の言葉を聞いても、それらを行わない者は皆――彼らは、自分の家を砂の上
に建てた愚かな人のようになるでしょう。[27]激しい雨が降り、洪水が起こり、風が吹いてその家
を直撃しました――そして、それは倒れました。それは大きな音を立てて倒れたのです」。
[28]こうして、イエスがこれらの言葉を語り終えると、群衆は彼の教えに驚きました。[29]お分かり
の通り、イエスは、彼らの律法学者たちがそうであったようにでなく、自分の権威によって、彼
らに教えていました。

私の住む地域には、山登りをする人たちの間で行われている長年の慣習があります。それは、何世代にもわたっていくつもの石の道標を建ててきたことです。山は、たとえ低くともしばしば霧や雲で覆われることがあり、あちらこちらの山道で迷子になって道を見失う可能性が大いにあります。そこで、そのほとんどは極めて小さいのですが、道のあちらこちらに石を積み重ねて道標とし――霧の中

で頂上に到着したのか否か確かでない場合にもここがそこだと示す――はるかにより大きい石の道標のある頂上に達することができるようにしたのです。私は、何度も厚い霧の中で、ほとんど間違った方向へ足を踏み入れそうになりましたが、そのたびに、最後の瞬間に石の道標の一つを見て正しい道に戻りました。

新約聖書の多くの読者たち、おそらく特に福音書の読者たちは、霧の中で山を登る人のように、気が付くと福音書全体の流れを見失ったまま、個々のイエスの教えに接していることでしょう。あれやこれやについて教えたかと思えば、イエスは人々に会い、人々を癒し、人々と対峙し、さらに教えます。そんなことばかりであるように思われ、われわれは時折、福音書を読む際に、自分たちが実際に道のどこにいるのかが分かるようにしるしを付ける必要があると感じます。幸いなことに、それこそまさにマタイがわれわれに提供しているものです。

この福音書の現段階では、初めて山を登る人のように、われわれはきっとマタイの工夫に気が付かないでしょう。しかし、もしわれわれが冷静に頭を働かせるならば、われわれはすぐに気が付くでしょう。この箇所の結びである二八節において、マタイは「イエスがこれらの言葉を語り終えると……」と述べて、長きにわたった山上の説教を締めくくっています。

今のところ、これは特段注目すべきことではありません。しかし、それから三章先に「イエスは一二弟子たちに指示を与え終えると……」（一一・一）という似た言葉をわれわれは見出します。おそらくこれこそが、道に迷わない方法をわれわれに伝えるマタイ流の石の道標なのでしょうか。その通りです。さらに、譬えを語る長い章の後に、「イエスはこれらの譬えを語り終えると……」（一三・

五三）という言葉をわれわれは見出します。今や、われわれは分かり始めています。もう一つ同じような言葉があれば、それはほとんど確信に変わるでしょう。「イエスがこれらの言葉を語り終えると……」（一九・一）は、最初のものと同一です。それから最後に、ゴールに到達したことを示す、「イエスがこれらのすべての言葉を語り終えると……」（二六・一）という言葉が来ます。一歩一歩、マタイはわれわれの山登りを、ついに雲が流れ去り、気が付くとわれわれが目が回るほど高い頂上に立つところまで導きました。すなわち、ついにイエスが誰であるか、また何をするために彼が来たのか、これらを理解するところにまで導いたのです。

この道標となる言葉によってこそ、マタイは自分の福音書を五つの大きな教えの塊に区切っています。われわれは山上の説教（五―七章）の結びにいます。一〇章は弟子たちの派遣についての指示から成っています。一三章は譬えから、一八章はイエスと彼の働きの周りに生じつつある共同体についての教えから、それぞれ成っています。最後に、二三―二五章は山上の説教に匹敵する長さですが、冒頭の山上の説教の結びから恐ろしい警告の語調を取り出し、それを来たるべき裁きについての次々と現れる情景を使って展開しています。

なぜマタイはこうしたのでしょうか。この道標は、マタイのイエス像について何をわれわれに告げているのでしょうか。

答えは、何度もそうであったように、マタイに見られる旧約聖書の響きの中にあります。マタイはすでに、自分のイエス像を出エジプトの物語に基づいて描くことによって色付けしています。今やマタイは、イエスを丘に座らせて弟子たちに教えさせています――その姿は人々に、山に登り律法を携えて下山したモーセを彷彿とさせるには十分ですが、シナイ山の雷鳴〔がない点では〕まったく両者が同じというわけではありません。しかし、これらは小規模な暗示と合図にすぎません。今やわれわれの前には、福音書全体に対する鳥瞰的な視界が開けており、そこでは福音書全体が五つの塊の教えを含んだ一つの物語として配列されています。そして、ユダヤ人が皆知っていたように、旧約聖書の最初の五つの文書は、「モーセ五書」として知られていました。マタイがわれわれに伝えたい主要なことの一つは、イエスはモーセのようであり——いやそれ以上である、ということです。

もちろん、それこそが、イエスが自分の権威によって人々に教えることができた理由です。イエスの時代、またそれ以降も、ユダヤ教の教師は、律法の一部を取り上げ、偉大な教師たちがそれらについてどう考えたかを論じることによって、教えてきました。教えるとは、個々の教師が解釈の真新しい道筋を提供するというよりも、他の人がすでに語ったことを、また同じように並べることでした。しかし、山上の説教において、イエスは非常に率直です。これこそ私があなたがたに言うことです、とイエスは言うからです。相手が他の場所で聞いてきたことなどおかまいなしです。一〇〇〇年以上にわたってそのテキストが別の読まれ方をしてきたことなどおかまいなしです。今やわれわれは、そのテキストをイエスが教えるように読まなければなりません。

この山上の説教を結ぶ重大な警告においてイエスは、次のことを主張します。すなわち、イエスの聴衆が何に基づいて神に裁かれるかと言えば、神に対する自分たちの直接の応答にさえ基づきません。むしろ、これらの言葉を聞いて行ったかどうか、あるいは聞いて言葉の響きを楽しんだものの、何も行動せず、記憶に留めただけだったのか、そのいずれであったのかに基づくのです。イエスが語ることを行うのか、行わないのか、これが嵐の中で立ち続ける家と大きな音を立てて倒れる家との違いです。

この譬えはよく知られていて、日曜学校でしばしば、その内容が歌われました。岩の上に家を建てなさい、とイエスは語ります。そしてここでの岩はイエスの言葉、あるいはそれらの言葉をただ聞くだけでなく行うことです。しかし、われわれはしばしば、イエスの最初の聴衆が劇的な情景描写的言葉遣いの背後に確かに聞き取ったに違いないことを、聞き損ないます。イエスが座ったあの丘の中腹からほど近いところ、ほんの一〇〇マイルほど離れたエルサレムでは、ヘロデの〔雇った〕労働者たちが、**神殿**を再建し続けていました。人々はこの神殿を神の家であると語り、岩の上に建てられており、風雨にも耐えると宣言しました。マタイ福音書の最後の説教群〔二三—二五章〕の中で、イエスは、イスラエル全体がイエスの使信に応答し損なったので、神殿そのものが大きな音を立てて倒れることになると、警告しています。福音書の途中にある、もう一つの劇的な瞬間〔一六章〕に、イエスは、ペトロの**信仰**告白が岩と成るだろうと約束します。この岩の上には、何か非常に特別なもの——イエスを**メシア**であると信じる共同体——が建てられるというのです。

ひとたびこのスケールのとても大きな見取り図を理解するならば、ここでわれわれが何を読み取ることをマタイが望んでいるのかをより明瞭に理解することができます。これこそわれわれすべてのための使信です。すなわち、もしわれわれが自分たちの生活をイエスの教えに基づいて築くならば、われわれは永遠に続く「家」の一部となるでしょう。しかし、そのことはイエスの時代の人々への非常に限定的な約束および警告として始まりました。イエスの教えの多くはそうなのです。当時の人々に対する極めて限定的な意味が分かれば分かるほど、それがわれわれにとって何を意味するかがもっと分かるようになります。

それでは、今日、自分たちの生活において、また自分たちの教会において、われわれはどんな「家」を建てようとしているのでしょうか。われわれはイエスの言葉を「実行している」でしょうか。それともそれらを読み、聞き、どんなに素晴らしいものかを考えているだけでしょうか。

八章一―一三節　重い皮膚病の人および百人隊長の僕の癒し

[1]イエスが丘の中腹から降りて来ると、大群衆がイエスに従いました。[2]突然、重い皮膚病の人
が近づき、イエスの前に跪きました。

彼は言いました、「先生、もしあなたが望むなら、あなたは私を清くすることができます」。
[3]イエスは自分の手を伸ばして、彼に触れました。
イエスは言いました、「私は確かに望みます。清くなりなさい」。

すぐに彼の重い皮膚病は癒されました。
[4]イエスは彼に言いました、「あなたは誰にも何も言わないように気を付けなさい。その代わり
に、祭司のところへ行き、自分の体を見せなさい。そしてモーセが命じた供え物を献げなさい。

それが癒されたことの証明になるでしょう」。

5 イエスはカファルナウムに入りました。一人の百人隊長がやって来てイエスに嘆願しました。
6 彼は言いました、「先生、私の僕が体が麻痺して家で寝ています。彼はとても悪い状態です」。
7 「私が行って、彼が良くなるようにしよう」とイエスは言いました。
8 百人隊長は答えました、「先生、私は私の屋根の下にあなたを迎える価値がありません。ただ
命じてください。そうすれば私の僕は癒されるでしょう。9 私はいったい全体権威とは何である
のか知っています。ご存知のように――私には私〔の言うこと〕に応じる兵士たちがいて、彼ら
の一人に私が『行きなさい』と言えば、行きますし、もう一人に『ここに来なさい』と言えば来
ますし、『これをしなさい』と私が自分の奴隷に言えば、それをします」。
10 イエスはこれを聞くとかなり驚きました。
彼は従っていた人々に言いました、「私はあなたがたに真理を伝えますが、私はこのような信
仰を――イスラエルにおいてでさえ――知りません。11 次のことを伝えましょう。多くの人々が
東と西から来て天の王国を祝う大宴会でアブラハム、イサク、ヤコブと同席するでしょう。12 し
かし、王国の子たちは外の暗闇に放り出され、そこで人々は涙を流し、歯ぎしりするでしょう」。
13 それから、イエスは百人隊長へと向き直りました。
イエスは言いました、「家に帰りなさい。あなたが信じたようにあなたの身になるように」。
そして、まさにその瞬間に、彼の僕は癒されました。

「ここの責任者は誰ですか」。

一人の警察官が突然、玄関に現れると、こう言いました。誰もが立ち尽くしていました。その時点までは素晴らしいパーティだったのです。おそらく少し騒々しかったでしょうが、とても楽しかったのです。きっと、近隣住民の一人が騒音の苦情を言ったのでしょう。

われわれがいた家の〔住人である〕学生は、おどおどしているように見えました。彼は言いました、「正確には誰も責任者ではありませんが、ここは私の家です」。

警察官は言いました、「私は今、職務中です。そして、はっきり言いますが、騒音を立てるのをすぐに止めてください」。そう言うと、警察官はその場を後にしました。われわれもその場を後にしました。こうしてパーティは終わりました。

もちろん、この警察官には、われわれが好むと好まざるとにかかわらず、権限がありました。彼は制服を着て、警察無線を携えていましたし、彼の権限の裏付けとなる法律もありました。彼はそのことを知っていましたし、われわれも知っていました。そのことを理解するためには、いかなる特別な洞察も不要でしたし、そのことを受け入れるために勇気が必要でもありませんでした。それはまさに見た目通りのことでした。

けれども、〔山上の〕説教を終えてイエスが山から下りてきた時には、イエスは制服らしきものは一切着ていませんでした。イエス〔の権威〕の裏付けとなる組織も何もありませんでした。〔権威の〕後ろ盾になる人も誰もいませんでした。前章の結びでマタイは、イエスが教えた時に、まるであの時に玄関にいた警察官のように、イエスに権威があるように思われたので、群衆が驚いたと伝えました。しかし、イエスはただ〔権威がある〕振りをしていたのでしょうか。イエスは本当に「職務中」だったのでしょうか。「職務中」とは、どういう意味なのでしょうか。

マタイの次の部分（次の説教群である一〇章の前にある八、九章）は、大部分、街中で実際にイエスの権威がどのように発揮されたのかについて〔記しています〕。それは、重い皮膚病の人と百人隊長の僕についての小さな物語で始まります。どちらの場合も、イエスは癒す力を発揮していますが、ここではそれ以上のことが語られています。

重い皮膚病の人の物語では、イエスはイスラエルのメンバーの一人を復帰させ、再生させています。百人隊長の物語では、イエスの権威への信仰は、すでにイスラエルの外の人々にまで広がっていて、それは、神が諸国民からも素晴らしい収穫を生じさせようとしているしるしとなっています。これらの二つの物語は一まとまりとなって、福音書全体についての小さいながら完全な一つの窓となっています。

重い皮膚病（いくつかのタイプの悪性の皮膚疾患を言い表す語）は、病気や外観の損傷だけでなく、社会的追放をも意味しました。重い皮膚病は伝染性が高いものでした。罹患者は、人々から遠ざける必要がありました。誰も彼らに近づきませんでした。彼らに触れることなど夢にも思いませんでした。ですから、イエスがこの貧しい男に手を伸ばして触れた際に、見物人たちに走った身震いを、われわれは感じ取ることができます。

しかし、この重い皮膚病の人にもたらされた震えるほどの暖かさと命をもわれわれは感じ取ることができます。長い間、おそらく何年も、誰も彼に触れたことがありませんでした。彼は突然神の再生運動に巻き込まれ、神の民のメンバーに復帰させられて驚いたに違いありません。

律法を無効にするためでなく、それを成就させるために自分は来たとイエスは言いました（五・一七）。この重い皮膚病の人は、身体的な癒しだけでなく、再び社会の一員となること、すなわち家族と村の生活への復帰を必要としていました。もし彼が公に認定されていなければ、帰宅して癒されたと自分で主張してもあまり役に立たなかったでしょう。それで、イエスは彼に通常の手続きを済ますように伝えます。すなわち、祭司に自分の体を見せ、命じられた供え物を献げなさい。彼はイスラエルの正式なメンバーとして復帰する必要がありました。神の民への復帰は、この福音書で最も大切なことに含まれます。

しかし、さらに大きな衝撃は、カファルナウムの地元に住む異邦人の軍司令官による次の冷静な認識によってもたらされます。すなわち、司令官が兵士や奴隷に対して権威を持つのと同じく、イエスが病気に関して権威を持つという司令官の認識です。イエスは、これがいかに注目に値することであるかを大声で語ります。この男には、イエスがイスラエルの人々の中には見出したことがないほどの信仰があります。「信仰」はここでは、生活上の一般的な宗教的態度ではなく、もっと何かより特定のものとして定義されているように思われます。すなわち、イエスが権威を持っていると認めることです。そのような信仰は、自ら報いをもたらします。彼が信じたことが、その通りに起こるのです。

異邦人が神の王国に押し入る時はまだ来ていないとイエスが強く確信しているにもかかわらず（一〇・五―六参照）、イエスはそれがかなりすぐに起こることを知っていましたし、またイエスはこの男の信仰をそのことを予め示すしるしであると理解しました。聖書がすでに予告しているように、世界中から来る大勢の人々によって王国の盛大な祝宴は開催され、族長たち、すなわちイスラエルの偉大な祖先たち――アブラハム、イサク、ヤコブ――が加わるでしょう。しかし、イエスは同時に、自分の最善の努力にもかかわらず、同胞の多くは信じることを拒み、気が付くと自分たちが祝宴から排除されていることになると理解しています。この緊張関係は、福音書のあらゆるところに見られ、新約聖書のあらゆるところに見られ、今日に至るまで世界のあらゆるところに見られます。

現代のキリスト者に問うべきことは、イエスの権威を認め、服従するとはどういう意味なのかということです。また、イエスを「主」と呼び、そのようにして生きるとはどういう意味なのかということです。「信仰」とは、超自然的な次元一般に気が付いたり、遠く離れた神的な存在が全般的に善であると信頼することであり、ある人はイエスを通して、他の人々はまったく異なる道筋によってこれに到達するのだと示唆するものは、新約聖書のどこにもありません。キリスト教的な言い回しでは、「信仰」とは、生ける神が自分の権威を、今やその権威を世界の救いのために行使しているイエスに託したとまさに信じることを意味します（二八・一八参照）。もしあの警察官が自分の権威を学生たちのパーティを解散させるために使ったのであれば、イエスは自分の権威をはるかに盛大な祝宴を始めるために使っています。そして、イエスはわれわれすべてをこの祝宴に加わるように招いています。

八章一四―二二節　イエスに従うことについて

14 イエスはペトロの家に入りました。そこでイエスはペトロの姑が熱のため伏せているのを見

ました。[15]イエスは彼女の手に触れました。熱は彼女を去り、彼女は起き上がり、イエスの食事
の世話をしました。
[16]夕方になると、彼らはイエスのところへ悪霊に憑かれた多くの人々を連れて来ました。イエ
スはこれらの霊を言葉で命じて追い出し、病気の人を皆癒しました。[17]このことが起こったのは、
預言者イザヤによって語られた言葉が成就するためでした。

　彼自身はわれわれの弱さを引き受け
　そしてわれわれの病を担いました。

[18]イエスは自分の周りじゅうの群衆を見ると、弟子たちに湖の向こう岸に渡るように告げまし
た。[19]一人の律法学者がやって来てイエスに話しかけました。
彼は言いました、「先生、あなたが行くところはどこでも私はあなたに従います」。
[20]イエスは答えました、「狐には巣穴があり、空の鳥には巣があります。しかし、人の子には枕
する場所がどこにもありません」。
[21]イエスのもう一人の弟子が言いました、「先生、最初に自分の父の葬式に参列させてくださ
い」。
[22]イエスは答えました、「私に従いなさい。そして、死者のことは死者に葬らせなさい」。

あなたが朝一番で必ずすることは何でしょう。

ある人たちは、髭剃りでしょう。他の人たちは、一杯の紅茶を淹れることでしょう。ある人たちは、激しい運動でしょう。他の人たちは、新聞を読むことでしょう。言葉を換えて言うと、あなたは毎朝の習慣の中で何を妨げられると一番つらく感じるでしょうか。

今度は、身体的暴力を除いて、何があなたの習慣を突然に変えさせるか想像してください。われわれの大半にとっては、それはとても悪いニュースかもしれません。例えば、事故、あるいは家族の突然の病気や死です。もし私が朝早くに、身近な家族の一人が大きな事故にまさに巻き込まれていると告げる電話を受けたならば、私は自分の毎朝の習慣など何も行わないでしょう。私は手の届くところにあった服を着て、家族と一緒にいるためにできるだけ早く出かけるでしょう。

イエスの時代も現代も、信仰深いユダヤ人にとって、朝の日課の中で最も厳粛で神聖な部分の一つは、基本的なユダヤ教の祈りを唱えることでしょう。「聞きなさい、イスラエルよ、われわれの神、主は唯一の主です。あなたがたの神、主を心を尽くしてあなたがたは愛しなさい……」。それは美しく、心に強く残る祈りであり、数千年間ユダヤ人たちにまさに脈々と受け継がれてきました。この祈りを唱えることは、公式なユダヤ教の教えによって毎日行うべき最も重要なことと見なされています。

しかし、この祈りを唱えることにさえ優先されるべきことがあります。ラビの教えによれば、自分の父親が死んだ時には、他のすべてのことに優って――「聞きなさい、イスラエルよ」という祈りを唱えることにさえ優って――父親を適切に葬ることが必ず最優先にされなければなりません。

それで、弟子の一人が自分の父親の葬儀に行って段取りをしなければならないとイエスに伝えた時、あなたがたはイエスがこう言うだろうと思ったことでしょう。「ええ、そうですか、もちろんあなたは行ってそうしなければなりません――それから後で戻って来て私に従いなさい」。ところが、イエスの実際の言葉は、福音書の物語全体の中で最も驚くべきことの一つでした。それは、「死者のことは死者に葬らせなさい。あなたは今すぐ私に従いなさい」という言葉でした。

もちろん、この男の父親が実際にもう死んでいたのかどうかは分かりません。その父親はただ段々と年老いていて、病気になりかけていたのかもしれません。この男は、しばらくの間、ことによると数年間イエスに従うことを先延ばしにする手立てとして、自分の父親に対する将来の義務を使ったのかもしれません。彼は自分の選択肢を選ばないでおいたとわれわれは考えてよいでしょう。しかし、このイエスの言葉が記憶された時には、その言葉は警鐘のようにイエスの聴衆であるユダヤ人の心に深く響いたことでしょう。イエスが行っていたことは、非常に重要で、非常に急を要し、非常に差し迫ったことだったので、重要なことはこのこと一つだけでした。他のどんなことを行おうと考えていたとしても、これが最優先なのです。

イエスの主権的な権威は、新鮮な風が窓から入って来てすべての紙をひっくり返すように、この物語全体に行き渡っています。イエスはペトロの姑を癒します。それからイエスはその家に連れて来られた人を皆癒します。しかし、この一連の場面で、権威に関するより洗練された見方にもわれわれは気付き始めます。イエスは、いわば絶対的な力を力そのものとして持ってはいません。イエスには癒し手となるための権威があります。そして、イエスは全世界の病と痛みを自分に引き受ける癒し手です。一七節でマタイはイザヤ書五三章四節を引用しますが、この箇所はキリスト教的思考ではほとんどの場合、イエスの死の意味、すなわちわれわれの嘆きと悲しみを十字架で担うことと関連付けられています。しかし、マタイにとっては、自分の生涯の間にイエスが与えた癒しとイエスが自分の受難を通して与えた罪と死のための癒しとの間にはっきりとした線引きは何もありません。両者は滑らかに連続しています。

だからこそイエスは、熱狂的な弟子が、自分はイエスが行くところならどこへでも行くと宣言したときに、厳粛な警告を発したのです。イエスは言います。あなたは自分が何に巻き込まれようとしているのか本当に知っているのですか。これは、神の権威を持つ方に従って、至るところでいくつもの極めて力強い業が行われるのを見るという、ただ刺激的で勝利の歓喜に満ちた行進ではありません。これは、次の権威、すなわち世界で最も深い痛みのある場所へ行き、苦しむ人々と共に、またこの人々のためにそこにいるための権威が与えられている方に献身することです。狐や鳥さえも自分たちが疲れた時に戻る場所があります。でも、イエスにはどこにもないでしょう。イエスにはカファルナウムに一時住まいの場所はあります。しかし、道であれ、田舎であれ、大通りや小道であれ、神の民が必要とするならばどこでも、〔そこが〕今はイエスに相応しい場所です。彼は十字架の上で息絶えた際にようやく、そこに枕する場所を得るのです。

イエスは、「人の子には枕する場所がどこにもありません」と語りました。ここでの「人の子」という言い回し自体、非常に謎めいています。というのも、この言い方は単純に「私」ないし「私のような誰か」という意味に受け取れるからです。しかし、この不思議な言い方が現れる他の発言をいくつか知っているマタイからしてみれば、この言い方が、権威の響きを帯びていることに何の疑問もありません（例えば九・六、二六・六四参照）。ただし、この言い方は受難についての発言にも現れます（二〇・二八）。マタイのイエス像では、どうやらこれらすべてが一まとまりになっているのをわれわれは見出します。すなわち、癒しによって〔現れる〕権威と受難によって〔成し遂げられる〕癒しです。権威と受難は、不思議なことにこの一人の男に集中していますが、この段階では誰も完全には彼を理解せず、〔後になって〕誰もが圧倒的な形で彼のことを知りました。おそらく、次のことこそが今日の教会に向けられている最も大きな挑戦です。すなわち、〔他の〕人々もイエスに従いたくなるような仕方で、イエスの生涯をどのように生きるのか、どのようにしてイエスの弟子となるのか、ということです。

八章二三—二七節　嵐静め

[23]そこでイエスは舟に乗り込み、弟子たちはイエスに従いました。
[24]まったく突然に、大嵐が海の上を近づいてきたので、舟は波によって水浸しになりつつありました。しかしながら、イエスは眠っていました。
[25]彼らは近づいてイエスを起こしました。
「助けてください、先生、助けて」と彼らは叫びました。「われわれはもう終わりです」。
[26]「なぜあなたがたはそんなに怖がっているのか、あなたがた小さな信仰の群れよ」とイエスは答えました。

それから、イエスは起き上がり、風と海におとなしくするように告げました。するとすっかり静かになりました。[27]そこにいた人々は驚きました。彼らは「この人は〔いったい〕どんな人なのでしょう。風と海がその言うことを行うとは」と言いました。

海はいつも猛烈で手なずけられない力の象徴でした。そう実感するには、たとえ穏やかな日であっても、海の側に立ってみれば良いのです。〔感じることが〕とても多くあるでしょう。まず、潮が浜まで満ちる時に、何ガロン〔一ガロンは約四・五リットル〕の水が動いたことか想像してください。海では毎日、昼も夜も同じように水が動いているのです。それから、風が強くなった時に海の側に立ち、それらの何百万ガロンもの水が、まるで子どもが入浴する際に跳ね散るお湯のように、跳ねたり、踊り回ったりする様子に注目してください。それから、もし勇気があれば、そんな波に向かって出発する小舟の甲板に立ってください。舟を空中高く持ち上げ、再び強い衝撃と共に落下させる波の力を感じてください。巨大な波が目の前にそそり立ち、さらにそそり立ち、ホラー映画から出てきた怪物のように、激しく動き、脅かしてくるのに注目してください。

ユダヤ人は、概して海を渡る民族ではありませんでした。彼らの北と南の隣国、フェニキアとエジプトは海洋国家で、地中海世界を渡り、さらにその先まで広く交易をしていました。しかし、イスラエルは陸の上に集中し、それが結局彼らの約束された相続財産でした。ユダヤ文学において海は、闇と悪の場所と力であり続け、猛烈な脅威を与えてきました。時には海は、創造者である神が、そこから、しかもそれに抗して、自分の美しい世界を造り、海とそれが象徴するすべてに勝利した原初の要素、暗黒物質であるように思われます。旧約聖書の中の海についての物語（あまり多くはないのですが）は、同じことを強調しています。すなわち、ヤハウェは出エジプトにおいて海を手なずけ、また、不従順な預言者ヨナを〔逃げる〕道の途中で立ち止まらせ、本来の働きに戻すために海を用いました。こうしたことすべては、マタイがこの物語を語る際の背景です。

預言者ヨナの物語は、ここでまさに何が起こっているのかを理解するために、もう少し深く探求する価値があります。神はヨナにニネベに行って説教するように告げました。ヨナは行きたくありませんでしたので、逆方向へ向かう舟に乗りました。大嵐が吹き、舟は危険な状態でしたが、ヨナは眠っていて気が付きませんでした。彼らはヨナを起こし、神に求めて何とかしてもらうようにヨナに告げました。しかしヨナは何が起こっているのか知っていました。これはヨナが道を外れているとヤハウェが告げているのでした。ヨナは自分が告げられていた務めを行うべきだったのです。そこでヨナは船乗りたちに自分を船外に放り投げるよう指示しました。彼らがそうすると嵐は静まり、海は静かになりました。一方、ヨナは大魚に飲み込まれましたが、その魚はそれから彼を乾いた地に吐き出し、その後、ヨナはニネベに行き、自分の務めを果たしました。

この刺激的で劇的な古い物語は、確かにマタイと彼の読者によく知られていましたし、マタイが伝えたかったことの一つは、イエスがヨナに似ている点も似ていない点も両方あるということでした。こちらの嵐は、イエスの父である神が望んだことをイエスが拒んで行わなかったために生じたのではありません。むしろ、この嵐からイエスの権威のさらなるしるしが現れます。弟子たちはイエスを起こしますが、イエスは他の誰にも、自分の父にさえも助けを求める必要がありません。もちろん、弟子たちはイエスを船外に放り投げる必要もありません。イエスの絶対的な権威についてのさらなるより偉大なしるしとは、イエスが風と波を叱っただけで、それらがすぐに静まったことです。もしイエスが預言者であれば、マタイが後でわれわれに思い起こさせるように（一二・四一）、イエスはヨナよりもかなり偉大です。しかしイスラエルの神が、単にイスラエルだけでなく、本当にすべての人を気にかけている一つのしるしとしてヨナの途方もない冒険が語られたのと同じように（ヨナの使命は異教の大都市ニネベを差し迫った裁きから救うことでした）、イエスについてのこれらの注目に値する物語は、イエスを通して、イエスにおいて、神が行っていたことが、本当に新しい創造の業に他ならないと示すためのものでした。

繰り返しになりますが、だからこそ、イエスに対する適切な応答は、「信仰」なのです。また、これは身の回りの世界に対する一般的な宗教的応答ではありません。確かに、海での大嵐に対する「宗教的応答」は、畏敬と恐怖であるかもしれませんし、あるいは海神への怯えた祈りであるかもしれません。でも違うのです。ここでの「信仰」は、イエスが自然に対する権威を持つ主権者であることを極めて素朴に信頼することです。そして、弟子たちにはこうした信仰がほとんどありませんでした。今やわれわれは少しずつマタイが伝えていることが分かり始めています。すなわち、（カファルナウムの百人隊長のように）焦点がぴったり合った、極めて印象深い信仰を持つ人々がいる一方で、イエスの弟子たちは、イエスが行ったことすべてを見てきたにもかかわらず、まだはるかにこうした信仰には及ばないということです。

それでも、弟子たちは確かに問い始めます（二七節）。これはどういう意味だろうか。この方はどのような人なのだろうか。弟子たちは明らかにイエスを指導者、「先生」と見なしてはいます。すなわち、弟子たちはイエスが癒し手であり教師であると知っているのです。しかし、実際、イエスは、弟子たちの理解をはるかに超えていました。弟子たちは、注目すべき癒し手たちについてすでに聞いたことがありましたし、癒しの業を受け入れる準備はありました。しかし、イエスの権威は病気だけでなく、自然に対しても及ぶのです。マタイは弟子たちの抱いたここでの問いに答えることは後回しにして、イエスの権威についての描写をもう少し加えていき、その後で、弟子たちがどのようにして、より完全な理解に至るかを少しずつわれわれに示します。

その過程で、マタイはわれわれが二つのことを自らに問うことを求めています。第一に、われわれはイエスをどのような存在だと見なすのでしょうか。教会で、あるいは個人的な祈りで、イエスは**神の子**、主、**メシア**、あるいはそれらに類する方である、と言うことはまことに結構なことです。ではわれわれは実際に、自分たちの生活と世界のあらゆる面に権威を持つ方としてイエスを取り扱っているでしょうか。第二に、われわれが悪に直面する際に、**王国**〔の到来〕を大胆に宣言するわれわれの姿は、果たしてイエスの弟子たちが〔イエスに向かって〕そう問うたように、この人たちは〔いったい〕どのような人たちなのだろうか、と他の人々に問わせるに十分なものでしょうか。

八章二八―三四節　悪霊に憑かれた人の癒し

28こうしてイエスは向こう岸、すなわちガダラ人の住む地域へと渡りました。悪霊に憑かれた
二人の男たちが墓からやって来て、イエスと会いました。彼らは非常に暴力的だったので、誰も
その道を通ることができませんでした。
29彼らは大声で叫びました、「神の子である方よ、われわれとあなたに何の関係がありますか。
その時に先立って、われわれをひどく苦しめるためにここに来たのですか」。
30彼らがいたところからいくらか離れて、豚の大群が餌を食べていました。
31悪霊たちはイエスに頼みました、「もしわれわれを追い出すならば、われわれを豚の群れの中
に送ってください」。
32イエスは言いました、「では出て行きなさい」。
こうして悪霊たちは、この男たちから出て、豚たちの中に入りました。その場ですぐに、豚の
群れ全体は急斜面を駆け下って湖に入り、水の中で溺死しました。
33豚飼いたちは一目散に逃げ出しました。彼らは町へ行き、悪霊に憑かれた男たちの一件を含
む一部始終を伝えました。34そこで、町じゅうの人たちがイエスに会いにやって来ました。彼ら
はイエスに会うと、自分たちの地方から去るようにイエスに頼みました。

私は昨晩ある音楽を聴いていましたが、驚きの連続でした。それは壮大な交響曲で、あちらこちらへ素晴らしく転調し、われわれをぐいぐい動かし、われわれの感情を捕らえ、われわれの気分を高揚させました。それから、もうこれ以上の高みには進めないと考えたちょうどその時に、何かが起こりました。それは、オーケストラ編成の変更、ハーモニーの微妙な移行であり、その結果、われわれは異次元の世界にいました。それからもう一回、ハーモニーの移行があり、今や少しテンポが早くなり、やや音が大きくなり、音楽がより駆り立てるように激しくなりました。それから、最後の変化があり、自分たちの全身がその押し引きに共鳴し、リズムを刻んでいるように感じました。曲のそれぞれの部分は、前の部分から自然に続いていました。しかし、曲の終わりに向かって、われわれの気持ちと感情は、とても小さな始まりから強力な最高潮へと連れて行かれました。

マタイはこの章全体にわたってこれと似たようなことを行ってきましたが、この物語はいわば音楽がその高みに到達した位置にあります。さっと振り返ってみれば分かるでしょう。この章は重い皮膚病の人についての小さな物語から始まりました。一人の男がイエスが願った途端に癒されたことは、それなりに重要ですが、特別に劇的ではありませんでした。続いて、百人隊長とその僕です。イエスは再び癒しましたが、今回は注目に値する信仰に応答して、少し離れたところから癒し、そして、目覚ましい結果が生じました（異邦人たちが群れとなって神の王国に入るという預言が成就したのです）。それから、さらにいくつかの癒しの物語があり、またイエスが十字架に向かう自分の孤独な道を進むにしたがって支払うことになる代償の大きさを指し示すことによって、雰囲気とテクスチュア（音の織り合わせ具合）が深められていきます。それから、イエスの湖での嵐静めによって強力な音楽が再び波立ち、高まります。そして今や、もうこれ以上の強さにはなれないと考えたちょうどその時に、最高潮に達します。すなわち、墓地の中に住んでいる二人の悪霊に憑かれた男たちが、正気を失った金切り声で叫び、最後には豚の群れが海の中に突入したのです。

この物語は、前の物語（嵐静め）のいわば、さらにより鮮やかな別版です。風と波が最もひどい状態の猛烈な海を考えてください。今度は、それを人間に置き換えて、風と波を人間の内側の状態を示すものと見立ててください。そうは言っても、それは、理由は何であれ、自分の制御を超える力によって、自分の想像力と感情、思考と行動が支配されていると気が付いた人々が、可哀そうな状態にあるという悪いイメージを抱かせようとするものではありません。

現代の西欧世界では、そのような状態の人々の内面で何が起こっているのか説明することにわれわれは奮闘しています。イエスの時代の状況においても、またわれわれの今日の世界の多くの地域においても、最も自然な説明は、邪悪な力ないし諸力がその人たちを支配しているというものです。こうした状態にある人は、通常、「悪魔」呼ばわりされたり、悪霊に取り憑かれていると言われました。現代の西洋医学は、この荒れ狂う状態にある多くの人々に対して精神医学からの別の診断を下してきました。しかし、古代の説明がなお最良であるように思われる状態の人もいます。

したがって、この物語の要点は、イエスの権威が、山上の説教においてそうであったような人々に教える権威にとどまらず、間近な人の病気にも、遠く離れた人の病気にも、イエスに従うことを望む人々の生活にも、さらに湖の風と波にも、また、（われわれがそれらについてどのように考え、あるいは描くとしても）影のような悪の力にも及んでいるということです。それこそが、われわれがイエスに従うことに同意して署名する際に知る必要があることです。イエスは良い考えを持つだけの方ではありません。イエスは神とのより良い関係を確立する方法をわれわれに伝えるだけの方ではありません。イエスは一方では物質世界が、他方では非物質世界がわれわれに投げつけることのできるすべてに対する権威を持つ方なのです。これこそが、われわれが生活のすべての面を託すことができるイエスという方です。

われわれは、自分たちがマタイ福音書において後に再び会うことになる何かに、この物語で出会います。マルコとルカの並行物語においては、悪霊に憑かれた男は一人しかいません。一方、マタイにおいては二人います。このことを説明するために多様な説が提案されてきましたが、それらの中にあまり満足の行くものはありませんでした。おそらく最良なのは、マタイが自分の文書には書く余地がない他の多くの同様の奇跡をイエスが行ったことを示唆する手法として、二人の男を登場させているという説でしょう。確かに、この章全体にわたって、また次の章に至るまで、マタイはイエスがどんな状況にも十分対処できると強調しています。

しかし、この物語には他の意味もあります。イエスが嵐を静めた後、弟子たちは互いにイエスは何者であろうかと尋ね合いました。今や、われわれは答えを得ています。しかも最も驚くべき情報源からです。すなわち、悪霊に憑かれた二人の男たちが叫んで言うには、イエスは「神の子」なのです。この「神の子」という言い方は、後に弟子たちによって（一四・三三）、ペトロによって（一六・一六）、大祭司によって（二六・六三）、そして十字架の真下にいた百人隊長によって（二七・五四）使われます。イエスを「神の子」と呼んだ最初の人々が悪の影響下にあったことはもちろん皮肉なことですが、悪霊たちが邪悪で破壊的ではありながら、霊的現実についての（いわば）内部情報に通じていることに、マタイは何の疑いも持っていなかったことでしょう。

ここでの「神の子」という言い方についての最良の説明は、それがメシアとしてのイエスのことを言っているというものです。メシアの到来を信じていた人々は、イエスのことを、世界を裁き、すべての不正を正す方であると見なしました。これこそが、悪霊たちがすぐに自分たちが困った事態に陥ったのではないかと疑った理由です。もしメシアがここにいるならば、悪霊たちの自由な時間に終わりが来ました。彼らはある意味で極めて正しいのです。というのも、イエスは本当に悪の力を敗走させるために来ましたし、これらの悪霊たちに起こること――豚の中に入りそれらを湖の中へと駆り立てること――は、どんな類であれすべての悪に対して、イエスが自分の死と復活において行うであろうことの一つのしるしです。

イエスが赴いた他のすべての場所で、人々はイエスに自分たちと一緒に留まるように頼み、癒されるべきもっと多くの病気の人々をイエスのところに連れてきました。興味深いことに、ガダラの人々はイエスを恐れ、自分たちの地方を去るように頼みました。彼らが異邦人であり、ユダヤのメシアが彼らのところに来ることに不安を感じたからでしょうか。イエスがすでに豚を湖に行かせたからには、イエスは他の自分たちの財産や家畜も破滅させるかもしれないと彼らが恐れたからでしょうか。われわれには分かりません。

われわれに確かに分かることは、イエスが赴くところがどこであれ、人々はイエスを畏怖したということです。イエスは教師たちの一人であり、冷徹に評価されるべき一人の宗教指導者にすぎないと言うことに意味はありませんでした。それは、今日の世界の多くの場所でも同じです。彼は侮れない一つの力でした。あなたがたはイエスに従うかもしれませんし、あるいはイエスにひどく怯えるかもしれませんが、イエスを無視することはできません。これこそが、今日われわれが従わなければならないイエスであり、われわれが世界に知らせなければならないイエスです。

九章一―八節　体の麻痺した男の癒し

[1]イエスは舟に乗り込み、〔湖を〕渡って自分の町へと戻りました。
[2]ある人々がイエスのところへ体の麻痺した男を床に寝かせて連れて来ました。イエスは彼ら
の信仰を見ると、体の麻痺した男に言いました、「おい君、元気を出しなさい。あなたの罪は赦
される」。
[3]律法学者の中には、「この男は神を冒瀆している」と心の中で思う人たちがいました。
[4]イエスは彼らの考えを見抜きました。彼は言いました、「なぜあなたがたの心の中でこのすべ
ての邪悪さを燻らせ続けるのですか。[5]『あなたの罪は赦される』と言うのと、『起きて歩きなさ
い』と言うのと、どちらが容易いでしょうか。[6]しかし、人の子には地上で罪を赦す権威がある
ことをあなたがたに知らせるために」――イエスは体の麻痺した男に語りかけました――「起き

て、床を拾い上げて、家に帰りなさい」。
7 すると彼は起きて、自分の家へと去りました。8 群衆はそれを見ると恐れ、このような権威を
人間に与えたことで神を賛美しました。

「権威」は、世界の多くの場所において今に至るまで一〇〇年以上紙上で悪評を受けてきました。それは、世論では「抑圧」「人権侵害」などのような不快な観念と一緒にされます。「当局」〔「権威」の複数形〕について考えてみてください。あなたがたは何を想像しますか。おそらく警察官でしょう。また裁判官は厳格で厳粛に見えますが、あなたがたをいつでも牢獄に送ることができるのです。さらに、顔の見えない公務員と官僚は、法律と規則を作りますが、それらはあなたがたのような一般の人々が生活し難くなるためにあるように思われます。

「当局」が、もっと悪い強権的な何かのことを未だに指す国々もあります。当局とは、平然と、あなたがたの〔家の〕ドアを朝の五時に叩き、何の正当な理由もなしにあなたがたを連れ去り、滅多打ちにして、おそらく殺す権限を持つ人々のことを指す国もあります。当局とは、もし何らかの仕事を見つけたいならば半年間自分たちの家族から離れるようにとあなたがたに強いる――あるいは、自分の国の地図を横切って新しい境界線がちょうど引かれたことを理由にして、隣町で仕事を見つけるために自分の町を離れることをあなたがたに禁じる――抑圧的な法律を成立させる人々のことを指す国もあります。「当局」とは、自分たちで勝手に物事を決めることができ、しかも誰にも説明する責任がない人々のことを指す国もあります。

これらのすべての場合に「権威」が実際に意味することは、もちろん「自分たちが望むことを行う権力のある人々」のことです。これは通常「自分たちの後ろ盾となる軍隊を持つ人々」を意味します。権威とは権力を、権力とは強制力を、強制力とは暴力を意味します。「権威」という言葉そのものにわれわれが懐疑的であることには、何の不思議もありません。

しかし、ここで再び福音書の物語の中にこうあります。イエスには権威がある。このことを見逃すことはできません。それは、彼の教えにおける権威です。遠くの病気に対する権威です。嵐に対する権威、悪霊たちに対する権威です。そして今や、通常では神のみが行使できる権威、すなわち、罪を始末し、人の生活を徹底的に変化させ、人々を身動きが取れないほどに非常にきつく捕らえていたものすべてから解放する権威です。この権威とは何でしょうか。われわれの世界で自分たちが知っている権威のようなものでしょうか。

もし異なる種類の権威や、異なる種類の権力があったとしたらどうでしょう。それは、後ろ盾としての軍隊も持たず、〔家の〕ドアを朝の五時に壊す暴漢も持たずに機能する権力です。それは、暴力とは何も関係がなく、しかも自由と愛という抗し難い不思議な力と密接に関係する一つの強制力です。さあ、そのいくらかでも手にしようではありませんか。そうです、それこそが福音書で提供されているものです。

それこそが、イエスの行動が驚くほどの効果をもたらす理由です――そのため自分の属する世界で少しばかりの力を持っている人々は、怒り、動転したのです。それこそが、イエスが持っている権威がまさにこの類のものであることを物語に次ぐ物語においてわれわれに伝えるために、マタイが今ここで二つの章〔八、九章〕全部を割いている理由です〔六節、八節参照〕。そして、それこそが、われわれがこの点に特別な注意を払うことが必要な理由です。これこそが、われわれ皆と関わりのある権威です。

この物語の中心には、罪を赦すイエスの資格、ユダヤ人の言い回しでは「それらを始末する」資格があります。ここでの「赦す」という語は、文字通りには「追い払う」こと、すなわち人のすべての罪をそれらが永遠に忘れ去られるようにはるか彼方へと送り出すことを意味します。それこそが、この場合に必要とされたことのように思われます。イエスの癒しの多くの場合には、このことは問題にはなりませんでしたが、ここでは確かにそうです。

担架に乗った体の麻痺した男を一目見て、イエスは、自分が知る必要のあることすべてを知りました。この麻痺は、いわば心理的要因で体が動かなくなる類のものでした。この男は自分が深く恥じている――おそらく多くの――ことを何かすでにしでかしていました。彼はいわば深みにはまっていて、出口が見つかりませんでした。彼は罪悪感を覚えていただけでなく、罪を犯していましたし、自分でそのことを分かっていました。そして徐々にこの罪の自覚に蝕まれて、彼は何もすることができなくなったのです。そのため、彼は自分の体をまったく動かすことができなくなったのです。そしてついに、彼の友たちが自分たちの信仰によって、友であるこの人を抱えて、イエスのところへと連れて来ました。

もう一度言いますが、ここでの「信仰」は「イエスの権威への信仰」です。すなわち、「イエスなら、それを何とかできるという信仰」です。この彼らの信仰にこそイエスは応えているのです。イエスは、症状の主な原因である疾患が処置されると、他のすべての症状が素早く消え去ると分かっていたので、この人の中心的な問題に取り組みます。イエスには直接にこの人を癒す物理的手段はありません。イエスは神が自分に付与した権威、すなわち罪を赦し、そのことによって新しい命をもたらす権威を使います。イエスはすでに「人の子」として、すなわち悪のすべての力を統御する王位に就くべき方として（ダニ七・一三―一四）、行動しています。イエスには現在でさえもすでに、罪は打ち負かされた敵であると宣言し、それを追い払う権利があります。

すでにこの物語において、マタイ福音書の最高潮の部分が前方に不意に姿を現し、そこへとわれわれが招かれる中で、われわれはイエスの活動の全体像を見ることができます。イエスは人の子、メシア、イスラエルの代表として来ました。しかもイエスは、ただローマ帝国による抑圧に対処するためにだけでなく、悪そのものによる、より深くより暗い抑圧に立ち向かうために来ました。さらにそれ以上に、イエスは悪の究極的な結果、すなわち、単に体の麻痺だけでなく死そのものに挑むために来ました。

だからこそ、この物語でイエスが体の麻痺した男に行うように告げたことに関連して三回も使われた言葉が、マタイの読者たちには、イエスの復活との関連で聞き慣れている言葉を思い起こさせるものなのです。それは、イエスが語った「起きなさい」という言葉であり、するとその男は起きました、すなわち「甦りました」。罪が始末されるならば、（どんな水準であれ）復活ははるか遠いことではなくなります。

われわれは、イエスを十字架に付け、そのようにして無意識のうちに罪に対するイエスの決定的な勝利に寄与したいくつかの力が、この物語に埋め込まれていることをも見ることができます。その男の罪が始末されたというイエスによる劇的で権威ある告知に反対する人々は、きっとこれが神のみが行える類のものであると考えていました。神は通常それを、神殿制度によって、すなわち既成の権威付けられた（再び「権威」という言葉です）祭司職によって行いました。彼らが考慮に入れていなかったことは、重大な時が来た時には、神がこの役割を「人の子のような方」に委託し、彼を通して真っ当な権威が直ちに世界に行き渡ることになるということでした。しかし、抵抗勢力、すなわち自分たちの力が神の新しい類の力によって脅かされると見る勢力は、怒りと頑なさを持ち続けます。われわれはこの章で彼らがどのようにイエスを中傷し、イエスを攻撃し始めるか、それらがイエスがついに大祭司その人の前に立ち、人の子の権威について最後に偉大な申し立てをする（二六・六四）まで増大し、膨張する過程を見るでしょう。その後で、残っているのはイエスの死（それによってすべての罪は始末されました）――そしてイエスの「起き上がり」〔復活〕（それはこの物語でそうであるように、神が本当にイエスと共にいてイエスに神の特別な形の権威、すなわち世界を癒し回復する権威をすでに与えたことのしるしです）だけです。

九章九―一七節　マタイの召し

9 イエスが歩いていた時に、イエスはマタイと呼ばれる男が収税所で座っているのを見ました。

イエスは言いました、「私に従いなさい」。すると、彼は立ち上がり、イエスに従いました。
[10]マタイが家にいて食事のために座っている時に、そこにはイエスやイエスの弟子たちと一緒
に夕食を取るためにやって来たたくさんの徴税人と罪人がいました。[11]ファリサイ派の人々はそ
れを見ると、イエスの弟子たちに言いました、
「なぜあなたがたの先生は徴税人たちや罪人たちと一緒に食事をするのですか」。
[12]イエスはそれらのことを聞きました。
彼は言いました、「医者を必要とするのは健康な人でなく病気の人である。[13]『私が欲するのは
慈しみであって、生け贄ではない』というこの言葉がどういう意味であるかを行って学びなさい。
私の仕事は、正当な人々でなく、罪人を招くことです」。
[14]それからヨハネの弟子たちが質問を携えてイエスのところに来ました。
彼らは尋ねました、「われわれとファリサイ派の人々は何度も断食しますが、なぜあなたの弟
子たちはまったく断食しないのでしょうか」。
[15]イエスは答えました、「婚宴の客たちは――花婿が自分たちと一緒にいる間は――断食できな
いですよね。しかし、遅かれ早かれ、花婿は彼らから取り去られるでしょう。その時には彼らは
きちんと断食するでしょう」。
[16]イエスは続けました、「誰もこれから縮むことのある切れの当て布を古い上着に縫い付けませ
ん。その当て布は簡単に上着を引き裂き、前よりも穴の状態は悪くなるでしょう。[17]人々は新し
いぶどう酒を古い革の酒袋に入れません。そうでなければ革袋は裂けてしまうでしょう。すると

ぶどう酒は失われ、革袋は駄目になってしまうでしょう。新しいぶどう酒は新しい革袋に入れます。そうすれば両方とも大丈夫です」。

一九六〇年代という素晴らしい時代に、私は一〇代の時を過ごしました。革命が噂されていました。特に若者の間で、異議申し立ては時代の風潮でした。若いアメリカ人たちはベトナム戦争に異議申し立てしました。パリの学生たちは工場労働者たちにあなたがたは鎖以外に失うべきものは何もないのだと伝えました（工場労働者たちの大半は彼らを無視しました）。オックスフォードの学部生たちは、当時私もそこにいましたが、ほとんどすべてのことについて異議申し立てしました。もっとも、われわれが選んだいくつものテーマ、すなわち、カレッジの食事、講義を受ける際のガウン着用、学生活動家たちについてのファイルのカレッジによる保管は、われわれが本当に不平を言わなければならないことがどれほど少ないかを示していましたが。

一時代を後から振り返ると、実際に行われていたことは、制度上間違っていることがたくさんあったというほどではなかったように思われます（もっとも少しはありましたが――それは常のことです）。むしろこれらの異議申し立ては、第二次世界大戦（一九三九―四五）の後に育った新しい世代が、自分たちの両親から古い仕方で振る舞うように言われることがもはや嬉しくないことを示していました。今や、すべてのことを変える時でした。ボブ・ディランはそのことを要約して、「時代、それらは変わる」と歌いました。そして、「その世代は」本当にそのように感じていました――しかしながら、今振り返ると、実際に確かに変わったことがいかに少ないかをわれわれは知って微笑するかもしれないのですが。

しかし、イエスが時代が変わりつつあると言った時には、イエスは本当にそういうつもりでしたし、時代はまさにそうでした。だからこそ、人々が王国運動に期待したものとはイエスの運動が異なって見えた時に、驚くには当たらないことに、問いと批判が湧き起こりましたし、この箇所には、イエスへのそうした問いが溢れていますが、それらに対するイエスの答えは、「今やすべてのことが変わったから」だったのです。

なぜイエスは徴税人たちや罪人たちと一緒に食事をするのでしょうか。なぜなら、イエスは自分を病人を癒すために来た医者であると理解していたからです。一方、当時の他の宗教指導者たちは自分たちの職務を、道徳的かつ霊的に感染する可能性のある原因を避けるために、自分たちを隔離し続けることだと理解していました。医者が隔離され続けていることには意味がありません。そんな医者は決して自分の任務を果たさないでしょう。

なぜイエスとその弟子たちは、当時のイスラエルで自分たちの歴史においてすでに起こったすべての悲惨な出来事――特に神殿の崩壊――を記念して行われた通常の断食日を守らないのでしょうか。なぜなら、洗礼者ヨハネたちのそれを含む他のいくつもの運動は新しい時代の夜明けを待っていましたが、イエスは太陽がすでに上ったと信じていたからです。そして、イエスが述べた三つの事例にもう一つの事例を加えるならば、洗礼者ヨハネの運動とファリサイ派の人々は、現在の暗闇以前の過去の時代の光を思い起こすためにロウソクに火を点していました。しかしイエスは、この時代の光を招き入れるためにカーテンを開けていたのです。たとえ彼らは気付いていなかったとしても、イエスは夜が明けつつあることを知っていたからです。

イエスが述べた三つの事例すべては、イエスが行っている新しいことをかつての古い仕方と組み合わせることがどんなに不可能であるかを示しています。葬式と結婚式を組み合わせることはできません。婚宴を祝いながら顔を曇らせていることはできません（この時点では影がこの頁を覆っています。遠からず婚宴は葬式に取って代わられ、その時には確かに服喪する機会があるでしょう）。もしあなたが古い上着を直すために当て布を縫い付けようとしているならば、その当て布がすでによく乾燥していて、もう収縮することのない切れでできているかどうか確かめなさい。そうでなければ、その切れが縮んだ時に〔上着の〕穴は最初の状態よりもひどくなるだけでしょう。また新しいぶどう酒を古い革袋に入れることはできません。さもないと革袋がはじけ散るでしょう。

われわれはそれぞれの事例の詳細部を無理に当時のユダヤ教とイエスとの関係についての問題に正確に当てはめようとすべきではないでしょう。三つの事例に共通することは、新しいことと古いことは混ざることがないというイエスの主張です。もちろんこれは、古いことが悪いという意味ではありません。そうでなければ、イエスが来たのは無効にするためでなく成就させるためだとマタイは主張しなかったでしょう。それは新しい日、神の新しい日に朝が〔すでに〕やって来て、*夜の時間に相応しかったいくつもの慣習は今やもはや必要でないことをただ意味しているだけです。

このまったくの新しさの中心に、驚きつつ感謝している一人の男がいますが、彼は何世紀にもわたって、読者がこの福音書の著者だと考えてきた人です。もしそうならば、われわれは徴税人であるマタイが（全部で二章にわたる）癒しの奇跡についての長い一覧のただ中で、自分の召命物語を伝えているのを見出すことになります。なぜ彼はそんなことをするのでしょうか。

ちょっと考えれば答えが分かります。もしあなたが古代世界で徴税人であったか、あるいは現代世界で同じような職業に就いているならば、あなたは人々が自分に対して怒ることに慣れていることでしょう。マタイの時代の状況では、一〇―一一節のように徴税人たちは「罪人たち」とひとまとめにできるのが当たり前だと思われていました。これは第一に彼らが憎しみの対象である当局と協力していたからであり、第二に多く〔税金を〕集めることによって自分たちのために超過利益を得ていたからです。

マタイにとって毎日の生活、毎年の生活がどのようなものであったのか、しばらくの間、考えてください。自分だったらと考えてください。あなたは暑くて小さな仕切られた席に座り、旅行者たちが一つの州から次の州へと通過する際に通行税を支払うのを待っています。旅行者にとってうれしいことではありませんし、あなたにとっても同じことでしょう。そこへ、若い預言者が軽やかな足取りで、心に神の王国への思いを抱いてある日通りかかり、自分に従うようにあなたにただ求めたとしたらどうでしょう。そうです。それはまさに癒しの奇跡のように感じられるでしょう。実際、九節はそれ以上のことをほのめかしています。すなわち、それは復活のようなのです。九節は文字通りには通常「復活」を言い表す語を使用して「彼は立ち上がった」、「そしてイエスに従った」と述べています。

そうであれば、イエスとマタイの友たちが祝わずにいられるはずはありません。彼らは神の新しい働き、すなわち神殿自体よりもすでに注目を集めていた慈しみが迸るただ中にいたのです。預言者ホセア（六・六）がはるか昔に知ったように、神が本当に求めるものは慈しみであって犠牲ではありません。時代はまさに変わりつつありました。神の新しい世界が生み出されようとしており、今からはすべてのことが変わるでしょう。われわれが問われているのは、われわれは新しい世界に住むのか、それとも自分たちがもっと心休まる古い世界にこっそり戻ったままでいるのか、ということです。

＊'morning has broken'（朝がやって来て）は賛美歌の題でもある。

九章一八―二六節　少女の起き上がり

18 イエスがこのことを話していると、突然一人の高官が近づいてきてイエスの前に跪きました。
彼は言いました、「私の娘のことです。たった今娘は死にました。しかし――もしあなたが来
て手を娘の上に置くならば、娘は息を吹き返すでしょう」。
19 イエスは立ち上がり、彼に付いて行きました。イエスの弟子たちが続きました。
20 ちょうどその時、一人の女が現れました。彼女は一二年間体内の出血で苦しんできました。
彼女はイエスの背後に近づいてきてイエスの上着の裾に触れました。
21 彼女は心の中で、「もしイエスの上着に触れることさえできれば、私は癒される〔文字通りに
は「救われる」〕でしょう」と考えていました。
22 イエスは振り向いて、彼女を見ました。

イエスは言いました、「娘よ、元気を出しなさい。あなたの信仰があなたを救いました」。そし
てその女はその瞬間に癒されました。
23 イエスはその高官の家の中に入りました。イエスが見ると、そこには笛吹きがいて、また皆
がひどく興奮した状態でした。
24 イエスは言いました、「出て行きなさい。この少女は死んでいません。彼女は眠っています」。
すると彼らはイエスを笑いました。
25 皆が外に出されると、イエスは中に入り彼女の手を握りました、すると彼女は起き上がりま
した。26 この知らせは、その地域の至るところで伝えられました。

私がこれを書いているときに、英国の農場は危機的な状態にありました。強力な疫病が何万頭もの動物に広がり、それらは殺処分されなければなりませんでした。田園地帯の多くは封鎖されました。畑や森を歩いて通ることも、家畜が飼育されている近くで犬を運動させることも、誰にも許可されていませんでした。農業地域に近づくためには、消毒された藁の山を通って車を走らせなければなりません。もし歩いて行くならば、消毒薬の中を歩かなければなりません。その疫病は広がる先々で恐怖をもたらし、広がりそうな先々で不安をもたらします。突然、皆が動物の衛生状態についての非常に厳しい予防措置を取ろうとしますが、悲しいことに遅すぎるように思われます。

すべての社会には衛生状態についての規制がありますが、その存在に気付くのは、今まさにこれらの農場でそうであるように、突然に規制を適用しなければならなくなってからです。われわれは皆、

いつ手を洗うべきか、またコップ、皿、金属の食器を使った後にどのように洗うべきかということならば、分かっています。ですから、いつもはそんなことを改めて考えたりはしません。もし考えるとすれば、それは、われわれが細菌や、感染や、健康維持といったことについて語ろうとする時でしょう。

現代医学以前の社会では、今のわれわれほど容易には感染治療がほとんどできませんでしたので、触ってよい物と駄目な物について、また「汚れたもの」に実際に感染したら行うべきことについて、厳格な規制が不可欠でした。これらは馬鹿げた規制ではありませんでした。「杓子定規」であったわけでもありません。それらは社会を良好な形に保つための実用的な知恵でしたし、今でもそうです。ユダヤ人たちは、この類の多くの規制をすでに聖書の中に持っていましたが、病気を避ける方法を正確かつ、より明確にするために、規制を更に成文化しました。規制一覧の最初の方には、病気を避けるという意味で「清く」あり続けるために避けるべきこととして、一つには死体、もう一つには体内の出血（月経期間を含む）がある女が含まれていました。そしてこの箇所で並行して語られている二つの物語では、イエスは出血している女から触れられ、さらにはイエス自身が死体に触れたのです。

何が要点か分からなかったユダヤ人は誰もいなかったでしょう――そしてマタイが主にユダヤ人の読者に向かって書いていたということは、ほとんど確かなことでしょう。通例であれば、イエスは二重に「汚れ」た状態になり、社会との通常の接触を再び始める前に沐浴して衣服を洗い、翌日まで待たなければなりませんでした。これは極めて通常の手順でした。通常すぎて、誰かが今日洗濯したということについてわれわれが何か言う以上には、誰もそのことについてあまり考えなかったことでしょう。しかし、われわれが物語をこの観点から読むならば、実際に起こったことはより一層注目に値します。

混乱に陥った一人の男の突然の行動からすべては始まりました。彼は「高官」——確かに地方公務員か政府職員でした。通常、こうした人々は自分たちの威厳を保つでしょう。すなわち、彼らは決まった歩幅で歩き、会う人々に静かに話しかけるでしょう。彼らには保持すべき社会的地位がありました。しかしこの男はそのすべてを窓から投げ捨ててしまいました。彼は、人々を治療していると評判の預言者が町にいると聞いていました。そして、彼の幼い娘がたった今死んだのです。おそらくその預言者ならば自分の娘を助けてくれる。そこに望みを託して、この高官は、自分が何をしているのか十分には分からないままに、自分の家から駆け出し、大勢の人々に取り囲まれて立っているイエスのところへと道を進み、ご近所中の人々のまさに目の前で、ほこりまみれの道に自分の身を投げ出しました。自分の娘の命が危機に瀕している時に誰が威厳を気にするでしょうか。

この物語はわれわれが注意を少女から年上の女に切り替える間も気をもませ続けます。特定の慢性病——体内の出血——を一二年間患った後で、彼女は自分が癒される機会に出会い、それをつかみます。自分が人々を押しのける際に皆を「汚れた」状態にさせていると知りながら、彼女は近づき、イエスに触れます。

しかし、この時点でわれわれは何かが違うことに気付きます。彼女の「汚れ」はイエスには感染しません。むしろ、イエスの中の何かが、彼女に感染します。イエスは振り向いて、彼女を見て、百人隊長に彼が告げたように、違いをもたらしたのはあなたの信仰であると彼女に告げます（八・一三。

九・二、二九参照)。ここにこそ神秘があります。すなわち、イエスには癒す力がありますが、それを受け取る者たちは信仰のある者たちです。そして、二一、二二節でマタイが「癒す」と言う時に使っている語は「救う」「救出する」という意味の語です。何が要点か分からない初期キリスト者は誰もいなかったでしょう。イエスが行っていたことは、世界を汚染し、傷付け、破壊するすべてのことから世界を救出し、世界を救うイエスの働き全体を始めることでした。そして信じる者たちこそが、恩恵を受けるのです。

最大の破壊者はもちろん死そのものです。ここにわれわれはイエスの癒しの働きについて、マタイが更なる段階の描写をしていることを見ます。高官の娘はすでに死んでいて、その家の人々はそのことを知っています。彼らはすでに涙を流し嘆くという悲しみの一連の行為を始めており、可愛らしい若い命が短く絶たれたことに対する自分たちの悲嘆を溢れ出すに任せていました。しかし、イエスはそうしようとしませんでした。大きな危険を冒して——家の人々はすでにイエスのことを笑っていましたし、今やイエスは死体に近づき触れようとしていました——彼は少女の手を握り、彼女は起き上がります(再びここでの語は「復活」に関連する語、すなわち彼女は「起き上がった」です)。

現代世界にいるわれわれには、個人的な汚れに対処する多くの方法があります。現代の衛生状態と化学薬品を考慮すれば、われわれは古代世界の人々ほどには汚れを心配する必要がほとんどありません。しかし、もちろんわれわれが今や知っているように、われわれが使用する化学薬品そのものの中には、空気や畑や作物を汚染するものがあります。現代の環境保護団体の中には、かつてファリサイ派の人々が彼らの清浄規準によって規定された汚染〔汚れ〕を心配していたのとまさに同じように、この環境的な意味の「汚染」を心配しているものがあります。現代のイエスの弟子たちは、このような新しい汚染に対処する方法を見出すように召されているのかもしれません。すなわち、新しい形の癒しを探求し、共同体や農業やわれわれが呼吸するまさにその空気を洗い清め、新たな始まりをもたらすように。

しかし、なお別の形の汚染もあります。すなわち、われわれの精神と心の中に、あるいは想像力と記憶の中に入り込む汚染です。われわれはどのようにしてそれを取り除くことができるでしょうか。一つの方法は、このような物語を時間をかけて味わうことです。あなた自身が物語の中の登場人物の一人だと想像してください。あなたが高官だったとしたら……、あるいは体内に出血のある女性だったとしたら……、あるいはあの家の中の笛吹きの一人だったとしたら……、あるいは傍らで見ている弟子たちの一人だったとしたら……。

あるいは、勇気があれば、自分がイエス自身だったとしたら……。

九章二七―三八節　イエスの評判が高まる

27 イエスがその地域を離れようとすると、二人の盲人が声を限りに「ダビデの子よ、われわれに憐れみをください」と叫びながらイエスに付いて来ました。

28 イエスが家の中に入ると、盲人たちがイエスのところに来ました。

イエスは尋ねました、「あなたがたは私がそうできると信じますか」。
彼らは答えました、「はい、先生」。
29それからイエスは彼らの目に触れました。イエスは言いました、「あなたがたが信じた通りの
ことがあなたがたに起こるように」。30すると、彼らの目は開かれました。
それからイエスは彼らに厳しく警告しました。イエスは言いました、「このことについて誰も
知ることがないように十分注意しなさい」。31しかし、彼らは外へ出ると、その地域全体にこのニ
ュースを広めました。
32彼らが去った後に、人々はイエスのところへ悪霊に憑かれて話すことができない男を連れて
来ました。33イエスが悪霊を追い出すと、その男は話しました。群衆は驚きました。彼らは言い
ました、「イスラエルでこのようなことは未だかつて何も起こったことがない」。34しかし、ファ
リサイ派の人々は言いました、「彼は悪霊の首領によって悪霊を追い出している」。
35イエスはすべての町と村をぐるりと回り、彼らのシナゴーグで教え、王国の福音を告げ知ら
せ、すべての患いとすべての病気を癒しました。36イエスが群衆を見ると、彼らが羊飼いのい
ない羊のように、ひどく苦しみ、落胆していたので、イエスは彼らのことを深く憐れみました。
37それから、イエスは自分の弟子たちに言いました、「もたらされるはずの多くの収穫があるのに、
労働者は多くありません。38ですから、『収穫の主』に主の畑で収穫するもっと多くの労働者を送
ってくれるように祈りなさい」。

もう何年にもわたって、フィクション作家がよく取り上げるテーマの一つは、スパイ物語です。特に冷戦時代には、すなわち東西（通常これはロシアとアメリカを意味しましたが、それぞれの同盟国も加わりました）がお互いに相手を深く疑っていた時には、たくさんの実際のスパイ活動がありましたし、その中には今日まで続いているものもあります。二重スパイは公務中は一方の側のために働き、それから非番の時はもう一方の側に秘密を受け渡します。多くのスリラー作家たちは、機会を見つけては、次々と大胆で刺激的な英雄的行為についての小説を書いてきました。これらの本は映画化されましたし、こうした映画は巨大な興行収入を挙げました。誰に対しても、何についてもスパイ行為などしたこともない世界中の何千万もの人々が、007の主人公ジェームス・ボンドについて知り、そこで間接的に経験した秘密諜報の世界がいかに危険や劇的な出来事に満ちているかをほのかに感じて満足しました。

人は周りが思っている姿と実際が違うという刺激的かつ脅迫的な考えが、スパイ活動という奇妙な世界の中心に見られます。すなわち、「われわれ」の側にいると思っていた人たちが、結局は秘密裏に「彼ら」のために働いているかもしれないのです。秘密が漏れていることが明らかな時には、誰もが疑われます。例えば、彼は裏切り者でしょうか。彼女は不可解な電話をすでに受けたでしょうか。あの二人はどのようにして突然銀行口座にそんな大金を得たのでしょうか。そして、ライバル意識や同業者間の妬みがさらに出てくると、それは嫌いな相手に疑いをかける願ってもない機会となります。せいぜい人にささやく活動を始めるがよいでしょう（「確かではないのですが、誰それが敵のために働いていると私は思います」）。

さあ、こうした状況すべてを一世紀に、しかも古代パレスチナのユダヤ世界に戻してみましょう。敵は誰でしょうか。ええ、もちろんローマ帝国です。そしてすべての富を握っているかのような自称貴族たちです。さらに彼らと協力している人々です。しかし、そのすべての背後にいる本当の敵は誰でしょうか。あなたは、サタン、告発者、闇の力のことだと思うに違いありません。それらは、われわれすべてを手に入れようと躍起になり、神の働きを止めようと躍起になり、イスラエルが聖であり、公正であり、現在の窮状から救出されることを阻止しようと躍起になっています。こうした考えからほんの一歩進むならば、こう問うことになるでしょう。さて、それでは身近なところで秘密裏にサタンのために働いているのは誰でしょうか。そして、イエスの敵たちにチャンスが来ました。彼らは言いました。イエス自身だ。イエスこそが敵と結託している。イエスは悪霊の首領によって悪霊を追い出している。

それこそが、結局のところイエスが非常に成功した理由として——イエスが本当に神のもとから来たと信じる以外には——彼らが思い付くことができた唯一の説明でした。もっとも彼らはまったく信じようとはしませんでしたが。以前にも他に癒し手たちはいましたが、このような人はほとんどいませんでした。悪霊たちに何をすべきか告げ、彼らを従わせることを可能にするイエスの権威は、見物人たちに厳しい選択を迫ります。イエスは神の選んだ救済者、すなわち、少なくとも偉大な預言者、おそらくそれ以上なのか。それとも、イエスはスパイなのか。イエスは裏表のある言動をしているのか。

マタイは一二章〔二二—三二節〕でこのテーマに戻り、イエス自身の答えを提供するでしょう。しかし、マタイが今や、癒しの奇跡で溢れている二つの章をわれわれに語り終えたのですから、イエスが神とサタンのどちらの側なのかとこの時点で問うことは重要です。そしてイエスによって弟子たち自らが癒す務めに送り出される前に、これから弟子たちが何に直面することになるのか理解することをマタイはわれわれに求めています。もし人々があの指導者はスパイだと言うならば、その弟子たちについて人々は、何と言うでしょうか（一〇・二五）。

本当に悲しいことには、イエスが敵と結託しているなどということは、言いがかり以外の何物でもありませんでした。イエスは、同胞ユダヤ人たちが、必要とする指針を与える人を誰も持たずに彷徨っているのを見た際に、深い憐れみと悲しみを心に深く感じ、行動に移しました。彼らは羊飼いのいない羊――自分たちの世話をして、正しい道に導く預言者や王のいないイスラエルを描写する旧約聖書の通常の表現――のようでした（例えば民二七・一七、王上二二・一七、エゼ三四・五）。この箇所の二人の盲人、さらに霊に憑かれて喋ることができない男を含む――非常に多くの人を癒す中でイエスが行っていたことは、イスラエルが必要としており、しかも自らそれが必要だと知っていた指導力、新しい主導権を発揮し始めることでした。しかし、他の行動指針を持ち、自分たちが王国の旗頭であることを望んだ人々は、妬みを起こし、ひどい反応をせざるを得ませんでした。それで告発〔がなされました〕。すなわち、彼はサタンと取引している。彼はスパイだ。彼を信用するな。

しばしば、このように中傷された時にできる唯一のことは、行うように召されたことをやり続けることです。イエスは自分の同時代人たちを見て、彼らが羊飼いのいない羊のようであるだけでなく、ファーミング〔畜産も農業も含む語〕の情景を切り替えて言えば、麦がすっかり実っているのに、収穫する者が誰もいない畑のようでもあると知りました。彼らは神の王国を熱望していましたが、どこを探せば見つかるのかを知りませんでした。彼らは神が行動することに備え、それを待っていましたが、彼らにこの行動がすでに始まっていることを伝えるのは誰でしょうか。

主の祈りそのものを除いて、イエスは弟子たちに何を祈るべきかあまり頻繁には伝えませんでしたが、今回、イエスはそうしました。イエスは言います。その畑の持ち主のところへ行って、収穫のために労働者たちを送ってくれるように頼みなさい。そして、イエスの弟子たちがそう祈ると、困ったことには答えが素早く返ってきます。すなわち、あなた自身がその祈りの答えになりなさい。こうしてイエスがここまでの二つの章で自分の権威において行ってきたことを、イエスの弟子たちは今やイエスの命令によって行うことになるのです。イスラエルはこの使信を聞かなければなりません。敵と共謀していると告発されることを気にしてはなりません。というのも、無駄にする時間はないからです。

今日、収穫の準備ができた畑はどこにあるでしょうか。その時われわれの祈りは何であるべきでしょうか。それに答えることができる時には、われわれは自分がどのようにして神の答えの一部となれるのかをも発見することでしょう。

一〇章一—一五節　一二弟子が派遣される

[1]イエスは自分の一二人の弟子たちを自分のところへ呼び、汚れた諸霊を追い出し、すべての
疾患と病気とを癒すために、それらの霊に対する権威を彼らに与えました。
[2]一二使徒の名前は次の通りです。最初にペトロ（「岩」）と呼ばれるシモン、その兄弟アンデ
レ、ゼベダイの息子ヤコブ、その兄弟ヨハネ、[3]フィリポとバルトロマイ、トマスと徴税人マタ
イ、アルファイの子ヤコブとタダイ、[4]熱心党員シモン、そして（イエスを裏切った）イスカリオ
テのユダです。
[5]イエスは一二弟子に指示を与えて送り出しました。
彼は言いました、「異邦人の地域に入ってはいけません。サマリア人の町に入ってもいけませ
ん。[6]そうではなくてイスラエルの家の失われた羊のところへ行きなさい。[7]行った際には人前で
天の王国がまもなく来ると宣言しなさい。[8]病気の人を癒し、死人を生き返らせ、重い皮膚病の
人を清め、悪霊を追い出しなさい。
「天の王国の使信をあなたがたは無料で受け取りました。この使信を与える時にも無料で与え
るように注意しなさい。[9]帯の中には、いかなる金も銀も銅も入れて行ってはなりません。[10]旅立
ちに当たっては、袋はなし、二着目の上着もなし、サンダルもなし、杖もなしです。働く者たち
は自分の報酬を受ける資格があります」。
[11]「町か村に入る時には、誰が善良で信頼に足るのか誰かに注意深く尋ねなさい。そして、あな
たがたが去るまでそこに留まりなさい。[12]家の中に入る時には、厳粛な挨拶をしなさい。[13]もしそ
の家が信頼に足るのであれば、あなたがたの平和の祝福がその上に留まるようにしなさい。しか

しもしそうでなければ、祝福があなたがたのところへ戻るようにしなさい。14もし誰かがあなた
がたを歓迎しようとしないか、あなたがたの使信に耳を傾けようとしないならば、その家か町を
出て、あなたがたの足から埃を払い落としなさい。15私はあなたがたに真理を伝えます。裁きの
日にはその町よりもソドムやゴモラの方が裁きに耐えられるでしょう」。

「でも、道が分からないかもしれない」と、初めての車での一人旅に出発する際に私は言いました。「馬鹿なこと言わないで。私たちは何年もそこに行っているじゃない。大丈夫、あなたは分かります」と、私の母が言いました。

でも、私は道を分かっていませんでした。私は途中の道の多くの部分は分かりました。しかし、助手席に座っている間に誰かが道を決めてくれるのと、運転席で自分で道を決めるのでは、雲泥の差があります。私は——自分の家からたった五マイルのところで——道に迷いました。そして来た道を引き返して、まるで自分がその地域に初めて来たかのように誰かに〔行くべき〕方向を尋ねなければなりませんでした。

イエスの弟子たちは、この瞬間に至るまで、車の同乗者であり、イエスが運転をし続けてきました。彼らは自分たちが見たものに驚かされてきましたが、イエスがすべての決断をし、油断ならない瞬間のすべてでハンドルを握り、町々や村々を通りながらそれらを切り抜け、批判を受け、矢面に立ちました。今やイエスは弟子たちに、出かけて行って自分たちでそうするように告げています。彼らがそれを聞いてどう感じるか知るためには、それほど想像力を要しません。われわれにそうさせたいので

すか。われわれ自身でですか〔と感じたに違いありません〕。
マタイは、この機会に一二弟子の一覧を示していますが、初めて彼らを「使徒たち」、すなわち「送り出される」人々と呼んでいます。というのも、イエスが今や彼らを送り出そうとしており、また後にはイエスの復活を目撃したすべての人々を送り出すからです。一二という数字それ自体には、イエスの時代と地域の誰もが分かっていたように、もちろんたくさんの意味があります。〔その中で〕イエスが心に抱いていたことの中心には、伝統的に一二部族に基づいてきたイスラエルを、ついに神がイエスの働きを通して更新し、回復するというイエスの確信がありました。しかし今や一二弟子は、単に神がイスラエルを回復していることのしるしであるべきではありません。彼らは神がそうする手段の一部であるべきでした。

これこそが、状況によっては不可解なものとなる五―六節の意味です。もちろん、われわれはイエスが皆のために来たのではないのかと尋ねます。異邦人たちが王国に押し入ることになるとイエス自身が言わなかったでしょうか（八・一一）。イエス誕生の時でさえ、外国の天文学者たちがイエスに敬意を表するために来たことをマタイはすでにわれわれに伝えていなかったでしょうか（二・一―一二）。

そうです、そしてそのすべてが重要です。イエスは自分の復活後には、ここでの指示を逆転させ、弟子たちをすべての民のところへと送り出すでしょう（二八・一九）。しかし、すべての民に向けた、より広域の伝道を行動計画に組み入れられるようになる前に、即座に行うべき緊急の課題があります。すなわち、イスラエル自身がこの使信をまず聞かなければなりませんし、遅すぎないうちに悔い改める機会が与えられなければなりません。今のところ、すでに登場した異邦人たちは、自分たちの方から進んでやって来ました。すなわち、イエスが彼らを探し出したのではありませんし、自分の公の活動中にそうしようともしませんでした。もしイエスとその弟子たちが自分たちの使信をこの段階で異邦人世界に持って行くことをすでに始めていたならば、自尊心のあるユダヤ人は誰も彼らにもはや何の注意も払わなかったでしょう。そうなればイエスの敵の嘲り、すなわちイエスは悪魔と手を結んでいるという嘲りを確証することになったでしょう。

しかし、イエスは〔悪魔と手を結んで〕いません。彼は無効にするためでなく成就させるために来ました。イスラエルの神は本当に創造主である神であり、全世界を愛していて、全世界を救おうとし、また異邦人たちをも招こうとしています。しかし、神がそうする仕方はまさにイスラエルへの自分の約束を成就させることによってです。それこそが、後の教会が認識したように、イエスの特別で集中的な関心事です（例えばロマ一五・八）。異邦人たちのための時はすぐにでもやって来るでしょう。しかし、しばらくは、選ばれた民に彼らの大いなる時、すなわち彼らの夢の成就の時が到来したと告げることにすべての努力は注がれなければなりません。

イエスが弟子たちに今与えている指示――それは彼らをもっと緊張させたに違いない、と想像するかもしれません――は、選ばれた民の夢がどんな形で成就するのかについての明瞭な考えをわれわれにもたらします。それは、イエスの同時代人たちが馴染んでいた運動や任務のようなものではありません。彼らは、自分たちが来たるべき王の選ばれた従者たちであると言いふらしながら、威張って歩くべきではありません。彼らは癒し手、回復者、自分たち自身への尊大な地位でなく他者への命と希望をもたらす人々であるべきです。彼らは自分たちが金儲けに夢中になり、金を得ようと躍起になっているという印象をいささかも持たれないように細心の注意を払うべきです。彼らは現金や食糧さえも携行してはなりませんし、物乞いが通常持っている類の袋を持って行ってもいけません。彼らは自分たちの使信を聞いて受け入れる人々が、自分たちに食糧を提供してくれることを期待しなければなりません。しかし、重要な使信そのものである福音自体は、無料で与えられます。

弟子たちが町に到着した際の詳細な指示は、自分たちにどれほどの責任が伴っているのかを気が付かせたに違いありません。これは受けるも拒むもあなた次第というものではありませんでした。彼らは新しい宗教経験が得られるとも、直面している面倒な道徳的判断の助けになる新しい教えがあるとも、人々に勧めてはいませんでした。彼らは、死後の神の救いについての新しい保証さえ人々に提供していませんでした（とはいえ、それもやがてもたらされるでしょうが）。事態はもっとより切迫していました。神の王国は特急列車のように彼らに押し寄せていて、彼らはそれに備えなければなりませんでした。

弟子たちが行うべき癒しは、それ自体、関係する人々にとって重要でしたが、もっとより重要なことのしるしでした。すなわち、神による新しい生活がイスラエルの生活に押し入ってくること、イエスと共に幕を開けつつある新しい日が始まること〔のしるしです〕。もし人々がその使信を尊重し、歓迎したならば、結構なことです。もしそうでなければ、彼らが新しい朝を歓迎するよりも夜に留まることを選んだことを示すために、厳粛な行動が取られなければなりません。イエスの示す平和の道を選んだ者たちが大激変から救出される一方、暴力の道を強く主張する者たちが〔今住んでいるところの」代わりにソドムやゴモラに自分たちが住んでいればと願う日が、すぐに来ようとしていました。それらの町は、死海の南方付近にありますが、神の裁きが火と硫黄において下った場所として悪名を轟かせていました（創一九・二四―二八）。神の新しい日が幕を開ける際にそれを見ることを拒み、またイスラエルを崩壊へと導いていた古い仕方を続けることを好む者たちには、さらに悪い運命が降りかかることをイエスは警告しています。

これらの指示はとても明確で、特別な状況のためのものです。しかし、おそらくそれらがイエスの死と復活の後でさえ教会に関連があり続けるとマタイは考えたため、彼は詳細に記録しました。それらは今日、あなたがたの教会の務めにどのように当てはまるでしょうか。

一〇章一六―二三節　狼の中の羊

16イエスは続けました、「さあいよいよ、狼に囲まれた羊のような状況に、私はあなたがたを送り出します。ですから、蛇のように抜け目なく、また鳩のように無邪気でいなさい」。
17「あなたがたの周りの人々がもたらす危険に注意しなさい。彼らはあなたがたを地方議会に引き渡し、彼らのシナゴーグで鞭で打たせるでしょう。18あなたがたは私が理由で、彼らや諸民族への証拠として総督や王の前に引きずり出されるでしょう。19しかし、彼らがあなたがたを引き渡す時には、どのように話すか、あるいは何を言おうかと心配してはなりません。あなたがたが話さなければならないことは、その時にあなたがたに与えられるでしょう。[20]分かっているでしょうが、話すのはあなたがたではありません。あなたがたの父の霊があなたがたの中で話すのです」。
[21]「兄弟の一人がもう一人を裏切って死に至らせるでしょう。父は子を裏切り、子は両親に反抗し、彼らを死に至らせるでしょう。[22]あなたがたは私の名前が理由で、皆に憎まれるでしょう。しかし、最後まで持ちこたえる者は、救い出されるでしょう」。
[23]「一つの町で迫害される時は、次の町に逃げ去りなさい。私はあなたがたに真理を伝えます。人の子が来る前に、あなたがたがイスラエルのすべての町を行き尽くすことはありません」。

私は自分の娘と一緒に移動遊園地に行きました。われわれは最もスケールの大きなアトラクションに乗るために一時間以上並びました。その乗り物は面白そうで、皆がワクワクし、幸せな気持ちで順番を待ちました。ついに、われわれはその乗り物に乗り込みました。乗り物は上へ上へ高く高く上り、われわれはそれが最高地点に達することを待ち望み、備えていました。しかし、いざ最高地点に達すると、二人とも動揺して叫び声を挙げました。最も低いところまで一〇〇フィート〔三〇メートル〕かそこらでしかなかったのですが、自分たちがまるでおよそ一マイル〔一・六キロ〕の高さからほとんど真下に下りたように感じました。私はあの衝撃も、お互いに必死でしがみつきながら猛スピードで急な傾斜を下ったことも、決して忘れません。

この箇所を読んで私が感じたことは、**弟子**たちもそれに似たようなことを感じたに違いないということです。というのも、弟子たちへのイエスの指示が、弟子たちが行うべきことから弟子たちが気を付けるべきことへと向きを変えたからです。今に至るまで、弟子たちはイエスと行動を共にしてきました。この章の前半にある弟子たちへのイエスの指示を聞いて、弟子たちは、自分たちが高く高く上っていると感じたに違いありません。すべてはまだワクワクするものでしたし、何と言ってもイエスは自分の並外れた力と権威を弟子たちと共有していました。しかし今や、極めて突然に、弟子たちは断崖絶壁を一望しているのです。そして弟子たちは好むと好まざるとにかかわらず、そこを猛スピードで下ることになるのです。

イエスは自分の公の活動中にすでに起こったことから、自分が反対に遭っていることを知っていました。それは何の驚きにも当たりませんでした。イエスは自分の同時代人たち、特にローマに抗する暴力革命を熱望していた者たちが従っていた行動指針が、自分が主張していた使信と正反対であると十分知っていました。われわれがすでに見たように、山上の説教は、この世の知恵が主張していたことにまったく反対していました。イエスが悪魔と結託しているとファリサイ派の人々が囁き始めた時に、イエスが驚いたはずはありません。今やイエスは、弟子たちにもこうしたことが起こると警告するという困難な課題を実行しなければなりませんでした。

西欧世界に生きる者たちは、自分たちが寛容な社会に住んでいることを当然のことだと思うことに慣れてしまっています。われわれは自分の信仰が理由で裁判所に連れて行かれるとは思っていません。われわれは自分がイエスについて語ったからといって殴られるだろうとは思っていません。ましてや反逆罪の廉で気が付くと総督や君主の前に立たされることになるだろうとは思っていません。しかし、イエスの使信は本当に革命的であり、実際のどの革命の首謀者もそうであるように、イエスとイエスの弟子たちは非常に危険だと見なされました。われわれが直面している問いは、「世界の他の人たちがわれわれほど寛容でないことは恥ずかしいことではないのか」というものではなく、「西欧世界が寛容であるのは、西欧のキリスト教が何やら信用を落とすことをしているしるしではないか」というものです。

われわれがそれについてどう考えるとしても、初代教会の物語はイエスの厳粛な警告の正しさを裏付けています。弟子たちは本当に迫害され、殴打され、投獄され、殺されました。イエスの使信は確かに家族を分裂させ、親子、兄弟、姉妹を分離させさえします（イエスの兄弟姉妹はイエスの生きている間にイエスを信じたようには思われません）。しかも、イエスはこのすべてが起こるまでにあまり時間がかかるとは考えませんでした。二三節はイエスがすべてのことが非常に早くやって来ると見ていることを示しています。イエスは今すぐに弟子たちを送り出そうとしていますが、「人の子の到来」としてイエスが語った奇妙な出来事は、弟子たちがイスラエルのすべての町を苦労してすべて回り終えるよりも前に、あっという間に起ころうとしています。

このことによってイエス（そしてマタイ）が、いったい何を言いたかったのかということについて、多くの議論がなされ、頭を悩ましてきました。それがイエスの「第二の到来」あるいは「再臨」のことを言っていると考えた人もいましたが、われわれが他の似たような言い回しを参照するならば、これは有りそうにありません。この言い回しにはダニエル書七章一三節が反響していますが、そこでは「人の子」は天から地へ到来するのでなく、地から天へと到来するのです。すなわち、苦難の後、イエスは天に昇られますが、それは世界、中でも特に「いと高き方の聖徒たちである人々」に反抗してきた「獣たち」の裁き手かつ支配者となるためです。

ここで語られていると思われることは、こうです。弟子たちは迫害という厳しい現実に直面するでしょうが、そこで自分のことを説明するよう求められた時には、神が彼らに適切に答えるための特別な知恵を与えるでしょう。家族は分裂させられるでしょう。彼らは気が付くと町から町へと追いかけられるでしょう。それでも、彼らは粘り強く持ちこたえなければなりません。ついには、神の裁きが彼らに反抗してきた人々に、別言すれば、悲惨なことに彼らの平和の使信を受け入れなかった町や村に下る瞬間が来るでしょう。特に、われわれが後に見るように、この裁きはイエスとその福音を拒むことになる神の都エルサレムに下るでしょう。このことが起こる時には、弟子たちは「救済され」あるいは「救い出される」(二二節)でしょう。なぜならば、このことは「人の子」が正しさを証明され、自分の父のところへ「到来」したことを意味するからです(一六・二七参照)。したがって二三節の結びは単なる警告でなく約束です。すなわち、あなたがたの務めを続けなさい、なぜなら神はあなたがたの正しさをすぐに証明するからです〔という約束です〕。

この畏怖すべき呼びかけに際して、弟子たちに向けたイエスの鋭い助言は、蛇のように抜け目なく、しかし鳩のように無邪気でいなさい、というものでした。キリスト者はしばしば、どちらか一方なら容易だと感じますが、両立させることが容易だとはめったに感じません。でも、無邪気さ抜きの抜け目無さは、ずるさになります。抜け目無さ抜きの無邪気さは、世間知らずになります。最初の弟子たちとは異なる危機、異なる問題にわれわれは直面しますが、それでも無邪気さと抜け目無さという二つの性質を絶妙なバランスで両立させることがなお必要であり、それはイエス自身の姿を忠実に反映するものです。もしわれわれがどのような仕方であれイエスが直面したことに直面し、イエスの働きを共有するならば、イエスが生きたようにわれわれが生きることができるのだとわれわれは確信する必要があります。

一〇章二四―三一節　警告と励まし

[24]「弟子はその教師よりも偉大ではありません。僕はその主人よりも偉大ではありません。[25]弟子はその教師のようになれば、僕はその主人のようになれば、極めて十分です。もし人々が家の主人を『ベルゼブル』と呼んだならば、主人の家族を彼らが何と呼ぶだろうか考えなさい」。
[26]「彼らを恐れてはなりません。分かっているでしょうが、隠れているもので明るみに出ないものはありません。秘密が知られないこともありません。[27]私が暗闇で伝えることを明るみで語り、耳で聞いた囁きを家の屋根から告げなさい」。
[28]「身体を殺すことはできても魂を殺すことのできない人々を恐れてはなりません。あなたがたが恐れるべき者は、ゲヘナで身体と魂の両方を滅ぼすことのできる者です」。
[29]「雀二、三羽はいくらで手に入るでしょうか。幸運であれば、一ペニー〔一ポンドの一〇〇分の一、一・五円ほど〕でしょうか。しかも、それらの一羽もあなたがたの父がそのことを知るこ

となしに地面に落ちることはありません。[30]あなたがたのこととなれば――そうです、あなたがたの髪の毛は皆、数えられています。[31]ですから恐れてはなりません。あなたがたはたくさんの雀よりもはるかに価値があるのです」。

聖書の中でどの戒めがもっとも頻繁に繰り返されているでしょうか。何か厳格なものだろうと想像するかもしれません。すなわち、行儀よくしなさい。身なりを整えなさい。祈りを唱えなさい。もっと誠心誠意神を礼拝しなさい。もっと自分のお金を分け与えなさい、といったものです。

けれどもそれは間違っています。正しくは二六、二八、三一節にわれわれが見出す戒め、すなわち、恐れてはなりません、です。

イエスが弟子たちに、この時点でなぜ恐れてはならないと伝える必要があったのか、あなたがたは容易に分かるでしょう。何と言ってもイエスは弟子たちに、当局があなたたちを狙うだろうと警告してきました。すなわち、あなたたちは身体的かつ精神的暴力を受けるだろうと。そして今や、すでに人々がイエスをそう呼び始めていた類の名前〔ベルゼブル〕で弟子たちを呼び始めるだろうと。恐れてしまいそうなことが多くあります。しかしなおイエスは、恐れてはなりませんと語るのです。

なぜなのでしょうか。どんな理由がイエスにはあるのでしょうか。

それはわれわれが予想するものとは異なります。われわれは、「神があなたがたの面倒を見るからだ」とイエスが言うだろうと想像するかもしれません。ええ、彼はやがてはそう言います。しかし、彼が示す第一の理由（二六―二七節）は、すべてが明るみに出される時が来るということです。現在は秘められているすべてのことは、知られることになるでしょう。

なぜそれが弟子たちが恐れる必要がない理由になるのでしょうか。多くの人々にとっては、自分たちの最も個人的な考えや言葉を今すぐに公表されることは、恐れを吹き飛ばす理由よりも、むしろ更なる恐れの理由となるでしょう。でも、かの日に明るみに出されるのは、弟子たちの忠実さと信仰であるとイエスは想定しているように思われます。弟子たちは、世界の真の主、イスラエルの真のメシアに従ってきたとやがて見られることでしょう。弟子たちの忍耐と粘り強さは、明らかになるでしょう。頑固さあるいは傲慢さにさえ見えていたものは、そのままで、命の主が導くところであればどこへでも従う断固たる決意であるとやがて見られることでしょう。別言すれば、真実は明らかになり、正義が勝利し、高潔さと無邪気さをもって生きた人々は、たとえ世界が彼らに悪口を浴びせたとしても、正しさを証明されるでしょう。これこそが、イエスが究極的に伝えているものです。神がやがてあなたがたの面倒を見てくれるというお手軽な使信は、こうした類のものではありません。

しかし、弟子たちは、恐れるべきでないことを学ぶと共に、恐れるべき者がいることをも学ばなければなりません。たとえこの警告（二八節）に対しても、更に三一節で「恐れてはなりません」と語られているとしても。多くの人々はこの章句の理解に苦しみましたし、われわれはもう少しより詳しく考察しなければなりません。なぜイエスは、全体で数行の文章の中で弟子たちにまず恐れてはならないと告げ、それから恐れなさいと告げ、それから再び恐れてはならないと告げるのでしょうか。

イエスは二つの極めて異なるレベルの敵に当時のイスラエルが直面していたと信じていました。明白な敵がいました。それは、ローマ帝国、ヘロデそしてそれらの手下たちです。それらは身体を殺す力を持っていた者たちでした。しかし、魂をも殺すことのできる力を持った、より邪悪な他の敵がいました。その敵は、イエスが活動しているときにさえ人々の魂を求めて戦いを挑んできましたが、より明白な敵を隠れ蓑として利用していました。実際、事態はもっと深刻でした。神の民の魂を貪欲に求める悪魔的な力は、神の民が正義と報復を求めるその願いをこそ釣り餌として利用しています。光の民にとって、邪悪さと戦うためにより邪悪な手段を用いることへと誘い出されることほど危険なことは決してありません。それこそが、火の燻ぶるごみ捨て場、ゲヘナへとまっすぐに続く道であり、イエスが弟子たちに十分注意させたいことです。これこそが、あなたがたが恐れるべきことです。

しかし同時に、この恐れを相殺する——実際には完全に恐れを上回る——イエスの最も驚くべき約束の一つがわれわれには与えられています。それは、神の被造物すべてに対するばかりでなく、それらの髪の毛すべてにも向けられる神の細やかな愛と心遣いについての約束です。

この点が明瞭であることが重要です。イエスが地獄で身体と魂を滅ぼすことができる者を恐れるようにとわれわれに強く促す時、イエスは神を恐れるように言っているのだと考える人々もいます。しかし、ここでの要点は逆です。神こそが、われわれが恐れる必要がない方です。本当に、神こそが、われわれが自分の命、魂、身体、すべてを託すことのできる方なのです。

私は何度も、尊敬に値する素晴らしいキリスト教の説教者たちが、非常に些細なことについて神に祈ることが適切であるかどうか考えるようにと会衆に説教しているのを聞いたことがありました。些細なこととは、混んだ道沿いに駐車スペースが見つかるようにとか、教会での屋外イベントの日が良い天気であるようにとか、なくした新聞記事が見つかるようにといったものです。もちろん、はるかにもっと重要な祈るべきことがありますし、われわれはそうしたことを必ず祈るべきです。しかし、神は本当に空の雀一羽一羽のことにも、またわれわれの髪の毛一本一本についても注意を払っているのですから、神にとって大きすぎて行うことができないものが何もないのとまさに同じように、神にとって小さすぎて注意を払うことができないものは何もないのです。

ここでの文脈において、使信は明白です。それは、あなたがたは多くの雀よりも価値があるということです。ですから、たとえあなたがたが簡単に誘惑と危険に取り囲まれたとしても、神があなたがたの生活の細かいところを知っていて、注意を払うので安心してよいのです。イエスの弟子たちは、すべてのレベルでの攻撃を予期しなければなりません。しかし、弟子たちは、自分たちが仕えている方は、いつか出会うことになる最強の敵〔悪魔〕よりも強いことをも学ぶべきです。

一〇章三二―四二節　イエスは分裂をもたらす

32「それで、他の人たちの前で私との関係を認める者は誰であれ、私は自分の天の父の前で彼らとの関係を認めるでしょう。33しかし、他の人たちの前で私との関係を否定する者は誰であれ、私は自分の天の父の前でその人との関係を否定するでしょう」。

34「私の役目が地上に平和をもたらすことだと考えてはなりません。私は平和をもたらすため

に来たのではありません——私は剣をもたらすために来たのです。[35]私は息子を父と、娘を母と、
嫁を姑と対立させるために来ました。[36]そうです、あなたがたは自分たちの正面玄関の内側〔身
内〕に自分たちの敵を見出すでしょう」。
[37]「もしあなたがたが自分の父あるいは母を私よりも愛するならば、あなたがたは私に相応しく
ないでしょう。もしあなたがたが自分の息子あるいは娘を私よりも愛するならば、あなたがたは
私に相応しくないでしょう。[38]自分たちの十字架を手に取って私に従わない者は誰であれ私に相
応しくありません。[39]もしあなたがたが自分の命を見出すならばあなたがたはそれを失い、あな
たがたが私が理由で自分の命を失うならばあなたがたはそれを見出すでしょう」。
[40]「あなたがたを歓迎する者は誰であれ私を歓迎します。そして私を歓迎する者は誰であれ私を
送り出した方を歓迎します。[41]一人の預言者を一人の預言者として歓迎する者は誰であれ預言者
の報酬を受け取るでしょう。一方、一人の正直な人を一人の正直な人として受け入れる者は誰で
あれ正直な人の報酬を受け取るでしょう。[42]これらの小さい者たちの一人に一人の弟子としてコ
ップ一杯の冷たい水であっても与える者は誰であれ——私はあなたがたに真理を伝えます、彼ら
は自分たちの報酬に不自由することはないでしょう」。

私はかつて、自分が少年の時に通っていた学校に行って説教するように頼まれました。それは多くの学校にある年間行事の一つであり、そこでは、その学校を創設し、発展させ、特徴付けた偉大な創立者たちを思い起こすことになっていました。

それで、そのことについて私は説教しました。しかし、説教の中で私は、とても奇妙なことになってきていると指摘しました。われわれが称賛する創立者たちである男女は皆、変革者でした。彼らは、あえて物事を今までと違う形で行い、他の人々が物事をそのまま保つことを望んでいても、新しい方向へ進んだ人たちでした。しかしわれわれは、彼らの名前の一覧を厳粛な声で読み上げることによって、またわれわれの創立者たちとして彼らを持ち上げることによって、逆のことを行う危険がありました。それは、すべてのことを現状維持にしておきたいとわれわれが言ってしまう危険です。あなたがたが変革者たちを記念するのは、彼らの業績に奴隷的に従うことによってでしょうか、それともあえて自分たちが従来とは違う形で物事を行うことによってでしょうか。このように説教しました。

その説教はちょっとした騒ぎを引き起こしたと思います。しかし、それはイエスがここで語った言葉が意図した騒ぎほどのことではまったくありません。「父たちに抗う息子たち、母たちに抗う娘たち」——いったい、イエスはこれらの言葉で何を言いたかったのでしょうか。親子関係を否定すること——それこそ「地上に平和でなく剣を」の意味するところです——これがイエスのすることなのでしょうか。どうしたのでしょうか。これらの奇妙な言葉をわれわれはどのように理解したらよいのでしょうか。

もちろん、新約聖書には、家族の中で、お互いを世話することに関する言葉もたくさんあります。また、私はこれらの章句を自分の扶養家族を無視して時間のすべてを「主のための働き」に費やす許可証であると見当違いにも受け取ってきた者たちがいることを知っています。それでも、これらの章句はわれわれが無視することができない厳格で心地良くない言葉です。それらは年を経て今日のキリスト教会にまで響き渡っています。

聖フランチェスコのことを考えてください。彼は自分の裕福な家を父の激怒にもかかわらず離れ、自分ができる限りイエスに倣う質素な生活を送ることへと向かい——模範を示し、今日なお数千人がこの模範に従っています。

福音のために耐え難い危険に直面し、自分たちの家族を安全な別の場所に行かせなければならなかった一方で、自分自身は教会の世話をせざるをえず、そこに留まった人々のことを想像してみてください。

イエスはここで自分に従う者は皆、気が付くと自分たちの家族から分離させられているとは言っていません。もちろん、そうではありません。実のところ、初代教会の時代には使徒たちの多くは、旅に配偶者を連れて行きました（Iコリ九・五）。しかし、イエスはもう一度優先順位について語り、驚くべき極めて大胆な主張をしています。

イエスは、重要なことはあなたがたが自分なりの方法で神に従うことであると（イエスが言っていたと偽って主張しようとした人たちがいますが）は言っていません。イエスが大声で明瞭に言っているのは、重要なことはイエスへの忠誠であるということです。すなわち、イエスへの忠誠は、すべての優先順位表で最優先されなければなりません。福音書が明らかにしているように、これがイエスを個人的に知っていた人々にとってさえどれほど難しいことであったかわれわれは分かります。ペトロはイエスを否認し、ユダはイエスを裏切り、残りのすべての者たちは逃げて隠れました。しかし、すべてを受け入れ、すべてを求め、すべてを献げ、すべてを期待するようにというイエスの呼びかけは残りました。

イエスの絶対的な要求は、山上の説教が語られたところへとわれわれを引き戻します。神の抱くある素晴らしい理想像を、イエスがたまたま他の人よりも少し上手に教えたにすぎないというのは事実ではありません。イエスが現在の世界を通過して極めて異なる、われわれが死後に向かうところに至る道を示すために来たというのも事実ではありません。いいえ、イエスは神の民であるための新しい道を切り拓き、確立するために来ましたし、驚くには当たらないのですが、古い道に極めて満足していた人々は、何とも困ったことに、古い道を行くことを邪魔されたくありませんでした。もちろん、イエスは家庭内に分裂をもたらすことを望んではいませんでした。しかし、もし人々がイエスの行く道に従ったならば、分裂が必ず付いてくることをイエスは知っていました。

実際、息子と父、娘と母などについての章句は、旧約聖書の預言書の一つからの引用です（ミカ七・六）。この章句において預言者は、神が新しいことを行う時には常に起こるであろう耐え難い分裂を予告しています。神が自分の民を救い出すために行動する時には、自分たちは救い出される必要がなく、今のままで満足していると宣言する者たちが常にいます。ここでこの章句を引用するのは、次のことを言うためでもあります。すなわち、今このことが起こっても驚いてはいけません。このこともあなたがたが言い伝えられてきたことの一部なのです。あなたがたの聖書には、神があなたがたを救うために最後に一度限り行動する時に起こるであろう大きな混乱についての警告が含まれています。

それこそが弟子たちへの、そして弟子たちを通してイエスの時代のイスラエルへの、イエスの挑みかかる言葉がこれほど鋭くなければならなかった理由であり、また、人々が変化よりも安住を今なお当然のごとく好む今日、しばしば同じほど鋭くなければならない理由です。しかし、イエスの挑みかかる言葉は、それらを受け入れ、それらによって生きる者たちに彼が与えた驚くべき約束に対応しています。イエスは天の父の前でわれわれとの「関係を認める」でしょう。自分たちの命を失う者たちは、それらを見つけるでしょう。そして最後に、イエスへの愛に促されて同胞に仕える者たちの身に起こる驚くべき連鎖反応について記されています。コップ一杯の冷たい水をイエスの最も取るに足りない弟子の一人に与えなさい、そうすればあなたがたはそれをイエス自身に与えていることになります。また、あなたがたがイエスのために行うことは何であれ、イエスのためだけでなく（「イエスを送り出した方」である）神のためにもあなたがたは行っていることになるのです。もし今日のイエスの民がこの単純ながら深遠な教えを学び直すことができるならば、教会はもう一度人々の心に呼びかけ、彼らの心を変革するための使信を携えて出て行くことができるかもしれません。

一一章一―六節　イエスと洗礼者ヨハネ

1 さて、イエスは一二弟子たちに指示を与え終えると、町々で教えたり説教するためにそこを
去りました。
2 その間に、牢獄にいたヨハネはこれらのメシア的な出来事について聞きました。ヨハネは自

分の弟子たちに伝言しました。
3ヨハネは尋ねさせました、「あなたは来たるべき方ですか。あるいはわれわれは他の誰かを待
つべきでしょうか」。
4イエスは答えました、「行ってあなたがたが見聞きしたことをヨハネに伝えなさい。5目の見
えない人々は見ています。足の不自由な人々は歩いています。重い皮膚病の人々は清められてい
ます。耳の聞こえない人々は再び聞くことができます。死んでいた人々は生き返っています。そ
して——貧しい人々は福音を聞いています。6そして私が行っていることによってあなたがたが
混乱しないならば神はあなたがたを祝福するでしょう」。

われわれはそのショーのために何週間も稽古してきましたし、かなりよく準備したと思っていました。われわれは熱心な素人集団でしたが、自分たちの歌や劇や踊りに満足していました。そのショーは素晴らしく、ユーモアがあり、刺激的であるはずでした。観客はそのショーをとても気に入るはずでしたし、実際そうなりました。

しかし、最後のパフォーマンスの際に、ショーの主役が新しいことをしようと思い付きました。しかし、彼は誰にもあらかじめそのことを伝えませんでした。彼は決定的な瞬間に、われわれが稽古してきたこととまったく反対のことをしました。われわれがマンネリ化する危険に彼は気付いていましたし、もし舞台の上で彼がわれわれにショックを与えたならば、われわれの反応が一層良くなることを彼は知っていました。そして、彼は正しかったのです。われわれは皆、驚いたウサギのように飛び

上がりましたが、まるでその動きを随分長く練習してきたかのようでした。観客はそれがとても気に入りました。われわれは皆良い反応を示し、パフォーマンスは盛り上がりました。それは私たちの予想以上、期待以上の反応でした。

この章全体にわたってイエスは、自分が行っていることは人々がイエスに期待していることでないという事実を取り扱っています。イエスはそのことを知っていて、それに向き合っています。また、たとえ他の人々が想像したことでないとしても、これこそが行くべき道、神の王国へと導く道であると信じています。しかしながら、問題は先ほどの例で言えば、他の役者たちが必ずしも真意を理解しておらず、観客が混乱しかけているということです。この章で後ほど、イエスの故郷カファルナウムで人々がどんな間違った考えを抱いていたのか、また神の王国についてのイエスの新しい解釈に賛同することをどのように拒もうとしていたのかをわれわれは知るでしょう。しかし、イエスにとって耐えることがもっと難しかったに違いないことからわれわれは考えてみましょう。同労者であるイエスの従兄が疑いを抱きつつありました。いわく、イエスは台本を忘れてしまったのだろうか。イエスは自分が何をしていると思われていたか覚えていないのだろうか。

思い出してみれば、ヨハネは牢獄の中にいました。マタイはすでにこのことに触れましたし（四・一二）、その物語をより詳細に一四章三―一二節で語るでしょう。ヘロデ王はヨハネの火のような説教、特に自分の兄弟の別れた妻との結婚に対する彼の公然とした非難に腹を立てました。これらはすべて、神の王国――そして神の真の王――が近づいているというヨハネの告知の一部でした。ヨハネは、ヘロデが本当の王でないことや、神がヘロデを交代させるであろうことを告げました。ヘロデがヨハネを投獄しても何も不思議ではありません。

しかし今、牢獄でヨハネは失望していました。ヨハネはイエスが行っていることについて聞きましたが、それはヨハネがイメージしていたショーのようにはまったく思えませんでした。ヨハネはイエスが炎の男であり、エリヤが（多くのイスラエル人が**ヤハウェ**の代わりに礼拝した異教の神である）バアルの預言者たちを取り扱ったようにして、イスラエルをすっかり掃き清める人物であると期待していました。疑いなくヨハネは今やまもなくイエスがヘロデと対決し、王座から引きずり降ろし、ヘロデに代わって王となり――そしてイエスの従兄であるヨハネを出獄させ、ヨハネに名誉ある地位を与えるその日を熱望していました。

しかし、イエスはまったく異なる台本に沿って行動しているように思われました。（マタイはイエスの行動を「メシア的行為」と言っていますが、大切な点の一つは、ヨハネはそのようなものとは見ていなかったということです）。イエスは徴税人たちや（厳格なユダヤ人たちが**トーラー**を適切に守らない外部者と見なした）「罪人たち」を友に加えながら動き回っていました。イエスは高い評判を得つつありました――しかしヨハネがイエスに望んでいたことを行ったためではありません。どうなっていたのでしょうか。ヨハネが間違っていたのでしょうか。イエスは結局「来たるべき方」――あの劇が求めていた方、最後まで演じられるとヨハネが考えていた台本に書き込まれていた方――だったのでしょうか。はいでもあり、いいえでもあります。イエスは自分が本当に「来たるべき方」であると信じていましたし――マタイはわれわれにこのことをはっきり伝えようとしました。イエスは本当に**メシア**でした。しかし、イエスは劇の重要な一部を書き替えてしまい、他の役者たちは驚き、狼狽し、観客も同様でした。彼は異なる台本、異なる物語に従おうとしています。

イエスは自分のことを天から火が降ることを求めたエリヤだとは考えていませんでした。イエスはイザヤ書三五章のような章句を考えていましたが、そこでは、イスラエルが裁かれ有罪を宣告される時でなく、裁きの後に回復させられる時に起こることについての偉大な預言が記されています。捕囚は終わり、目の見えない人や足の不自由な人は癒され、神の民はついに解放されるでしょう。

イエスはヨハネが考えているよりも、物語の筋書きにおいては一歩先を進んでいました。ヨハネはイエスが裁きをもたらすことを望んでいますが――ある意味イエスはそうするでしょう。しかし、裁きの後に来る憐れみや、悲しみの後に来る癒しがすでに押し入ってきつつあり、それをもたらすことこそがイエスの務めです。イエス（またマタイ）によれば、これこそが、メシアの主要な務めです。

実際、メシアがこのようなことを行うと当時考えていた人は、イエスが唯一ではありませんでした。クムランで発見された死海文書の一つには、メシアが来る時には、病人を癒し、死者を生き返らせ、貧しい人々に福音をもたらすなどと予告する箇所があります。違いは、イエスが実際にこれらのことを行っていたということです。邪悪な人々は、裁きの使信が自分たちに狙いを定めていると（正しくも）考えて、この使信を好みません。同じく善良な人々は、時折、憐れみの使信が人々の邪悪さを咎めずに済ませることになると（間違って）考えて、この使信を好みません。

しかし憐れみは、今日の教会の働きの中心であり続けているように、イエスのメシアとしての使命の中心にありました。憐れみの道を行くことが、人々がわれわれに期待する筋書きであろうとなかろうと、われわれはこの道をこそ進まなければなりません。そしてイエスは、これこそが本当の物語だと気が付いている人々への特別な祝福を祈ります――それは哀れなヨハネを含む混乱する人々への遠回しな警告に変わります。これこそが神が働く場所と方法です。このことを認識し、かつ自分たちが他のことを期待していたからと言って気を悪くしない人々は、神の祝福を受けるでしょう。

一一章七―一五節　洗礼者ヨハネの出自

[7]使者たちが立ち去ろうとすると、イエスは群衆に向かってヨハネについて話し始めました。
イエスは尋ねました、「砂漠に出かけて行った時に、あなたがたは何を見ることを期待してい
たのでしょうか。風に揺れている葦でしょうか。[8]違うのですか。そうですね、それではあなた
がたは何を見ることを期待していたのでしょうか。絹とサテンを身に纏った誰かでしょうか。そ
のような人々を見たいのならば、誰かの王宮に行かなければならないでしょう。[9]いいでしょう、
それではあなたがたは何を見ることを期待していたのでしょうか。預言者でしょうか。ああ今や、
われわれはまもなく見ることになります。そうです本当に。しかも彼は預言者よりはるかに優っ
ています。[10]これこそが聖書が次のように語っている者です。

見よ、私はあなたより先に私の使者を送るでしょう
そして彼はあなたが通るその前にその道を整えるでしょう。

11私はあなたがたに真理を伝えます。洗礼者ヨハネは今までに母から生まれた息子の中で最も
偉大です。しかし、天の王国で最も取るに足りない人でさえも彼よりは偉大です。12洗礼者ヨハ
ネの時代から今に至るまで、天の王国は押し入られようとしています——そして力任せの人た
ちがそれをつかみ取ろうとしています。13ご存知のように預言者と律法のすべては、ヨハネの時
代までに預言しています。14実際、あなたがたは信じるでしょうか、ヨハネこそが来たるべき者、
エリヤです。15もし耳があるならば、聞きなさい」。

二〇世紀初頭の劇的な発明の一つは、自動車です。自動車はさまざまなチャンス、危険、可能性を新たにもたらしました。ここでは、そのために起こった大きな変化のほんの一つについて、しばし考えてみましょう。

馬車を作る同族経営の会社であなたが生涯にわたって働いてきたと想像してください。馬車は人々が何世紀にもわたって常に必要としてきたものであり、あなたが知る限りでは、これからも常に必要とされ続けるはずでした。あなたがたの会社は首尾良くやっています。兄弟の一人は新しいモデルを設計することに卓越しています。もう一人は少人数ながら献身的な労働者たちを監督しています。従兄の一人は注文を取ったり、以前の客たちがまだ〔購入した馬車に〕満足しているかどうか確かめるために旅して回っています。

そんなある日、もう一人の兄弟が事務所に入ってきます。彼はビジネス業界の今後の見通しについ

て話しました。彼の語ったことは多くの人々にとっては良いニュースでしたが、この同族会社にとっては悪いニュースでした。

彼は言います。「あなたがた三人はこの国で最も偉大な馬車製造業者です。あなたがたは他の誰よりも素晴らしく馬車を設計し、製造し、販売します。誰もあなたがたには及びません。しかし、次のことを伝えなければなりません。われわれがこれ以上馬車を製造することはないでしょう。というのも、今からは、自動車を工場で製造する年若い機械工の方が、あなたがたよりも素晴らしいものを作ることになるでしょうから」。

自動車の発明とそれに付随することすべてが、**神の王国**の到来と何か大いに関係があると示唆するつもりは私にはまったくありません。車は少なくとも同じ程度に祝福でもあり呪いでもありました。しかし要点はこうです。イエスは**洗礼者ヨハネ**に最大級の賛辞を呈していますが、そのような働きをする時が終わりを迎えたと言っています。天の王国が今や押し入ってこようとしていました——四章一二節において、ヨハネが投獄されたまさにその時に、王国がここにあることをどのようにイエスが告知し始めたかを思い出してください——そしてヨハネとその働きに至るまでの歴史の流れと軌跡の全体は、今や終わりを迎えようとしています。それが失敗だったからでなく、成功だったからです（ここでは馬車／自動車のイメージはあまり助けになりません）。もし**律法**と預言者に、まだ到来していない何かを待ち望むことが記されているならば、その新しいことが到来した時には、**律法**と預言者はその役目を終えて脇に置かれることになります。でも、それは**律法**と預言者が真実を語らなかったからでなく、真実を語ったからです。

これらのすべてのことの要点は、イエスが神の予定表についての新しい理解の仕方を提供しているということです。二、三の簡単な言葉でイエスは聴衆に、アブラハムとモーセから預言者たちを経て今に至るまでのイスラエルの長い歴史が、一つの長い準備期間、一つの長い用意を済ませる時間であったことを伝えています。今や準備が終わり、本番の幕が開きました。ヨハネは準備をする人たちの中で本当に最も偉大でしたが、神の王国を受け入れてそれによって生きていた――別言すればイエスの言葉を聞いてイエスに従っていた――最も取るに足りない人でさえ、彼らが成就の時を生きていたただそれだけの理由で、「もっと偉大」でした。

別言すれば、イエスが言うには、ヨハネは「来たるべき者――エリヤ」でした。三節でヨハネが自分の質問の中で言った「あなたは来たるべき方ですか」という言葉をイエスはここでおうむ返しに言っています。おそらくイエスが言っていること、あるいは少なくともほのめかしていることは、「いいえ――それはあなたです。あなたこそが炎の男であり、エリヤのような人物です。私はエリヤのような人物の後に来る者です」ということです。これはほのめかしにすぎません。だからこそ、イエスは聴衆に「聞きなさい――もし耳があるのならば」と告げているのです。これこそが、自分が何か少し謎めいたこと、すなわち、もうこれ以上詳しく説明したくはないけれども、相手が自分で理解してほしいことを言った後に付け加える言葉です。

しかし、なぜイエスは、ヨハネがエリヤのような人物で、自分はその後に来る者であると言おうとしながらも、あまり明瞭には言いたがらないのでしょうか。

その答えは、この箇所の初めの方に潜んでいますが、再びそれは謎めいていて、立ち止まって考えるときにのみ実際には明らかになります。誰がヨハネを投獄したのでしょうか。ヘロデ・アンティパスです。ヘロデはヨハネが誰だと考えたのでしょうか。ユダヤ人の王です。ヨハネはイエスが誰であってほしかったのでしょうか。メシア、すなわちユダヤ人の本当の王です。もしライバルであるユダヤ人の王がまだ捕まらないでいるとヘロデが聞いていたならば、何が起こっていたでしょうか。囚人がもう一人……しかもおそらく死刑囚がもう一人増えたことでしょう。

それでイエスは表立って公に「そうです、私こそがメシアです」とは言いませんでした。確かに、イエスはメシア的な働き（癒し）を行っていましたし、さらに行うことでしょう。また、イエスは自分の権威に基づいて教えています。さらに、イエスはイスラエルが更新されることを象徴する一二人の弟子たちを選び、イエスについてまたイエスの王国運動について国全体に告げる務めへと彼らを送り出しました。それでもイエスは、自分が王だと主張しているという噂をヘロデの宮殿に報告させないつもりでした。

その代わりにイエスは、ヨハネが誰であるか――そしてイエスが誰であるに違いないか――についてより熱心に考えるように群衆に繰り返し求めました。ヨハネは群衆が知っている王族のようではありませんでした。ヨハネはヘロデ（彼の硬貨に刻まれた紋章は風に揺れるガリラヤの葦でした）のようではまったくありませんでした。金持ちで高名な人々、特に王族が着そうな立派な衣服の類を彼は身に纏いませんでした。ヨハネは違っていました。彼は預言者でした。でも、ただの古い預言者ではなく、以前の預言者たちによって語られていたまさにその預言者でした。ヨハネこそが、神のメシアが到来した時に歩く道を準備するように定められていた人でした。

要点はこうです。イエスは群衆にただヨハネについてだけ伝えているのではありません。イエスは群衆に自分について伝えているのです——しかし遠回しにそうしているのです。イエスがメシアであると自分で公にし、宣言することは、危険であると同時に、意外なことにまったく間違いでもあります。イエスは自分がメシアであることを人々に押し付けようとしませんが、それはイエスが目指すメシアのタイプにまさに合致しています。人々は自分たちで、イエスがメシアであるという答えを見出さなければなりません。

それは、かつてそうであったように今日でも真実です。もしキリスト者としてわれわれが、自分たちが神の民であること、すなわちわれわれがイエスの弟子であり代理人であることをただ単に人々に伝えながら歩き回るならば、人々はあまり感銘を受けないでしょう。はるかにより良いことは、われわれが困難に陥った際に経験する「メシア的な出来事」(一一・二)について人々が聞き、獄中のヨハネがそうであったように、何が起こっているかと尋ねること、そして、そのような時に、人々が自分で考えて答えを出すように強いる仕方で、われわれが自分たちに起こったことを説明することです。

一一章一六—二四節　イエスが町々に有罪を宣告する

16「この時代を私はあなたがたにどのように描いてみせましょうか」とイエスは尋ねました。「それは町の広場に座って、お互いに歌を歌っている子どもの集団に似ています。17それは次のようです。

　われわれが笛を吹いた時、あなたがたは踊りませんでした。
　われわれが哀悼歌を歌った時、あなたがたは泣きませんでした。

18私は何を言いたいのでしょうか。ヨハネが現れた時、彼は普通の食べ物や飲み物を取りませ
んでした——そして人々は『さて、何が彼に取り付いているのだろう』と言いました。19それか
ら人の子がやって来て普通に食べたり飲んだりすると、人々は『ああ、彼を見なさい——がつが
つ食べたり、大酒を飲んだり、徴税人やろくでなしと付き合っている』と言います。しかし知っ
ての通り、知恵は〔言葉よりも〕行いにこそ現れます——こうして知恵は正しさを証明されるで
しょう」。

20それからイエスは、自分が力ある業の大半をそこで行った町々をそれらが悔い改めなかった
ことを理由に叱りつけ始めました。

21イエスは言いました、「コラジン、お前にとって悪い日だ。ベトサイダ、お前にとって悪い日
だ。もしお前たちが見たような力ある出来事をティルスとシドンがすでに見ていたならば、それ
らははるか昔に粗布と灰を纏って悔い改めていたでしょう。22しかし私はあなたがたにこう言え
ます。裁きの日には、ティルスとシドンの方があなたがたよりも良い時を迎えるでしょう。23カ
ファルナウム、お前についてはどうでしょうか。お前は自分が天へと高められると考えているの

でしょうね。いいえ――お前は地獄へと落とされるのです。もしお前のところで起こった力ある働きがソドムで起こっていたならば、それはまだ今日持ちこたえていたでしょう。24 しかし私はあなたがたにこう言えます。裁きの日には、ソドムの地の方があなたがたよりも良い時を迎えるでしょう。

真っ赤なスポーツカーが、マフラーからの轟音とタイヤの軋む音を響かせながら、道で私の横を颯爽とかすめて行きました。その車が角を曲がるために一瞬減速した時に、若い男が運転しているのがちらりと見えました。色の濃いサングラス、長い髪、うっすらとした髭の男でした。カーステレオからは、ロックミュージックがこれ以上にない音量で流れていました。車のリアウィンドウのステッカーには、「お前たちの母親が警戒するようにお前に言ったのは、この俺のことだ」と書かれていました。彼は明らかに自分がそういうタイプであることを誇りに思っていました。

大半の社会は、あるタイプの人々について子どもたちに警告してきましたし、古代イスラエルも例外ではありませんでした。申命記と呼ばれる文書には、イスラエルの子らが約束の地を手に入れるために川を渡る直前に、モーセによって彼らに与えられた戒めと警告が提示されていますが、そこには、あるタイプの人々がしかねないことについての明瞭な警告があります。

偽預言者たちに注意しなさい、とモーセは言いました。彼らはヤハウエに従うことからあなたがたを迷い出させようとするでしょうが、あなたがたは彼らに抵抗しなければなりません。反抗的な息子、すなわち自分の両親に従うことを拒む者に注意しなさいとモーセは言いました。こんな息子はイスラエルに悪をもたらすでしょう。それで、彼の両親は息子を町の長老たちのところへ連れて行き、長老たちによって息子を死に至らしめなければなりません。

この過酷な戒め（申二一・一八―二一）は、このような息子の両親に特別な仕方で彼を責めるように指示しています。両親はこう言わなければなりません、「われわれのこの息子は手に負えず、反抗的です。息子はわれわれに従おうとしません。息子は大食いで大酒飲みです」。それから人々はこの息子に石を投げて死に至らしめなければなりません。

しかし、こんな言葉をわれわれはどこかですでに聞かなかったでしょうか。

ここの箇所で――イエス自身の口からです。このような言葉を、イエスについて人々は言っているように思われます。いわく、彼は大食漢で酒浸り、大食いの大酒飲みで、自分でパーティを開いて飲み食いすることが好きなのです。彼は反抗的な息子で、イスラエルを迷い出させるに違いありません。おそらく彼は偽預言者でもあります。こうした非難は後でこの福音書に再び現れます。

イエスはこの言葉を聞いて、明らかに苛立たしく思いました。**洗礼者ヨハネ**は、さまざまな伝統における聖なる禁欲主義者たちと同じような禁欲生活を送りました。普通の人々には、その実行は難しいと思われましたので、人々は**悪霊**がヨハネの中に入ったのではないかと疑いさえしました。今やここにはイエス自身がいて、**天の王国**を誰も彼もと一緒に祝い、パーティを開いて神の惜しみなく与える寛大な愛と赦しを語り――一方で人々はイエスが反抗者で、行儀の悪い息子、偽預言者であると非難しました。実際のところは、もちろん、以前のように今も、人々は変化するよう促されることが好きではないのです。すなわち、誰かからまったく異なる生活を指し示されることも、新鮮なそよ風が庭を吹き抜け、古くなった花を揺らして木から落とすように、神の愛が新しい仕方でこの世界に押し入りつつあることを示されることも好きではないのです。

そして、実際にイエスが、今まで進んでいた方向に背を向けて、代わりに正反対の道を行くようにと人々に変化を促した時に、人々は確かにこうした促しが好きでないという態度を示しました。イエスの最も厳格な警告のうちのいくつかは、二〇―二四節にあるように、この促しを拒む者たちのために取って置かれています。なぜでしょうか。何が起こっていたのでしょうか。イエスはただ怒っていて、人々に呪いをかけているのでしょうか。

いいえ。これらの警告はイエスが今までに語った最も冷静で真剣な言葉の中に含まれます。何と言ってもイエスはカファルナウムに住んでいました。つまり、イエスはそこに住む人々を知っていたのです。彼らはイエスの友であり、隣人でした。そこのパン屋でイエスはパンを買いました。そこの人々にイエスはシナゴーグで会いました。そしてイエスは湖沿いに歩いてほんの少しのコラジンとベトサイダを知っていました。そして今やイエスが知っていたのは、イエスが行った多くの驚くべきことを目の当たりにしたにもかかわらず、そこの人々が神の王国についての自分たちの見方も、進むべき道も変えない決意をしていることでした。そして、その行き着く先がどこであるのかをイエスは知っていました。

王国についての彼らの見方は、革命のことばかりでした。剣、槍、急襲。傷を負う者があり、殺される者があり、最後には勝利します。暴力を打ち倒すための暴力があり、聖なる者でない戦士たちに対抗する聖戦があります。隣人を愛し、敵を憎みなさい。すなわち、もしあなたの頰を平手打ちされ、あるいは一マイル荷物運びを強いられるならば、相手の短剣で相手を突き刺しなさい。これこそが、彼らが抱いていたような王国の見方です。そしてイエスは、預言者として、また豊富な良識によって、それが行き着く先がどこであるのかを明確に理解することができました。火と硫黄が天から降り注いだソドムとゴモラにいる方が、神の戦いを悪魔の武器で戦うよりも勝っています。

イエスは王国についての異なる見方を受け入れる最後の機会を提供していました。ガリラヤ中の町や村で自分が伝えていた偉大な説教と教えにおいて、イエスはその概略を述べました。イエスは道端で、また笑いと友情に満ちた家々の中で、それをすっかり実践していました。イエスは自分の癒しの業によってそれがいかに力強いものであるかを示していました。しかし彼らはそれを望みませんでした――そして問題を避けて通るために、(「イエスは悪霊に取り付かれている」、「イエスは大食漢で酒浸りだ」、「人々がわれわれに警戒するように言ったのはイエスについてだ」というような)あらゆる言い訳をも使う用意ができていました。

人々が王国の問題を避けて通るために今日使う言い訳はどんなものでしょうか。結果としてどんなことが起こるでしょうか。神の王国のことなど基本的には知りたくないと思っている世界で、われわれはどのように神の王国を生き、それを教え続けることができるでしょうか。

一一章二五―三〇節　イエスの招き

25その時、イエスは神の方に向きを変えてこう祈りました。
「父よ、天と地の主よ、私はあなたをほめたたえます。あなたはこれらのことを賢く聡明な者
からは隠し、子たちに明らかにしました。26そうです、父よ、それこそがあなたが定めた仕方で
す。27私の父は私にすべてのものを与えました。父以外に誰も息子を知る者はいませんし、息子
――そして誰であれ息子が明らかにすることを望む者――以外に誰も父を知る者はいません」。
28「あなたは現実の苦しみを抱えていますか。私のところに来なさい。あなたは大きな荷を背負
っていますか。私のところに来なさい――私はあなたに休息を与えましょう。29私の軛を取って、
負いなさい。私から教えを受けなさい。私はあなたに優しくします。私の心が最も望まないこと
は、あなたをつらい目に遭わせることです。あなたは気が付くでしょう――休息をこそあなたが
必要としていること、あなたが休息を得るであろうことを。30私の軛は負いやすく、私の荷は運
びやすいのです」。

私は今朝、世界的に偉大なスポーツマンの一人に敬意を表する記念礼拝に行きました。コリン・カウドリーは、史上最も偉大なクリケット選手の一人でした。クリケット界のベーブ・ルースとまでは

行きませんが、それほど遠くもありません。彼は世界中で知られ、愛されていました。――特にインド、オーストラリア、パキスタン、西インド諸島では、クリケット選手たちは彼の途方もない能力を恐れかつ尊敬するようになり、また観客たちは単に選手としてだけでなく人として彼を愛するようになりました。

その礼拝は壮麗でした。賛辞が世界中から続々と届きました。前首相が式辞を述べました。彼のために特別に歌が作られました。しかし私にとって最も心動かされた瞬間は、カウドリーの息子の一人が進み出て、自分の父について語った時でした。この偉大な著名人は、晩年には世のため人のためにあらゆる機会を用いましたが、自分の子や孫たちへの近しく親密な愛を失うことは決してありませんでした。息子しか知り得なかった、また息子しか語り得なかった多くの素晴らしい物語がありました。それらを聞くことは心温まり、励まされる機会でした。

マタイのこの注目に値する箇所は、イエスが「父」と呼んだ方について同じ認識に至っていることを示しています。イエスの父についてある理由からイエスしか知らないであろうし、イエスしか語り得なかったことがいくつもありました。

ここには、イエスがおられることの意味についてのまさに核心へとわれわれを導く深い神秘があります。イエスが神の王国を告知し、また神の力強い愛を働かせて、癒し、赦し、新しい命をもたらす際に、イエスは次のことに明らかに気が付いていました。それは、宗教指導者たち、自分の弟子たち、一般の人々も含むイエスが出会った人々は皆、イエスほどにはイエスの父のことを知らないということです。

才能溢れるミュージシャンが、音を外さずに歌うことがやっとの人々の間を演奏して回ることを想像してください。それこそがイエスにとってのこの世の姿に違いありませんでした。イエスは早くから、自分には何か違うところがあり、イスラエルの神が本当は誰であり、その神が自分の民に何を求めているのかについて知り得る有利な立場に自分があることを知っていたに違いありません。

そのため、同時代人の大半が、自分が伝えていることを聞きたがっていないとイエスが知った時には、より一層苛立つことになったに違いありません。彼らの大半は、イエスが発する直接的な挑みかかる言葉に怯えていましたが、イエスにあからさまに抵抗するか、あるいはわれわれが見てきたように、イエスを信じなかったり、従わない言い訳をしていました。反対勢力は増加していました。そして不思議なことですが、その結果、イエスは、自分の父が働く仕方について、新鮮でより深い洞察を得ることになりました。そのときイエスから、賛美がほとばしり出ました。神が想定外で不思議な仕方で働いていることをイエスが垣間見たからです。

ユダヤ文学は一〇〇〇年以上もの間、賢人の知恵について熱烈に語ってきました。神は自分を畏れる者たちに知恵を与えました。すなわち、トーラー研究と信仰の実践における長い伝統が示しているのは、もっぱら律法を学び、そのより洗練された要点を何とか引き出そうとする者たちは、賢くなり、究極的には神を知るということです。イエスの時代の平均的なユダヤ人にとってこれは、はるかに手の届かないと思われる「知恵」を身に付けることでしたが、それは今日の大半の人々にとってみれば、脳外科医あるいはテスト・パイロットになることと同じほど困難に思われることでした。この「知恵」を身に付けるには、学者になり、語学と文学を訓練され、しかも重要で複雑な事柄を熟考し議論する自由な時間があることが必要でした。

イエスはそのすべてを一刀両断にしました。そんな必要はない、幼な子にさえなれば良いとイエスは宣言しました。イエスは息子がそうするようにして自分の父を知るようになりました。すなわち、父について、本で学ぶのではなく、父のいるところで生活し、父の声を聞き、徒弟《とてい》が親方から学ぶように父から学び、じっくり見て真似ることによってです。そして今やイエスが知りつつあったことは、賢い者、学識のある者は成果を得られず、かえって「小さな人々」――貧しい者、罪人、徴税人、庶民――こそ、ただイエスに従うことで、学識のある専門家よりも、神についてずっと多くのことを知りつつあるのだということです。一方、イエスの行動が自分たちの複雑な理論とは合わないと公言する学識のある専門家は、そこまで神について知ることがないでしょう。

結果としてイエスは、生ける神に向かって開いている窓として自分が行動していることを知ることになりました。イエスがいるところで、またイエスの言葉を通して、人々は「父」が本当には誰であるのかを知りつつありました。イエスにはカーテンを開け放ち、神についての真実を「明らかにする」賜物と務めがあるように思われました。そしてここでの「明らかにする」という語は〔ギリシア語では〕アポカリプス〔黙示〕であり、〔この語は〕今日でも劇的で、突然で、驚天動地な何かを指す言葉です。

それはイエスの弟子たちにとって少し怖気づくようなことでなかったでしょうか。本当の神がイエスを通してのみ知られ得ることを知ることはかなり恐ろしいことでないでしょうか。そうではありません。もし相手が誰か他の人であれば、そのように感じたかもしれません。しかし、イエスであればすべては異なりました。それは、今までで人を最も歓迎し、励ます招待状をイエスが出す機会となりました。イエスは言いました、「私のところに来なさい。そうすれば私はあなたに休息を与えましょう」。ファリサイ派の人々は、人々が「トーラーの軛」、すなわちユダヤ教の律法のすべての戒めという重荷を負うように招かれていると語りました。一方、イエスは、自分の憐れみと愛に由来するので負いやすい別の「軛」を差し出しました。

イエスに従うことは、どうしたら本当にそんなに容易くなるのでしょうか。イエスは、人々に家族、財産、自分たちの命さえも置いて行く覚悟をしなければならないと言わなかったでしょうか。ええ、イエスはそう言いました。しかし、道徳的、肉体的、感情的、経済的などのさまざまな重荷を抱え、イエスを頼る者すべてに対してイエスが差し出した安心と喜び、休息と元気の回復、これらすべてはイエスの内面性、すなわち、イエスの優しさと温かさから湧き出ています。イエスは自分の内面にあるものを惜しまず差し出しています。

ここで古い翻訳に従えば自分が「柔和で謙遜」であるとイエスが宣言する時、イエスは自分がある特別な霊的段階に到達したことを自慢してはいません。イエスがわれわれに信じるよう促しているのは、イエスは警察官のようにわれわれを監視したりしないし、怒った学校教師のようにわれわれに当たったりしないということです。そして、イエスの憐れみに自分を委ねるすべての人をイエスが歓迎することは、すなわちイエスを通して神が歓迎していることになります。これこそが、カーテンを開け放つことで「父」が本当には誰であるのかをわれわれに見させ——愛情深く、歓迎するこの神の前にわれわれが出るように促すわれわれへの招待状なのです。

一二章一—一四節　安息日の主

[1]そのころ、イエスは安息日に麦畑を通り抜けました。イエスの弟子たちは空腹で、麦の穂を
むしり取って食べ始めました。[2]ファリサイ派の人々はこれを目撃すると、イエスに言いました、

「御覧なさい。あなたの弟子たちは安息日に許されていないことを行っています」。
[3]イエスは答えました、「あなたがたはダビデがしたことを読んだことが一度もないのですか。
ダビデとその従者たちが空腹だった時に、[4]彼らは神の家の中に入り、彼も彼の従者たちも食べ
ることを許されず——祭司たちだけがその権利を持つ——聖別されたパンを食べました。[5]ある
いはあなたがたは神殿にいる祭司たちは安息日規定に反しているいくつものことを安息日に行う
——しかも彼らは罪に定められない——と律法にあるのを読まなかったのですか。[6]あなたがた
にこのことを伝えましょう。神殿よりも偉大なものがここにあります。[7]もしあなたがたが次の
言葉が意味することを知っていたならば、

私が本当に求めるのは犠牲でなく憐れみである

あなたがたは咎めるところのない人々に裁きを下さなかったでしょう。[8]そうです、知っての

通り、人の子は安息日の主でもあるのです」。
[9]イエスはその場所を去り、彼らのシナゴーグの中に入りましたが、[10]そこには片手の萎えた人
がいました。
彼らはイエスに質問しました、「安息日に癒すことは律法に適っているでしょうか」。
（彼らがこう尋ねたのはイエスを陥れて訴えるためでした。）
[11]イエスは答えました、「もし、あなたがたの一人が羊を一匹持っていて、それが安息日に溝に
落ちたとしたらどうでしょう。あなたはその羊をつかんで引っ張り出しませんか。[12]ええ、それ
では人間が羊よりもどれほどはるかに大切であるか考えてください。ですから、知っての通り、
安息日に善を行うことは許されているのです」。
[13]それからイエスは片手の萎えた人に言いました、「あなたの片手を伸ばしなさい」。彼は片手
を伸ばしました。するとその手は、もう一方の手と同じように機能を回復しました。[14]しかしフ
ァリサイ派の人々は去って行き、イエスを亡き者にしようとイエスへの陰謀をたくらみました。

数年前に私は、人生の大半をロンドンの最も貧しい地域でホームレスの人と共に働いて過ごした人の書いた本を読みました。それは、ある人々にとって実際の生活が本当にどれほど厳しく成り得るか——そして神の愛がどのように卑しさ、悲しさのただ中に入ってきて物事を好転させ得るか——についての生々しい物語でした。その核心部分で著者が何度も強調したのは、社会全般の価値観は自分たちの物質的な快適さと豊かさが保証されている限りは他人を平気でごみ山に放置するものではあるけ

れども、自分は、神が、富と財産の証しとなるものすべてよりも一人の人間のことを気にかけていると信じているということでした。本の題名はこのことすべてを一つのよく知られた章句に要約したものでした。すなわち、人は物よりも大切です。

自分と弟子たちが安息日にしていたことについてイエスが挑みかかる言葉を投げかけられた二つの物語が含まれているこの箇所は、「人は羊よりも大切です」と題することができるでしょう。もちろん、羊も確かに大切です。イエスは数章前に、神は落下したどの雀のことも知っていると語りました。しかし、人はそれよりも、はるかにずっと大切です。だからこそイエスは、自分の同時代人たちから受ける無情な偏見をいつも覆していたのです。

はっきりさせたいことがあります。イエスは安息日が悪い考えだとも、神が人々に安息日を守るように強く要求し、時には安息日を守るためには死の痛みさえ強く要求したその時から、自分の考えを変えたとも言っていません。イエスが攻撃しているのは、安息日が非常に強力な制度になり、それを厳格に守るように煽り立てている人々が、それが誰の律法であり、なぜ律法が重要であるのかを忘れてしまっているあり方です。それらの規定は、自分の民への神の愛が、彼らが熱心に働きすぎることによって決して断ち切られないためにありました。しかし、もしその戒めが厳格に適用されると、かえって神の愛が妨げられ、深刻な必要性を抱えている人々に届かず、癒されることがないならば、それは間違った戒めだったということになります。人は物よりも、たとえ「物」が聖書の律法の一部であったとしても、大切です。

そしてイエスは驚くべきことに、安息日に対する権威を〔自分は〕持っていると主張しました。

「人の子は安息日の主でもあるのです」（一二・八）。ここでの「人の子」という言い回しは、（これまでの数章においてと同じく）神の権威を担っている方としてのイエスのことを言っているように思われます。この神の権威こそが、これらの言葉と行いを、イエスが行っていることすべて、すなわち権威者たちとの最後の衝突とそれに続くイエスの死に至るすべてについてのより広い物語と結び付ける鍵語です。

その最後の衝突は、事実ここでの二つの短い物語のうちの最初の方にほのめかされています。まるでファリサイ派の人々は、自分たちがこき下ろしたい政治家の後を付けて調査報道を行う一世紀のメディアのように、イエスの弟子たちの振る舞いについてイエスに質問しました。しかしイエスは、彼らが空腹だったことや、おそらく人間の空腹は安息日規定に優先することを説明するという安易な方法を取りません。イエスは神の家においてダビデ王が行ったことについて語るという、はるかにもっと危険な賭けに出ました。これは、規定の抜け道の見つけ方についての古代の聖書の事例であるだけではありません。自分を（ダビデ王と）同列に置くことは、イエスにとってははるかにもっとインパクトがあり、はるかにもっと危険な話です。今回は、人は物よりも大切であるということだけに留まりません。それはイエスと彼の弟子たちが神殿よりも大切であるということなのです。

件の物語の当時（サム上二一・一―六）、ダビデはすでに預言者サムエルによって王として油を注がれていましたが、サウルがまだ実際の王でした。ダビデは逃亡中で、驚くことではありませんが、彼を排除することを望んでいたサウルから逃げていました。ダビデと彼の従者たちがシロの神の家に到着した時（これはもちろんエルサレム神殿が建てられる前のことです）、彼らは通常は祭司たちだけが触れることのできる特別に聖別されたパンを食用に与えられました。明らかに件の祭司たちはダビデの王としての資格を密かに支持していました。

イエスが自分と弟子たちがしていたことを説明するためにこの物語を引用した時、イエスは二つのことを言っていましたが、その両方ともイエスがどんな怒りを買ったのかを説明するものです。第一にイエスが言ったのは、自分が本当の王だということです。すなわちダビデのようにイエスは油を注がれましたが、まだ即位していませんでした（福音書物語のかなりの部分は、イエスが自分の洗礼における「油注ぎ」からどのようにして十字架における「即位」へと進んだのかを説明するものです）。第二にイエスと弟子たちは神殿自体よりももっと大切だということです。それは人が物よりも大切であるという理由だけでなく、イエスがソロモンの神殿とそこにおいて継続的に行われるすべてのことよりも大切であるという理由によってです。

これは、伝承の守護者を自認するファリサイ派の人々にとっても、この驚くべき主張の矛先が向くかもしれないすべての祭司たちにとっても、挑発的な言葉でした。イエスが最後にエルサレムに到着した時、イエスがここで言った二つのこと——自分が王であるという主張と神殿への態度——こそが、イエスを逮捕させ、裁判にかけ、殺させる原因となりました。マタイは十字架の影がすでにこの物語に垂れ込めていることをわれわれに気付かせようとしています。

あなたがたの国、教会、家族において、現実を生きる人間が必要とするものに勝って高められる危険があるのは、どんな制度でしょうか。人の子がそれらの主であることはどのような意味を持つでしょうか。

一二章一五―二一節　真の僕

15
イエスは自分に対する陰謀に気が付き、その地方を去りました。大群衆がイエスに従い、イ
エスは彼らすべてを癒しましたが、16
彼らには自分について人々に伝えないようにという厳しい
指示を与えました。17
これは預言者イザヤを通して語られたことが成就するためです。

18
見なさい。ここに私が選んだ私の僕がいます。
私の愛する者、私の心の喜び。
私の霊を私は彼の上に置きましょう、
そして彼は私の正義を知らせるでしょう
この広い世界全体に。
19
彼は議論することなく、彼は
声を張り上げることも、大声で叫ぶこともないでしょう。
街路にいる誰も聞くことはないでしょう
彼の声を。20
彼は折らないでしょう、傷を負った
葦を、また炎が揺れている灯を消すこともないでしょう、

彼の裁きが勝利を収めるまでは。
21世界は彼の名に望みを託すでしょう。

主教は自分の机に座り頭を抱え込みました。ある小教区がその音楽スタイルを変更したことに不平を言う手紙が更に三通届きました。財務委員長が報告したことには、今後六か月のうちに教区内の人々がもっと多くの献金をしなければ、いくつかの教会を閉鎖し、二、三人の司祭を解雇しなければならないでしょう。警察は、ある重大な申し立てに従って一人の教会職員を取り調べていました。主教に最も近い同僚の一人は、大手術を受けたばかりで、二か月間の病気療養が始まっていました。そして今電話で、主教の子の一人が学校で問題を起こしたことを知らされたので、主教はすぐに行かなければなりませんでした。

すべての悪いニュースで自分の頭がクラクラして主教がしばし間を置くと、彼の心に一時間かそこら前に朝の祈りで聞いた一節が思い浮かびました。それは「世界は彼の名に望みを託すでしょう」というイザヤ書を引用したマタイの言葉です。

主教は、自分がどこから見ているのか分かりませんでしたが——遠く離れたところからのように思われました——心の目でアフリカの村を見ました。そこでは若い教師が熱心なグループに向かって信仰問答を使って、大衆的な革命運動の時流に乗ることなく、大きな犠牲を伴う王国への道をイエスに従って進むことの意味について説明していました。村人の背後には、彼らがすでに建てた病院、掘った井戸が主教には見えました。それから主教はラテンアメリカの巨大な教会が貧困と絶望のただ中で神の愛を祝っているのを見ました。主教は中東の徐々に衰えていく諸教会が敵対する政府や宗教的圧力団体に取り囲まれて、西欧世界では誰も想像さえできない諸問題に直面しているのを見ました。主教は数か月前に自分が訪れたカラチから数マイル外れた村の教会に自分たちの最初の子どもを洗礼のために連れてきた若いパキスタン人夫婦の顔を見ました。そして最後に主教は、自分の教区の中の一つの小教区で前の晩に自分が堅信礼を行った一〇代の人たちを見ました。これらの物語はすべて、同じ一つの物語を語っていると主教は考えました。それは、一人の男、一つの名前、一つの希望、一つの世界についての同じ一つの物語です。ともかくも、あの手紙も、あの電話の呼び出しも、あの心配な報告もまた、その物語の一部です。ともかくも、それらはすべて、この物語に属しているのです。

そして主教はマタイがこの箇所でわれわれに伝えようとしていることのうちの何かをおそらく感じました。ここにはすべての方面からの圧力に取り囲まれているイエスがいます。イエスの弟子たちはまだイエスが何をしているのか本当には理解していません。人々は自分たちを癒し、悪霊を追い出し、自分たちのどんな必要をも満たすためにそこに居てくれるように、あらゆる方向からイエスにせがんでいます。同時にイエスに対する反対も大きくなっています。ヘロデは遠くにいるのではありません。宗教的圧力団体は騒ぎを引き起こそうとしています。イエスが悪魔と結託していると言っている人さえいます。イエスはそのすべての帰結を知っています。それでもイエスはなお進み続けます。

一つの物語がイエスの念頭にあるので、さらにイエスは進み続けます。それは真の僕の物語です。すなわち、イザヤ書にある、最も有名な預言者による最も有名な物語です。真の僕の物語は、ここでマタイが引用している章句で始まります。それはイザヤ書四二章から取られています。「ヤハウェの僕」はイザヤ書では奇妙な人物です。すなわち「ヤハウェ」の祝福と正義を世界にもたらす――この務めはイザヤ書の最初の方では**メシア**、すなわち来たるべき王に割り当てられていました――者です。しかし真の僕はどのようにして自分の務めを果たすのでしょうか。イスラエルと諸国を脅したり荒らしたりすることによるのではなく、脅迫したり戦ったりすることによってでもないように思われます。むしろ、静かで優しい癒しの働きと共に、神の愛と恵みをイスラエルと世界の闇の部分に運ぶことによってです。

マタイはイエスの働きについて、それがどこに至るのかを知った上で振り返ります。マタイはイエスのことを、真の僕として見ていますが、それはイエスが残酷な死を迎える時、すなわちわれわれの咎のために痛み、われわれの不義のために葬られた時だけでなく、すでにイエスのガリラヤでの行動スタイルにおいてもそう見ています。イエスは必要であればどこででも、騒ぎを起こすことによってではなく、癒しを与える神の愛へと人々を優しく導くことによって、神による回復をもたらしながら動き回っていました。

これこそが「その名に諸国が望みを託すであろう」方についての物語です。きっと、彼らはそうすることでしょう。

諸国は――そしてマタイの物語において明らかになるように悲しいことにイスラエルも――暴力と傲慢に傾いています。平和を求める者や、そのために働く者はいつも、結局は、より多くの金銭、より多くの土地、更なる安全、より高い地位、これらを求め、しかもそれを得るためには戦って相手を殺す覚悟がある者たちによって、怒鳴られ、沈黙させられています。この世的には偉大で強力な人々は、町中で自分たちの声が聞かれていることを確信しています。最も大声で叫ぶ人々が、最も早く〔人々を〕従わせます。しかし、それは真の僕のやり方ではありません。

この世界で先んじようと望む者も、他の人たちを押しのけがちです。もし彼らが一つの勢いの弱まった松明――棒の部分は曲がっていて折ることができ、火の部分はほとんど消えかけている――を見るならば、彼らは何も考えずにそれを踏みつけるでしょう。それは真の僕のやり方ではありません。諸国は傲慢であることに慣れています。しかし、ここには真逆な一人の僕がいます。彼は唯一の輝く光、唯一の希望溢れるしるしです。

そしてもし諸国が彼に望みを託すことができるならば、そのとき勤勉でありながら苦境にある今日の教会の働き手たち――そして助けを求めて聖書に近づく人たちや、イエスに近づく人たちすべて――は、彼に新しい希望を見出すことができます。あの主教は抱え込んでいた頭を上げて部屋を見回しました。すべての問題がまだそこにあり、彼はそれらを処理する困難な一日を過ごすことになったことでしょう。しかし彼はあの物語、すなわち真の僕の物語の一部でした。そして真の僕はそれらすべてにおいて主教と共にいて、必要であればどこででも優しく触れて癒しをもたらすことでしょう。

一二章二二―三二節　イエスとベルゼブル

22 人々はイエスのところへ悪霊に取り憑かれ、見ることも話すこともできなくさせられた一人

の男を連れて来ました。イエスは彼を癒し、その病気の人は話すことも見ることもできるように
なりました。23群衆は皆驚きました。
「彼がダビデの子でないことがあり得るでしょうか」と彼らは言いました。
24ファリサイ派の人々はこのことを聞きました。
彼らは言いました、「この男は自分が悪霊の首領ベルゼブルと結託しているので悪霊を追い出
すことができるにすぎない」。
25イエスは彼らの考えていることが分かりました。
イエスは彼らに言いました、「一つの王国が真っ二つに割れていると想像してください。その
王国は荒れ果てるでしょう。もし一つの町や一つの家庭が真っ二つに割れているならば、それは
破滅に追いやられるでしょう。26そしてもし悪魔が悪魔を追い出すならば、自分が真っ二つに割
れています——そうなれば、悪魔の王国はどのようにして立ち続けることができるでしょうか」。
27「その上、もし私がベルゼブルによって悪霊を追い出しているならば、あなたがたの仲間たち
は、自分たちが悪霊たちを追い出す時に、誰の力と結託するのでしょうか。そうです。彼らがこ
とのすべてをあなたがたに伝えるでしょう。28しかしもし私が神の霊と結託しているので悪霊を
追い出しているならば——ええ、その時には神の王国はあなたがたの家の目の前に到達している
のです」。
29「このように考えてください。あなたがたが強い男の家に押し入って家財を盗もうとしている
とします。もし最初にその強い男を縛り上げなければ、あなたがたはどうやって盗むのでしょう

か。縛り上げたならば、あなたがたは彼の家で思う存分略奪することができます。30もしあなた
がたが私に賛同していないならば、あなたがたは私に敵対しています。もしあなたがたが私と一
緒に群れを集めていないならば、あなたがたはそれを追い散らしています」。
31「ですから、このことをあなたがたに伝えましょう。人はすべての罪と冒瀆を赦されるでしょ
う。しかし、聖霊に対する冒瀆は赦されることはないでしょう。32もし誰かが人の子に敵対する
言葉を語っても、それは赦されるでしょう。しかし、もし誰かが聖霊に敵対する言葉を語るなら
ば、それはこの時代であれ来たるべき時代であれ赦されることはないでしょう」。

「彼らはどのようにしてそれを行ったのでしょうか」。

われわれはフランスの偉大な中世の大聖堂の一つの西側に立って見上げました。それは重厚で荘厳で畏敬の念を起こさせました。同時に石全体の造形が非常に美しく施されていたので、まるで天への入口が空中に浮かんでいるかのように思われました。二一世紀の建造者が利用可能なすべての現代技術をもってしてさえも、それは気の遠くなるような作業だと思うことでしょう。一〇〇〇年も前に彼らはどのようにしてそれを行ったのでしょうか。

その問いへの答えを私は知りませんが、多くの偉大な業績について同じことが問われます。例えば若いバイオリン奏者が協奏曲を奏でて聴衆を魅了する場に居合わせた際には、重厚なひと弾きと、音を空中に漂わせたまま明らかに力を入れない弾き方との組み合わせにわれわれは畏敬の念を抱きます。そして、彼女はどのようにしてそれを行うのかとわれわれは問うのです。自分たちの通常の能力を超

えた何かを見た時には、そう尋ねるのが自然です。

人々がイエスについて尋ねたのも同じ類の問いです。そして彼らは、究極的には二つの種類の答えしかできませんでした。イエスが行っていた癒しは、中世の建築家や建造者のように、立派な芸術的手腕や技術によって成し遂げることができる類のものではありません。音楽家のように、見るからに易々と舞台で演奏することができるように、長くつらい練習に時間を費やすことでもありません。そうではなくて、一つの力が働いていましたが、この力は、他のほとんどの力を恥じ入らせるほどのものでした。それはどこか他から来ていました。そしてイエスの敵は自分たちがその出所を知っていると考えていました。

その出所は悪霊の首領自身です、と彼らは言いました。「ベルゼブル」は大悪霊あるいは悪魔、「サタン」、非難する者を指す一種の冗談めかした名前です。それは文字通りには「蠅の主」あるいは「汚物の主」という意味です。もっともイエスの時代にはそれは多分、俗語の一種にすぎず、悪魔を直接的に言うことを避ける時の言い方でした。しかし、なぜ彼らはイエスが大悪霊と結託しているのではないかと考えたのでしょうか。

なぜなら、そうでなければ、イエスが本当にイスラエルの神自身の力と霊において活動しているということになるからです。そうなると、イエスが行っていた他のすべてのこと——疎外された者たちを歓迎し、すべてを逆向きにする仕方で王国を告知し、ユダヤの民族的解放計画への支持を拒むこと——このすべてが、少なくともファリサイ派の人々が考える神が望むこととは、まったく逆方向のことであるにもかかわらず、実際は神の働きであることになってしまうのです。

ですから、それは非常に強い非難であるだけではありませんでした。もっともそうでもありましたが。それは魔力を使ったという告発に等しかったのです。もし十分な数の人々が、イエスは魔術に手を出していると考えたならば、それは、すぐにもイエスの最期となったことでしょう。それはイエスの全計画、イエスの王国運動すべてを拒絶する一つの方法でした。

興味深いことには、こうした非難があるということは、マタイたちが記録したこれらの驚くべきことすべてをイエスが本当に行っていたのだろうかと思う誰に対しても、それが事実に相違ないことを示しています。福音書に記録されている驚くべき癒しを行っていた者のみが、このような非難を受けることになるからです。平凡な家の前では、あるいは素人音楽家が難しくもない楽曲に奮闘している時には、「彼らはどのようにしてそれを行っているのか」とは誰も言いません。同じように、イエスが本当に驚くべき行為をしていた場合にのみ、人々は「イエスはどのようにしてそれを行っているのか」と言うことでしょう。また、初代教会、すなわちイエス復活後の信仰深いイエスの弟子たちは、イエスが悪魔と結託していると人々から言われたなどと決して自分ででっち上げたりはしなかったとわれわれは確信できるでしょう。そうです。こんなことが起こったに違いありませんし、だからこそマタイはそう記したのです。

ここでの非難に対するイエスの答えは、癒しの業そのものとほぼ同じほど息を呑むような驚くべきものでした。イエスは自分への非難に対して、逆に次々と問いも、非難も切り返しました。イエスが言うには、悪魔が自分の働きを台無しにするという考えはおかしなものです。悪魔が誰かに、例えば空中浮遊する力や、あるいは富や名声を獲得する力を与えることを想像することはできるでしょう。

でも、もし悪魔がその人に自分の悪魔的な働きを台無しにする力を与えたならば、悪魔は本当に気が狂っているに違いありません。もし私が一つの家を建てようとするならば、請負業者にその一部を壊す権限を与えることなどしないでしょう。もし悪魔がより一層人々を支配することを望むならば、その多くを解放する力を悪魔はイエスに与えないでしょう。

さらに、少なくともその働きが一定の成功を収めているユダヤ人の悪霊払い師たちは他にもいます。彼らもまた悪魔と結託しているのでしょうか。もちろん違います。むしろイエスの働きはイエスの同時代人たちが深く待ち望んではいたものの、このようなものであるとは予想していなかった何か〔神の王国〕のしるしです。実に神の王国は彼らの所に来ようとしていました。それは、一つの無視できない力として押し入ってきて、イエスがどのようにしてそれを行っているのかという問いへの唯一の真の答えとなるのです。

実際、イエスが現在行っていることは、イエスがすでに行ってきたことのしるしです（二九—三〇節）。もしイエスが今「強い男」の財産を勝手に使っているならば、それはイエスがすでに彼を縛り上げているからに違いありません。第一にあなたがたは悪魔に対して勝利を収めなければなりません（われわれの思考はもちろんマタ四・一—一一に戻っています）。それから、あなたがたは悪魔の持ち物を略奪することができます。ここには、神の王国の前進を求めるすべての者にとって考えさせられる言葉があります。われわれは誘惑に対する最初の勝利を収めるまでの長く厳しい道筋を行く準備ができているでしょうか。

イエスの最後の警告は、しばしば信仰深い読者たちを心配させてきました。われわれはどうしたら自分たちがこの赦されざる罪を犯したかどうかを知ることができるでしょうか。しかし、この言葉は以前に述べられたことと深く関連しています。イエスは、聖霊の働きを見てそれが悪魔の行ったことに違いないと宣言することに対して警告しています。もしあなたがたがそうするならば、単にあなたがたが赦されることがないだけではありません。赦しがもたらされる道筋を自分でたった今断ち切ってしまったために、あなたがたは赦される可能性がないということです。喩えて言えば、瓶に残っているのは毒が入った水だけだと宣言した途端に、のどが渇いて死ぬことに自分たちを定めることになるようなものです。

したがって、この警告は――自分がこの罪を犯すのではないかと心配しているということは、そうでないことの十分なしるしですから――このように心配している人たちにとっては想像するほど心配すべきことではありません。しかし、イエスについて人々がどう判断するのかという観点では重大であり続けます。人々がイエスを見て「彼は気が狂っているに違いない」とか、もっとひどいことかを言うことはなお起こり得ます。しかし、もしイエスが本当に神の王国を現実のものへとしつつあったならば、それを認めずに拒むことは、あなたがた自身を神の王国がもたらすいくつもの効果、その中で赦しは主要なものの一つですが、そこから切り離すことを意味します。われわれがイエスを見て、「彼はどのようにしてそれを行ったのでしょう」と尋ねる時、それは単なる暇つぶしの好奇心の問題ではないのです。

一二章三三―四二節　ヨナのしるし

[33]イエスは続けました、「あなたがたは二つの可能性のどちらであるかを判断しなければなりま
せん。すなわち、木が良いのか〔その場合はその実は良いのです〕、あるいは木が悪いのか〔その場
合はその実は悪いのです〕。あなたがたは結局、その実によって木を知ることができます」。
[34]「あなたがたは蛇の一族です。あなたがたは内面が悪いのにどうやって良いことを言えるで
しょうか。口が語ることは心を満たしていることです。[35]良い人は良い貯蔵室から良い物を生み
出し、邪悪な人は邪悪な貯蔵室から邪悪な物を生み出します。[36]このことを伝えさせてください。
裁きの日には人々は自分たちが言う些細な言葉のすべてを、〔自分が言ったと〕認めなければなり
ません。[37]そうです。あなたがたは自分たちの言葉によって正しさを証明されもし――また自分
たちの言葉によって罪に定められもするでしょう」。
[38]律法学者とファリサイ派の人々の中のある人たちが応えて「先生、われわれはあなたからし
るしを見せていただきたいのですが」と言いました。
[39]イエスは答えました、「この邪悪で不道徳な世代はしるしを探しています。しかし――ヨナ
のしるしを除いては――何のしるしも与えられないでしょう。[40]知っての通り、ヨナは海の怪獣
の腹の中に三日三晩いました――そして同じように人の子は大地の中に三日三晩いるでしょう。
[41]ニネベの人たちは裁きの際にこの世代〔の人々〕と一緒に立ち上がり、この世代を罪に定める
でしょう。

ニネベの人たちは自分たちがヨナの警告を聞いて結局のところ悔い改めました。そして、気が付いていないかもしれませんが、何かヨナよりも偉大なものがここにあります。[42]南の国の女王は裁きの際にこの世代〔の人々〕と一緒に立ち上がり、この世代を罪に定めるでしょう。彼女は結局のところソロモンの知恵を聞くために地の果てから来ました。そして、気が付いていないかもしれませんが、何かソロモンよりも偉大なものがここにあります」。

われわれはみんな、素人探偵に扮するのが好きです。毎年新たな小説シリーズが現れます。演劇や映画でもそうですが、そこでは凶悪な犯罪が行われ、犯人を誰も探し当てることができません。小説家として最も偉大で有名な人たちの中には、小説の中に登場する同じほど有名なヒーローやヒロインを生み出した人たちもいます。こうした人たちの中でも最も知られているのは、小説家コナン・ドイルの生み出したシャーロック・ホームズです。

探偵の能力はほとんどが次の点にかかっています。すなわち、大半が事件とは無関係な大量の情報にわれわれがすっかり煙に巻かれている時に、その中から、最も関係のある一つないし二つの手掛かりを見抜く能力です。たとえわれわれが探偵小説を読み込んだ、まるで学者のようであっても、われわれは皆、あまりにも容易く筋書き、主要人物たちの人生、多数の魅力的な詳細部などに目を奪われ、最初から真実を伝えていたであろう極めて明瞭な事柄をしばしば見逃します。

イエスの敵対者たちは、何が起こっているのか自分たちが真実を知ることができるようにイエスに手掛かりを求めます。しかし、イエスはそれを提供することを拒みます。彼らはそのすべてを独力で解き明かさなければなりません——そしてイエスは敵対者たちが真実を知るには至らないことを知っています。彼らは自分たちの周辺にある本当の手掛かりに自ら背を向けてきましたし、筋書きが最後に顕わになる時には、手遅れになっているでしょう。一つの手掛かりが、しかも手掛かり以上のものが提供される時が来るでしょう。これは「彼は葬られるでしょう」と言う意味の**人の子**は三日三晩「大地の中に」いることになるでしょう。すなわち、イエスがこんな奇妙な表現を使うのは、自分の将来の運命を預言者ヨナの数奇な運命と結び付けているからです。

イエスが完全な死を迎え葬られた後に**復活**したことは、イエスの敵対者たちでさえ見逃すことのできない手掛かりとなることでしょう。しかし、イエスが復活するその時までには大事な機会は過ぎ去ってしまうでしょう。彼らは、実際に自分たちの鼻先にずっとあった手掛かりを読み解き損ねたために裁かれることになるでしょう。

イエスは、裁きの日を見据えることによって、また自分と同時代のユダヤ人たちを古代の異教徒たちと比較して劣るものと見なすことによって、論点をいっそう明らかにします。第一に、預言者ヨナの物語を考えてください。海の怪獣との途方もなく向こう見ずな冒険の後、ヨナは大都市ニネベに向かって、それがまもなく打ち倒されると警告する説教をしました。人々は自分たちの邪悪さを悔い改め、都市ニネベは救われました。第二に、（王上一〇・一—一〇によれば）シェバの女王は、はるか遠く南アラビアから古代全体で最も賢い王と称されるソロモン王の知恵を聞くために来ました。

ニネベの人々もシェバの女王も、一方は預言者を通して、他方は王を通して示されたイスラエルの神の使信に応答していました。マタイの読者はイエスが預言者であることをすでに知っており、さらにイエスが真の王、メシアでもあるのではないかと思うようになりました。イエスが預言者でも王でもあることは、ヨナよりもソロモンよりも偉大なものがここにあるというイエスの宣言によって、強く支持されています。

したがって、これこそが一世紀の探偵がイエスに目を向ける時に取り上げるべきであった――そして律法学者たちとファリサイ派の人々が見損なっていた――警告の内容です。この章句は、先に述べられていたイエスが悪魔と結託していたかどうかについての論争と非常に密接につながっています。イエスが言うには、彼らは選択を迫られています（三三―三四節）。木とその実は良いか悪いかいずれかです。別言すれば、イエスが行っていることは、ことごとく良いか、ことごとく悪いかいずれかです。すなわち、徹頭徹尾神の業であるか、悪魔の業であるかいずれかです。

ここで言われていることは確かに明瞭です。イエスが行っていたこと、すなわちあらゆる類の病を癒していることを見ることによって、神が本当にイエスの中で働いていることを彼らは理解できたはずでした。しかし、イエスは次に論点を移します（三五―三七節）。たとえイエスが行っていることを彼らが理解できなくとも、少なくとも自分たち自身の振る舞いについて警告を受け取ることができたはずです。彼らの発言――彼らがイエスは魔術を使っていると非難したばかりであることを思い出してください――は、彼らの心に実際に何があるのかを示すでしょう。何気ない言葉はいつも奥底の気持ちを顕わにします。イエスはそのことをジークムント・フロイトが（有名な「フロイト的失言」――すなわち誰かが隠そうとしている秘密が押し留める間もなく口からポンと出てくること――において）述べるよりもずっと前に述べました。結果として、何気ない言葉は、本当に重要なこと、すなわち心の状態についての信頼に足る指標として裁きの日に使われるでしょう。

そのため、敵対者たちに対するイエスの非難は、彼らが自分の見方に縛られて、手掛かりを見抜くことができない探偵小説の読者たちのようである、というものです。同じ問いが、われわれに対しても、またわれわれが〔それについて〕説教し〔われわれ自身がそれに従って〕生きている使信を聞く人々に対しても、重くのしかかっています。われわれは、また彼らは、イエスの生涯と働きにおいて起こっていることの中心に気が付くことができるでしょうか。また、われわれは、今日の教会と世界に起こっていることの中心に気が付くことができるでしょうか。裁きの日には、ヨナとソロモンに耳を傾けた古代の異教徒たちは、彼らが小さな手掛かりに気付いたのに、われわれの方は大きくて明らかな手掛かりさえ見損なったと言わざるを得ないのでしょうか。

一二章四三—五〇節　イエスの真の家族

[43]イエスは続けました、「汚れた霊がある人から出ると、水のない場所を通ってどこか休む場所を探して歩き回りますが、どこにも見出しません。[44]そこで汚れた霊は言います、『私は自分がそこから去った自分の家に戻ろう』。着いてみると、そこが空いていて清潔で整理されているのに気が付きました。[45]そこで、汚れた霊は出かけると自分よりも悪い霊である七つの他の霊をそこに一緒に入るために集めます。それらはそこに入り、そこを居に定めます。この可哀そうな人の

暮らし振りは、始まりの際よりも結果として悪くなります。そしてそれこそが、この邪悪な世代
に起こるであろうことです」。
46イエスが群衆に話していた間に、突然、イエスの母と兄弟たちがイエスに話しかける機会を
求めてやって来て外に立ちました。
47誰かがイエスに言いました、「ご覧なさい、あなたの母と兄弟たちがあなたに話しかけたくて
外に立っています」。
48自分に話しかけた人に向かってイエスは言いました、「私の母とは誰ですか。私の兄弟たちと
は誰ですか」。
49それからイエスは自分の片手を弟子たちの方へ伸ばしました。
イエスは言いました、「ご覧なさい。ここに私の母と私の兄弟たちがいます。
50そうです。私の
天の父が望むことを行う人は誰でも、私の兄弟であり、私の姉妹であり、私の母です」。

私の牧会者としての働きの中で最も悲しい瞬間の一つが、数年前私が刑務所の中で一人の男と接した時にやって来ました。彼は大掛かりなビジネス詐欺の廉で数年間の刑務所務めをした後、刑期の終わりを迎えようとしていました。刑務所にいる間に、彼はたくさんのことを考え、たくさんの本を読みました。そのことを通して、彼は純粋なキリスト教信仰を持ったように思われました。彼は今や新約聖書を研究することができるようにギリシア語を習いたがっていましたし、神学研究の他の分野にも関心を抱いていました。私といく人かでできるだけ彼の手助けをしました。彼は純粋で、誠実で、

良い生徒で、謙遜で、学ぶことに熱心であるように思われました。

ところが、刑期が終わり、彼が釈放されると、私は気掛かりな話を聞くようになりました。彼は仕事を得ようとして経歴をでっち上げました。彼は偽の身分証明を使っていました。私がそのことについて彼に面と向かって問うと、彼はそれを撥ね付けました。すなわち、彼が言ったことには、それはすべて他の誰かが引き起こした混乱であって、今はすでに解決済みとのことでした。私が再び彼から連絡をもらうことは決してありませんでした。何と悲しいことでしょう。この男の〔生活態度という〕家は掃除され、整理され、片付けられていましたが、嘘をついたり、偽の世界を作ってそこに住む癖は、すぐに戻って来てしまい、屈辱的であった刑務所時代の彼の良い決心は、すべて消え失せました。

もちろん、犯罪行為のために罰せられた後に、本物で持続する個人的な改心に成功する多くの人々がいます。こうした改心は起こり得ますし、実際起こっています。しかし、私が刑務所で出会った男の話は、イエスが述べたことの要点についてのあまりにもぴったりな実例となっています。すなわち、改心が本物であるなら、長続きしなければならないのです。イエスは個人についてだけでなく、一世代のすべての人々、自分の同時代人たち、自分の説教を聞き、自分が行っていたことを見た人々について語っていました。

どのような意味で彼らは改心する必要があったのでしょうか。思い返せば、過去何年にもわたって、ユダヤ教では信仰復興や刷新をもたらそうとするいくつもの試みがありました。イエスの時代から二〇〇年前には、異教徒の支配者（誇大妄想のシリア王、アンティオコス・エピファネス）がエルサレム神殿を異教の神殿に変えてしまった後に、大蜂起がありました。ユダ・マカバイと彼の盟友たちは、シリア人を打ち負かし、神殿を清め、一〇〇年間続く新しい王朝を打ち立てました。しかし、それで諸問題は解決しませんでした。イスラエルは罪深いままでいて、その状態に妥協していました。

そこで、少なくとも二つのグループが、問題の核心に迫ろうと企てて、自分たちの改革を試みました。**ファリサイ派**の人々は、圧力団体としてイスラエルを内面的にも外面的にもあらゆる類の異教的信仰から解放するという観点から、人々がより徹底的で完全に**律法**を守るようにさせようとし始めました。**エッセネ派**は、自分たち自身の厳しい規則によって生活する、より一層厳格な宗派でした。さらには、イエス誕生の数年前からイエスが成長するまでの期間に、ヘロデとその家族は神殿を再建して、それを世界のあらゆる場所にある建物の中で最も美しい建物の一つにしました。多くの人々は、イスラエルの神である、**ヤハウエ**が、ずっと昔にその神殿を見捨てたけれども、おそらく今や神殿に戻った、と信じていました。

そうではない、とイエスは言います。この世代は、悪霊を追い出してもらったけれども**悪霊**が戻って来て——他のいくつもの悪霊と一緒に——「再び取り憑く」かもしれない人に似ています。いいでしょう、あなたがたは自分たちの大改革を成し遂げましたし、それはそれなりに上手く行っています。あなたがたは、律法の教えと個人的敬虔についての新しいプログラムによって精一杯、掃除しきれいにしました。神殿はそこに建っていて、きちんと機能しています。しかし、それはまだ中身が空っぽです。悪霊は戻って来るでしょう。そしてこの世代は以前よりも結果としてより悪くなるでしょう。

これらのことすべてによってイエスが何を言おうとしたか理解するのは難しくありません。イエスは、誰かが悪霊を追い出してもらった時に何が起こるのか描写したかったのではありません。もしこれが悪霊払いの後によく起こることならば、そもそもこんなことはしない方が良いでしょう。自分の力の出所についての長い議論の終わりに、イエスは自分の同郷の人々が直面していた危険について鋭く論じるために、「再び取り憑かれること」の危険を引き合いに出しました。彼らはあらゆる類の改革を成し遂げましたが、その「家」が新しい「住人」を得なければ、彼らがすでに追い出した悪霊たちは他の者たちと一緒に戻って来るでしょう。傲慢さ、暴力、憎しみ、闇、時には神の意志への従順さを装うこと――これらのことすべてが入り込んで来て、すべてを台無しにするでしょう。イエスはこれらの悪しきことすべてを悔い改めて、イエスの王国の流儀を受け入れるように彼らを促しましたが、彼らはそうしませんでした。彼らは、自分たちが災難を招いていることを知る必要がありました。

この箇所は、イエスとその家族との間で繰り広げられた一風変わっているものの示唆的な一コマで終わっています。類似の箇所でマルコは、イエスが正気であるかどうかイエスの家族は心配していたと語っています（三・二一）。したがって、ここでの言外の意味は確かに、イエスが自分の家族の存在を、心をかき乱す、邪魔な物と見なしているということのように思われます。しかし、ここで大切な点は、イエスの実の家族について否定的に語っているということよりも、むしろイエスの弟子たちについてはっきりと肯定的に語っているということです。イエスが語る王国の教えに耳を傾けることによって、弟子たちは神の意志を行っているとイエスは宣言します。したがって、弟子たちはイエスの真の家族なのです。

この章の大半で、イエスは、自分とその働きを危険で、破壊的で、ことによると悪魔的かもしれないと見なす人々によって責め立てられ、攻撃されてきました。しかし、こうした反対勢力に脅されていない人々もいます――彼らはここではイエスの周りに座っています。彼らは、自分たちがイエスに耳を傾ける時に、まったく新しい仕方で、自分たちは神の現臨と神の意志の実行へと導かれていることを見出しつつあります。

もちろん、今日自分たちがイエスに学ぶ際にはわれわれすべても同じように促されます。イエスが言うことにわれわれが耳を傾け、イエスが行うことをじっくり見る際に、われわれは深々と座ってイエスを批判するのでしょうか。われわれは、「ちょっと待ってください。あなたはなぜそのように行うのですか」と言って割って入りたいのでしょうか。あるいは、へりくだって耳を傾け、続いて従順に行動することによって、イエスが「父」と呼んだ方との新しい関係へと自分たちが導かれることを学ぶのでしょうか。

一三章一―九節　種を蒔く人の譬え

[1]まさにその日、イエスはその家を出て、湖のほとりに座りました。[2]大群衆がイエスの周りに集まったので、イエスは舟に乗って座りました。全群衆は岸に立っていました。
[3]イエスには彼らに語ることがたくさんありましたが、イエスはそのすべてを譬えで語りました。
「聞きなさい」とイエスは言いました。「かつて一人の種を蒔く人がいて、種を蒔きに出かけま

した。4彼が種を蒔くと、ある種は小道のそばに落ち、鳥たちが来て、それをすっかり食べまし
た。5ある種は土があまりない岩だらけの土の上に落ちました。それは土が深くなかったのです
ぐに芽を出しました。6しかし太陽が高く上ると、それは焦がされて、根がまったく無かったの
で枯れました。7他の種は茨の間に落ち、茨が成長して、その息の根を止めました。8また他の種
は良い土に落ち、実を結び、あるものは一〇〇倍以上、あるものは六〇倍、あるものは三〇倍以
上になりました。9もしあなたがたに耳があるならば聞きなさい。

われわれはある春の朝、ガリラヤ湖の岸に立ちました。われわれは五、六〇人ほどでしたが、上方の道沿いに停まったバスから、湖が太陽の光にきらめくところへと歩いて降りました。そこは穏やかで静かでした。その土地は湖岸から急な上り坂になっていて、狭い入り江の周りでは鋭く曲がっていました。そのような入り江がいくつか、ちょうどカファルナウムの西方に向かって見られます。

われわれのガイドは、万事心得ていました。彼はすでに地元の漁師に小さな舟を持ってくるように頼んでいました。われわれを岸に残して彼が舟に乗ると、彼らは舟を出して、入り江の真ん中へ向かって漕ぎ出しました。それからこのガイドは舟の中で立ち上がり、叫ばなくとも聞こえる澄んだ声で、この物語、すなわち種を蒔く人の譬えをわれわれに読み聞かせました。われわれは驚きました。彼の澄んだ歯切れのよい声は、朝の空気の中で水の上を渡ってわれわれのところへと届きました。入り江の急な土手は、完璧な音響効果を備えた良く設計された劇場のような働きをしました。われわれは聞きながらそこに立って、われわれよりも何倍もの群衆が二〇〇〇年前にもう一つの舟からのもう一つ

の声を聞いていたことを想像していました。イエスは一度に四、五〇〇〇人に話しかけ、彼ら皆に自分が言っていることを聞かせる完璧な方法を見出していました。

でもイエスだけが、万事心得ていたのではありません。マタイも心得たもので、この長い章を構成する〔いくつもの〕譬えを一つに集めて、彼の福音書全体のほぼ中心に置きました。一三章は、この福音書を組成している五つの「説教群」（マタ五―七、一〇、一三、一八、二三―二五章）の三番目に当たります。これらの物語風の譬えは、福音書の物語の中で今までに起こったことすべてを一つにまとめ、また、これからなお起こることを先立って指し示しています。特に、譬えの中のいくつかは、神がすべての邪悪を根絶することによって最終的に王国を打ち立てる来たるべき大審判へのいくつもの警告を見据えています。

しかしながら、果たしてこれらの物語風の譬えは基本的にこうした裁きについて語っているのでしょうか。イエスの聴衆の大半は、神がこの世界を裁き、正しい者を邪悪な者から分離する時が来ることをすでに信じていなかったでしょうか。彼らは、自分たち（もちろん正しい者）が迫害から救い出され、自分たちの敵（もちろん邪悪な者たち）が厳しく罰せられるその日を待ち望んでいなかったでしょうか。

そうです、彼らは確かに待ち望んでいました。でも、彼らが来て湖畔の入り江の周りに立ったのは、誰かがそのことを言うのを聞くためにだけではなかったでしょう。彼らが来たのはまったく異なる理由からでした。彼らが来たのは、裁きがすでに始まりつつあり、イエスはその一部であると彼らが考え始めていたからです。彼らが来たのは、イエスが次の二つのことについて、もっと詳しく自分たちに伝えるだろうと期待したからです。それは一つには、唯一の真の神が彼らを敵からその場ですぐに救い出す自分の働きをどのように始めているかについて、もう一つには、おそらくその過程においてどのような手伝いを彼らに求めているかについてです。彼らは、特に、多くの人が支持する軍事的革命の類のことについて、たくさんのことを考えていました。この人は、一種の戦闘準備令を発しようとする新しい預言者なのだろうか、と彼らはイエスについて考えていたのです。

もちろん彼らが求めていたことは、いくつもの古い預言が成就することでした。彼らは、反抗する神の民に対する長い期間にわたる神の怒り――それから新しい日の幕開け――について語る昔からのいくつもの聖なる文書をシナゴーグにおいて聞きましたし、彼らの中には自分で学んだ者もいました。その新しい日には、彼らは邪悪から救い出されるでしょう。農夫が新しい耕作年を始めるように、神は自分の畑に収穫をもたらす作物の種を蒔くでしょう。イザヤ、エレミヤ、そして他の預言者たちは、このように語りました。種蒔きと収穫は、神の創造した秩序の一部ですが、長い間、創造主である神が自分の民を罪から贖い、捕囚から解き放ち、迫害から救い出すためにどのように行動するのかを表すイメージとして用いられました。

そして今やここに、驚くべき出来事をいくつも行い、そのことで彼こそがそれらのすべてをもたらす方ではないだろうかと人々に思わせた一人の若い預言者がいました。彼らが彼に従ったのも少しも不思議ではありません。そして、種を蒔いている農夫について彼が話し始めた時、彼は舟の中で座りましたが、彼らが湖岸に静かに立ち（その文化では教師は座り、生徒は立ちました）、一言であれ聞き漏らすことになるかもしれない、いかなる音や風にも憤慨しながら、熱心に聞いたのも少しも不思議ではありません。

しかし、彼が語った物語風の譬えは、彼らが期待していたようなものではありませんでした。神がイエスラエルをついに定められた土地に蒔くことで、彼らがいつも夢に描いていたような偉大さを回復させるという物語ではありませんでした。それは失敗あり成功ありの物語でしたし、謎めいていました。イエスは「もしあなたがたに耳があるならば聞きなさい」と言いましたが、これは彼が次のように言いたかったのだという事実にわれわれは注意を促されるでしょう。すなわち、イエスが言いたかったのは、「このことは誰にとっても明らかなことではないと知っています。あなたがたはそれについて考えなければならなくなるでしょう」ということです。イエスが望んだのは、自分が言っていることと彼らが格闘すること、それについて自分たちの中で話すこと、それをとことん考えることでした。


イエスの望むことを行ったときに、彼らは何を考え付いたでしょうか。私が考えるに、それがイスラエルの物語を遠回しに語っていると考えた人もいたでしょう。この理解によれば、神は王たち、預言者たち、祭司たちを送りましたが、誰も実際のところ成功しませんでした。今や神は成功しそうな誰かを送ろうとしています。ちょうど畑の種のように。すなわち、無駄になるものもありますが、ついに実を結ぶものもあります。これこそが、申し分なく良き知らせでしょう。

他の人たちは、それが非常に奇妙な物語だと考えたかもしれません。いったいどんな農夫がこのように、蒔いた種の三分の二を無駄にするでしょうか。おそらくイエスは、起伏の多い丘陵地帯での農業が抱える一般的な問題を、要点を明らかにするために誇張していましたが、その要点とは何だったのでしょうか。神は、王国を打ち立てるという自分の計画に困難を感じていたのでしょうか。人々はもっと長く待たなければならなくなるのでしょうか。イエスはどんな大収穫が生じると考えたのでしょうか――一〇〇倍という収穫はいかにも壮大でした。それはどのようにして起こるのでしょうか。

しかしそれでも、隠された意味を受け取り損ねた人は誰もいなかったでしょう。そうです、イエスが言っていたのはこうです。あなたがたが本当に待ち望み、祈り求めてきたことが、実現しようとしています。私はそれを実現させるためにここにいます。あなたがたが理解するのが難しいからと言って、それが真実でないというわけではありません。私に付いて来なさい。私の言うことに耳を傾けなさい。その意味を見つけ出しなさい。何度もここに立ち帰りなさい。

あの日湖岸にいた群衆のように、われわれの課題は、われわれが聖書を読み、現代における神の働きについて考える際に何度でも、それをとことん考え、その意味を見つけ出すことです。マタイ福音書には、われわれがそのように行うことを助ける意図があります。それはいつも容易というわけではないでしょう。キリスト教で重要なのは、われわれの気持ちを楽にさせる居心地の良い小さな教訓ではありません。キリスト教で重要なのは、神が世界で何をしているか――神がすでにイエスにおいて何を行ったか、また神がわれわれを通して今日何をしたいのか――ということです。人々に耳を傾けさせるために、どんな類の物語をわれわれは話していくべきでしょうか。どこでわれわれが語れば、湖岸にいた群衆のように人々は聞くのでしょうか。

一三章一〇―一七節　譬えで語る理由

10イエスの弟子たちがイエスのところにやって来ました。
彼らは尋ねました、「なぜあなたは人々に譬えで語っているのですか」。
11イエスは答えました、「あなたがたには天の王国の秘密を知るという賜物が与えられています
が、彼らには与えられていません。12すでに何かを持っている者は誰でも、もっと与えられ、多
くを持つでしょう。しかし、何も持っていない者は誰でも――自分たちが持っているものさえも
奪われるでしょう。13それこそが、私が彼らに譬えで語る理由であり、そのため彼らは見ても分
からず、聞いても理解しないか一部しか理解しません。14イザヤの預言は彼らにおいて成就しよ
うとしています。

あなたがたは何度も聞くけれども理解しないでしょうし、
あなたがたは何度も見るけれども分からないでしょう。
15この人々の心は締まりなく太ってしまい、
彼らの耳は音が消されて鈍くなり、
そのため彼らは自分たちの目で見ることがなく、

自分たちの耳で聞くことがなく、自分たちの心で分かることがなく、
再び向き直って癒やされないでしょう。

[16]しかし、あなたがたの目にとっての大ニュースがあります。その目は見ることができます。
また、あなたがたの耳にとっての大ニュースがあります。その耳は聞くことができます。[17]私は
あなたがたに真理を伝えます。多くの預言者たちと聖なる人々は、あなたがたが見ているものを
見ることを待ち望みましたが、それを見ませんでしたし、あなたがたが聞いているものを聞くこ
とを待ち望みましたが、それを聞きませんでした」。

われわれはある風の強い日に木を植えるために出かけました。冬の嵐が古い教会を囲んでいた楢の木の何本かに被害をもたらしたので、それらを取り除いて新しい木を植えることにしたのです。実際に木を植えるのは、七歳から九歳までの地元の学校の生徒たちが行うことになっていました。彼らはそれまでに木を植えたことが一度もありませんでした。私が考えるに、彼らの中にはそれまでに一本の木が、どのようにして今の姿になったのかを一度も考えたことがない者もいました。われわれは、まだ元気で力強く生えている木々を見ながら、木を植えるためにすでに掘られた小さな穴の横に立ちました。

「皆さんはこれらの木がどれぐらい長い間成長し続けていると思いますか」と学校の先生が尋ねました。子どもたちは横目で大きな古い木々を見上げました。

ました。

「五〇年ですか」と一人が言いました。

「一〇〇年ですか」ともう一人が言いました。

「いいえ、実際はおよそ二〇〇年です。そして、それらの木はまだ成長しています」と先生が言いました。

子どもたちは驚いて顔を見合わせました。

「私のパパは四二歳です」と一人が利発そうに言いました。

「私のママは三五歳です」ともう一人が、同じことを何とか別の言い方で言おうと苦労しながら言いました。

「では、私たちが植えようとしているこれらの木がすっかり成長するまでにどれくらいかかりますか」と他の子が言いました。

先生は微笑みました。「少なくとも一〇〇年です」と彼女は言いました。「あなたがたが一五〇歳になったら戻ってきて、これらの木がどうなっているか見てみたらどうですか」。

大聖堂を設計する建築家と同じように、木を植える人は、その木が一番大きく成長するのを自分が生きているあいだに見ることはないと知っていながら植えるのです。

この箇所でイエスは、**天の王国**の種が蒔かれた時のことを思い起こしています。預言者たちは天の王国のことを語ってきました。聖なる人々は、天の王国が来ることを祈ってきました。勤勉で忠実な人々は、土を耕し、〔旧約〕聖書を研究し、王国を待ち望みました。そして彼らはそれが到来する前に死去しました。

今や、湖岸のそばでイエスはこう言うのです。自分の弟子たちは、若者で、こうしたことすべてを行ってきたわけではないけれども、ついにその日の夜が明けるのを〔まもなく〕見るでしょう。彼らは、数百年前に植えられた大きな樒の木々のそばに立っている小さな子たちのようでした。そして、それらの子たちのように、弟子たちは何が起こっているのかについても、そのすべてがどのような結果になるのかについても、部分的に理解していたにすぎません。

天の王国を建設するためには、いまやそれが起こりつつあると宣言し、またそれを生じさせるために戦いが必要であれば、どんな戦いであろうと出かけて行って戦うだけだと、弟子たちは十中八九考えたことでしょう。それこそが、イエスの時代の他の王国運動のありさまでした。そこでは、戦いに勝つことが、すなわち神があなたがたに勝利を与えることが、その運動が本物である証拠だと考えられていました。

そうであれば、なぜ部分的にしか人々が理解できないこれらの物語をイエスは語っていたのだろうかと弟子たちは不思議に思いました。なぜイエスは群衆を奮起させて行動させようとしていなかったのでしょうか。なぜイエスは彼らに考えさせていながら、彼らに答えを伝えていなかったのでしょうか。われわれは木がすぐにすっかり成長することを望む子のような、弟子たちの欲求不満を次の言葉の中にも感じることができます。「なぜあなたは彼らに譬えで語るのですか」。

イエスの答えは譬えと同じように混乱させ、動揺させるものでした。イエスは弟子たちをもう一度預言者たちへ、すなわちイザヤ書の一つの箇所へと連れ戻します。そこでは預言者イザヤが、自分の言葉が引き起こすであろうことを知っている反応について語っています。イザヤの時代のイスラエルは邪悪で冷酷でしたし、イザヤの使信は確かに本当に救いの約束を含んでいたにもかかわらず、その約束は恐ろしい裁きの向こう側でのみ成就されるものでした。若芽が成長し始めるためには、その前に、大きな木々は倒されなければならないでしょう（イザ一〇・三三―一一・三）。神は木を切り倒し、切り株だけが残るまでどんどん木を刈り込むでしょう（イザ六・九―一三）。しかし、その後で切り株の中に新しい命が隠れていたことを神は明らかにするでしょう。

では、その命とは何だったのでしょうか。「聖なる種」（六・一三）です。預言者が、いつか何年も後に、新しい一つの種、一つの若芽が生じて裁きの向こう側に憐れみをもたらすことを約束しているまさにこの章句をイエスは引用します。そしてイエスがそうするのは――そうです――種についてのこれらの物語のすべてを語る理由を説明するためです。

この章句が本当に悩ましいのは、王国がついに現れるのを見るために、人々が非常に長く待ち続けなければならなかったことだけではありません。最も大きな問題は、王国がついに現れつつあるからには、裁きと憐れみの両方がもたらされつつあるということです。そして、裁きの一部は、神が行っていることを人々は何度も見るけれども、分からないということです。人々はイエスが言っていることを何度も聞くけれども、理解できずに終わるでしょう。音痴な人々が交響曲に耳を傾けるように、彼らは何が重要であるのかまったく分からないでしょう。

イエスは、実際に人々が見ても分からず、聞いても理解できないのを見て、このことさえも神の目的の枠外ではないと悟ります。イエスの最も近くの弟子たちは理解するでしょうし、実際にすでに理解し始めています。もっとも、弟子たちにも理解し難いと思われることがなお多くやって来ることでしょうが。昔の神の民が見聞きすることを待ち望んだいくつものことを彼らは本当に見聞きしています。しかし、木は切り倒されて、切り株にならなければなりません。不忠実な神の民の上に裁きが下った後に、裁きに代わって憐れみが育つのです。そして、この警告の中に隠されて、あの約束があります。すなわち、イエスがその民に先んじて進み、自分がその裁きの矢面に立つことになるという約束です。

このすべては将来のことです。なぜイエスがこのように教えなければならないかを弟子たちが理解できない理由は、なぜ彼が十字架上で死ぬためにエルサレムに行かなければならないかを彼らが理解できない理由と密接に関連しています。譬えで語る理由は、イエスの働き全体の意味の最も深い核心部の一部です。

したがって、譬えは人々が深層の抽象的な真実を何とか理解することを助けるための単なる気の利いた分かりやすい説明ではありません。実際、譬えが語る真実は、ちっとも抽象的ではありません。すなわち、それは神がイエスとその働きにおいて、直々に具体的に行っていることであり、また神がイエスの死と復活を通して行うことです。神はイエスを通して、本当に再びイスラエルという種を蒔き、神の民をもう一回植えています。しかし、それは大半の人々が予想していたもののようには見えません。

われわれは予想外のことに準備ができているでしょうか。それとも、われわれにも次のような危険があるでしょうか。すなわち、神がわれわれの生活や教会や世界において何を行っているはずであるかわれわれが頭から決め付けすぎていて、せっかく実際にはかなり違ったものになると神がわれわれに伝えようとしているのに、その神に対して目が見えず、耳が聞こえなくなっているという危険が。

一三章一八―二三節　種を蒔く人の譬えの説明

[18]「いいですか、では」とイエスは続けました。「種を蒔く人の物語で最も大切なことは、こう
です。[19]誰かが王国の言葉を聞いてもそれを理解しないならば、邪悪な者が来て彼らの心の中に
蒔かれたものを奪います。これは小道のそばに蒔かれたもののことです。[20]岩だらけの土の上に
蒔かれたものは、言葉を聞いてそれを喜んですぐに受け入れる人ですが、[21]自分たちにはいかな
る根もありません。そのような人は、短期間しか持続しません。言葉のために何であれ困難や
迫害があると途端に、彼らはすぐにつまずきます。[22]茨の間に蒔かれたものは言葉を聞く者です
が、この世の心配事と富の誘惑が言葉の息の根を止めてしまい、それは実を結びません。[23]しか
し、良い土に蒔かれたものは、言葉を聞いてそれを理解する者です。そのような者は実を結び、
ある者は一〇〇倍以上、他の者は六〇倍、他の者は三〇倍以上になるでしょう。

私は立ち止まり、混乱していました。私の右側には高い生け垣があり、左側にも生け垣がありました。そして今や、私の真正面にも第三の高い生け垣がありました。この狭いスペースの地面の草はぺちゃんこになっていました。他の多くの人々が私より前にここにいたことは明らかでした。私は、大

きなカントリー・ハウスの庭に配置された迷路、巨大な幾何学的な迷宮にいました。私はそこで完全に迷子になりました。

私は容易に抜け出せると考えていましたが、もちろん迷路を設計する人々は、そんなことはお見通しです。彼らは人を中へと誘い入れ、自分たちの進む方向を決めるように促しますが、そうすると行き止まりの連続へと導かれることになります。私は今やその一つにいました。私のグループの他の人々は、迷路に挑戦するという私の子どもじみた願いをあざ笑いましたが、それでも私のことを待っていることでしょう。私は降参して自分のポケットから地図を取り出しました。

私は地図を見て二つのことを見つける必要がありました。第一に自分がどこにいるのか、第二に私が行きたい場所にどうやって行くのかでした（私は独力ではその道を見つけられませんでしたが、まだ迷路の中心を訪れると心に決めていました）。どちらも思ったほど容易ではありませんでした。その地図自体には通路がたくさん記されていて、自分がどれに入り込んだのか探し当てるには、かなりの時間がかかりました。しかしついに、私は自分の居場所を探し当て、中心に辿り着き、それから出口を見つけました。もし私が出口を見つけていなかったならば、私はまだその中にいて、あなたがたはこの本を読んでいなかったことでしょう。

イエスの譬えの多くは迷路に似ていて、事柄の中心に辿り着く道を独力で探し当てるように聴衆が挑まれる設計になっています。時折聴衆は簡単に迷子になりましたが、イエスはそこで彼らが自分たちの居場所が分かるように一つの地図を提供しました。実際、古代ユダヤの伝統では、特に見た人（あるいはそれについて読んだ人々）がその意味を探し当てるのが困難であろう劇的で象徴的な幻の後に、こうした説明を提供することがありました。

一つの良い例がダニエル書七章にありますが、この箇所に、イエスと弟子たちは——おそらく彼らの時代のユダヤ人たちの間ですでに好まれていたので——しばしば言及しました。その章は、海から〔四頭の〕怪獣たちが現れる幻で始まり、中心的な怪獣が断罪され、人間の姿をした「人の子のような方」が、正しさを証明される天での法廷の場面に至ります。それから説明が加えられます。すなわち、四頭の怪獣は四つの王国を表し、人間の姿をした者は神の民を表します。この幻と説明の組み合わせこそが、迷路と地図の関係と同じ類のものであり、イエスの聴衆の中にはこうしたことに慣れ親しんでいた人がいたかもしれません。そして、イエスが語った種を蒔く人の譬えとその解釈も、同じ類のものです。

地図の目的は、自分たちが迷路のどこにいるのか分かるように助けることと、自分たちが行きたい場所にどうやって辿り着くのか分かるように助けることです。ほとんどの迷路がそうであるように、間違った行き方はいくつもありますが、正しい行き方は一つしかありません。イエスはすでに、神の王国についての自分の告知に対する多くの人々の反応の中に、いずれも行き止まりに至る共通パターンがいくつかあることを見てきました。しかし、これらの反応とは異なる一つの反応があることもイエスは知っています。こちらの反応をする人は、神の新しい働きの一部となり、大収穫をもたらす一粒の種のように王国の民の一員になるのです。

横道に逸れて迷路にはまり込んでしまう前に、他の人たちはさておき、弟子たち自身にとってイエスのここでの説明がいかに驚くべきものであったかにわれわれが気付くことが重要です。弟子たちは当時の多くのユダヤ人のように、王国を誕生させるために神が最後に行動する時には、これは栄光の輝きの中で、イスラエル全体に広がる運動において起こり、それが及ぶところはどこにでも自由、正義、平和をもたらし、全世界が神の義の支配に服することになるまで続くと期待していました。そうではなくて、謎めいた言葉を語る説教者の混乱させる言葉を通してだけでなく、その聴衆の入り混じった反応を通しても、王国はいわばこっそりと到来するであろうという示唆――これは非常に奇妙に思われたに違いありません。

しかし、これが神の働く仕方でしたし、今もそうであり続けています。それには十分な理由があります。もし神がある特定の日ないしは期間が二、三週間にわたる場合でさえ、自分の正義が今こそ世界中で実行されるといきなり宣言するならば、人類は総じて断罪されることでしょう。ユダヤの思想の中にわれわれは何度も、神が人々に悔い改める時間、すなわち神による優しい促しの下で迷路の中心に至る道を人々が見出す時間を与えるために、自分の最終行動を遅らせているに違いないという信仰を見出します。もし神があまりに素早く行動するならば、皆が自分たちの袋小路に陥り、誰も真ん中に到達することはないでしょう。

それこそが、イエスの働きにおいて、また初代教会において、**言葉**が一つの主題として非常に重要な理由です。イエスは神の言葉、すなわち王国を告知する言葉を語ります。イザヤが見たように、言葉は出て行き、人々の心と生活の中で働きます。それこそが、ある種の言葉が行うことです。すなわち、それらは人々の素の状態、すなわち内面を変えます。それらは人々に内面の地図を与え、それで彼らは今や自分たちで進むべき道を見出すことができます。

しかし、イエスの言葉を聞いた人が皆、それらの言葉をこのように用いたわけではありません。今日でもなお、それらの言葉を聞く人が皆、正しい反応をするのではありません。したがって、この譬えの解釈は、イエスの置かれていた特定の状況にまさに当てはまると同時に、われわれが自分たちの時代にキリスト教の説教をすることにもまさに関連しています。ある人たちは、邪悪な者が言葉をすぐに奪うことを許します。われわれの大半は、皮肉を込めたあざ笑うような反応を受けたことがあります。ある人たちは熱狂的に見えますが、**福音**が彼らに要求を始めると、彼らは言葉が決して彼らの心の中に本当には届いておらず、根を張っていないことをすぐに明らかにします。ある人たちは、本当に深く根を張る言葉の聞き方をしますが、次には他のいくつものことにも自分たちの心の中に根を張ることを許します。そして茨のように、他のいくつものことが言葉という繊細な植物の息の根を止めてしまいます。これらは、迷路で身動きが取れなくなるあらゆる場合、すなわち中心への道を見出せないあらゆる場合を示しています。今日、われわれがこの譬えを読む際には、われわれは自分自身にこう問うべきです。われわれもまたどこかで身動きが取れなくなっているでしょうか。われわれはこれらの反応のいずれかを取る危険があるでしょうか。

しかし、確かに本当に実を結ぶ種についての約束があります。この地図によれば、そこに至る道は、聞いて理解することです。これは時間を要することであり、時には相当な努力が必要です。聖書をチラッと見たり、礼拝堂あるいは聖書研究会の場に時折座っている時に、ある新しい考えを心に抱くことでは確かに十分とは言えません。王国の言葉が十分に根を張るまでそれを聞くという課題に対して、十分気を遣い、考慮する必要があります。石を土から除く必要があるかもしれません。茨を引き抜く必要があるかもしれません。しかし、聞いて理解することに至った時に、われわれは自分たちが目的地に、すなわち迷路の中心に近づいていることが分かります。そして、その時、約束はこうなります。われわれは、いわば自分のために成功するだけでなく、今度はわれわれが王国の民になり、自ら実を結ぶことになるのだ。

一三章二四―三五節　雑草の譬え

24イエスは彼らにもう一つの譬えを語りました。

イエスは言いました、「天の王国はこのようです。昔々、一人の男が自分の畑に良い種を蒔きました。25労働者たちが眠っていた間に、敵が来て小麦の間に雑草の種を蒔いて立ち去りました。

26作物が芽を出し、穂を出すと、雑草も現れました」。

27「それで、その農夫の僕たちが彼のところに来ました。

彼らは言いました、『ご主人さま、あなたは自分の畑に良い種を蒔きませんでしたか。雑草はどこから来たのでしょうか』。

28彼は答えました、『これは敵の仕業だ』。

僕たちは彼に言いました、『それでは、あなたはわれわれが行ってそれらを引き抜くことをお望みですか』。

29彼は答えました、『いいえ、もしそうするならば、雑草を集めている間に、きっと小麦も引き
抜くことでしょう。30両方とも収穫まで一緒に育つままにしなさい。それから、収穫の時になっ
たならば、私は収穫者たちにこう指示を与えよう。「最初に雑草を集めて、それらを燃やすため
に縛って束にしなさい、しかし小麦は集めて納屋に入れなさい」』」。
31イエスは彼らにもう一つの譬えを語りました。
イエスは言いました、「天の王国は一粒のからし種のようです。誰かがそれを手に取って畑に
蒔きました。32それはすべての種の中で最小ですが、成長すると灌木の中で最大になります。そ
れは木になり、そのときには空の鳥たちが来て、その枝に巣を作ることができます」。
33イエスは彼らにもう一つの譬えを語りました。
イエスは言いました、「天の王国はパン種のようです。一人の女がそれを手に取って三杯分の
小麦粉の中に隠しておくと、全体が膨らみました」。
34イエスはこれらのことすべてを群衆に譬えで語りました。イエスは彼らに対しては譬えなし
には語りませんでした。35これは、預言者によって語られたことが成就するためでした。

私は譬えにおいて自分の口を開くでしょう、
私は隠されていたいくつものことを語るでしょう
まさにこの世界の創始以来の。

「なぜ神は何もしないのでしょうか」。

これはおそらく人々がキリスト教指導者や教師に対して——またいくつかの他宗教の指導者に対しても——最も頻繁に尋ねる問いです。悲劇は起こります。恐ろしい事故は、その人の命と家族に壊滅的な打撃を与えます。暴君といじめっ子は、自分たちの計画を人々に強要して反対勢力を押し潰しますが、彼らは処罰を免れているように思われます。そして感受性が強い人たちは、なぜ神は沈黙していて、何もしないのかと何度も尋ねます。なぜ神はこの世界に介入して、悲劇を止めないのでしょうか。

この箇所の譬えは、この問いへの直接的な答えではありませんし、きっと直接的な答えは、この世においては何も与えられないでしょう。しかし、これらの譬えは、それぞれ異なる物語によって、この世界に対する神の主権的支配というものは、人々がしばしば想像するほどには、それほど単純なものでないことを示しています。

もし神が直接に直ちにこの世界を支配し、そのためわれわれのどの考えも行為も、神の絶対的な聖さの尺度で吟味され、即座に裁かれ、もし必要であれば罰せられるとしたら、人々はそれを本当に望むでしょうか。もし軍事行動による大量虐殺に神が介入し停止させることの対価が、われわれ皆が自分自身の中に経験し、抱いているものを含むどんな邪悪な衝動をも神が叱責し停止させざるを得ないということならば、われわれはその対価を払う覚悟があるでしょうか。もしわれわれが特別の機会に神が行動するように求めるならば、われわれが神にそう望む時に限って神はそうすることができ、他の時には手を引いていてくれるとわれわれは本当に考えるのでしょうか。

これらの譬えは待つことが重要であると語っています。そして待つことはわれわれ皆が難しいと思うことです。農夫は、雑草が小麦の横で育つのをイライラしつつ見守りながら、収穫時期を待ちます。この農夫だけでなく、鳥たちも小さなからし種が大きな灌木に育つのを待ちます。パンを焼く女は、パン全体が神秘的に膨らむまで、パン種がパン生地の中にすっかり行き渡るのを待たなければなりません。そして、神の王国はまさにそのようなものなのです。

イエスの弟子たちは、もちろん、待つことを望みませんでした。もし王国が本当にイエスがいるところにあり、イエスが行っていたことにおいて生み出されているのであれば、彼らはすべてのことがすぐに起こることを求めました。彼らは神のスケジュール表に興味がありませんでした。彼らは自分たち独自のスケジュール表を持っており、神がそれに則ることを期待していました。

僕たちが雑草について言っていることに特に注意してください。彼らは直ちに麦畑に入り、雑草を根こそぎにすることを望みます。農夫は、世の中はそんなに単純でないという理由で彼らを押し止めます。熱心にも畑から雑草を取り除こうとして、彼らはきっと小麦をもいくばくか抜くに違いありません。

イエスはここで、神の畑に立ち入って雑草のように見えるものを引き抜くことばかりする当時の革命的ないくつかの集団に、おそらくは着目していたのでしょうか。というのも、一方では異教徒たちと、他方では妥協したユダヤ人たちと、しきりに戦いたがっていた多くの集団があり、そこにはファリサイ派の一部も含まれました。これらの「僕たち」は、神の意志を行おうとしていたのかもしれません。彼らは神が行動することを待ち望んでいましたし、自分たちが行動することで神を助ける覚悟がありました。しかし、神がそのような方ではないので、神の本当の王国はそのようには到来しないと語ることもイエスの運動に含まれました。

雑草と小麦の譬えの中心部には、忍耐する雰囲気がありましたが、それは、見守りながら待たなければならない僕たちの忍耐だけでなく、神自身の忍耐もありました。神はあらゆるところに雑草が生えている麦畑の光景を、今までも、そして今も喜んだことはありません。しかし、神は時期尚早に収穫時期を宣言することも、雑草と一緒に小麦を駄目にすることも望んでいません。

イエスの時代の多くのユダヤ人たちは、このことに気が付いていましたし、より多くの人々が最後には救われるようにその裁きを遅らせている神の憐れみについて語りました。イエスも同じ見方をしていましたし、パウロや他の初期キリスト教著述家たちもこれに従いました。どうやらイエスは、一方では、王国が本当にイエスの働きにおいて、またそれによって到来しつつあること、他方では、この王国が一気にではなく、植物がゆっくり成長したり、パンがじっくり膨らむような過程を経て、完全に到来すること、この両者を信じるという緊張関係をもって自分の弟子たちが生活することを望んでいました。

これは時には今日では責任逃れに見えかねませんし、疑いなくそれは確かにイエスの時代でもそうでした。神が自分の最後の裁きを遅らせているのだと言うことは、字面だけからは、神は活動休止であるかほったらかしにしていると言っているように見えかねません。しかし、われわれがイエスの公生涯に目を留めるならば、神がほったらかしにしていると言うことはできません。ここにこそ、非常に活動的で、深い憐れみを持ち、悪と戦っていて、それを打ち負かしつつあり――しかもなお敵の最終的な追放の時はまだ来ていないと警告する——方がいました。

カルバリ〔の十字架〕とイースター〔復活〕以後を生きるわれわれは、神がその瞬間に突然に劇的に確かに本当に行動したことを知っています。今日、神が行動し、世界を正すことをわれわれが待ち望む時に、神がすでにそれを行ったこと、そしてわれわれが今待っていることはそれらの出来事の十全な完成であることを思い起こさなければなりません。われわれは忍耐して待っていますがそれは、誰かがいつか火の点ったろうそくを持って来ないだろうかと暗い部屋の中で思っている人々のようにではなく、太陽がすでに昇ったことを知っていて、今は昼間の最大の輝きを待っている早朝の人々のようにです。

一三章三六―四三節　雑草の譬えの説明

[36]それからイエスは群衆を離れて家の中に入りました。弟子たちが来て、イエスと合流しまし
た。
「畑の中の雑草の譬えをわれわれに説明してください」と彼らは言いました。
[37]イエスは言いました、「良い種を蒔く者は人の子です。[38]畑は世界です。良い種は王国の子た
ちです。雑草は悪い者の子たちです。[39]それらを蒔いた敵は悪魔です。収穫は世の終わりで、収
穫者たちは天使たちです」。

[40]「それで、雑草が集められて火で燃やされる時のことは、世の終わりがどのようであるのか
を表しています。[41]人の子は自分の天使たちを送り出し、天使たちは彼の王国から罪の原因とな
るものすべてや、邪悪に振る舞う者すべてをひとまとめに集めるでしょう。[42]天使たちはそれら
を燃え盛る炉に投げ入れるでしょう。そこでは嘆きの涙と歯ぎしりがあるでしょう。[43]それから、
義である者たちは彼らの父の王国で太陽のように輝くでしょう。もしあなたがたに耳があるなら
ば、そのときには聞きなさい」。

私の机の上には日の入りの景色の写真があります。その景色は、私の好きな田園風景の中に太陽が沈もうとしていて、空の上方を照らし、地平線上では少年時代から愛してきたいくつもの丘に影が映っています。その写真では、空の低いところにある太陽は大部分が雲の陰に隠れていますが、目を凝らして見れば、まばゆい光を放っていることが分かります。とはいえ、それは一枚の写真にすぎませんが。

さて、中東の平均的な日の太陽を想像してください。一年の大半がそのような日なのですが。その太陽は幾分まばゆいなどというものでなく、極めて恐るべきものです。朝に太陽が上ると、本当に恐ろしく感じられます。人々は日陰になった曲がり角を見つけて太陽から隠れたり、身を守る帽子やヴェールを身に着けたりします。彼らの父の王国で太陽のように人々が輝くとイエスが語った時に、イエスの念頭にあったのは、こうした強い日差しの影響であって、私の机の上の写真のような、単なる地平線上の魅力的な輝きではありませんでした。

それでは、いったいイエスは何を言いたかったのでしょうか。

C・S・ルイスはかつて、ある有名な説教において、あなたがたが出会う人間、男、女、子どもは皆、もし将来の姿の彼らと今出会うならば、恐れのあまり後ずさりさせられるか、拝むように強く促される相手なのですと、明言しました。身体の輝きが重要なのではありません。もっとも神の新しい世界では、おそらく真の神の子たちは、光の単なる受け手ではなく、源であるでしょう。それでも、重要なのは彼らが得ることになる名声と地位です。

ただし、これは特権とも誇りとも関係がありません。その類の事柄のすべての痕跡は、永遠に過ぎ去ってしまうでしょう。むしろ、それは神の愛と栄光を反映し、具体化することと関係するでしょう。それこそが、結局のところ人間が行わなければならないことです。それぞれの人間は神を反映する者であるように造られています。それこそが、「神にかたどられている」ことが表している重要なことの一つです（創一・二六―二八）。われわれが皆異なっているのは、われわれがそれぞれ神の栄光の異なる一面を反映するためです。神による人間の大収穫が完了する時には、集められたわれわれは数百ものまったく同じ小麦の束のようではありません。われわれは植物の種類が豊富な庭園のいくつもの花や灌木のように、いやそれ以上に、多様なものとなるでしょう。

人類の言語の大半は、こうしたことを十分に言い表すことができないので、情景描写を使う必要があります。われわれは「栄光」を得るでしょう、という言い方では足りません。「力」について語ることは、容易に誤解されます。しかし、イエスが語っているのが、贖われ、更新された人類についてであることは明らかであり、それこそが結局のところ神が人類に望んでいる姿なのです。それは鏡の役割を果たし、この鏡によって残りの被造物は自分の創造主が本当は誰であるのかを見ることができ、真に神を礼拝し仕えることができるのです。この世界が真の神を見ることができる同じこの鏡は、この神が最高に愛情に満ち、賢く、美しく、聖であり、正しく真であることを明らかにするでしょう。

われわれは聖書の中の恐ろしい裁きの場面を読む時に、こうした神の特質の組み合わせをこそ見るようにならなければなりません。雑草の譬えの説明の中で繰り広げられる裁きの場面は、このような視点で見るべきものの一つです。激しく燃え盛る炉に投げ入れられる悪事を働く者たちについて〔該当者の姿を〕読み取ったり、地獄の火と破滅についての中世のイメージを思い起こしたりすることは、あまりにも安易すぎます。さらに、かつてのキリスト教の説教の中に、信じなければ地獄で火あぶりにされると人々に告げることで、彼らを脅して信じさせようとしたものがあったことは行きすぎだと反発することも、あまりにも安易すぎます。さらに、われわれは将来の裁きについてのいかなる教理をもまったく拒絶するかもしれません。将来の裁きをすでにすっかり拒絶した多くの人々が言いたいことは、次のいずれかです。すなわち、神は決して誰をも裁かないし、罪に定めないと言いたいのか、あるいは神は個々のすべての雑草が小麦に変えられてしまうまでは収穫を延期するだろうと言いたいのかのいずれかです。

神とその裁きについて大げさに戯画化したものを、われわれが疫病を避けるように避けるべきであることは確かです。神は、神の像を担った自分の愛する被造物たちの大半を喜んで永遠の火に引き渡す残酷好きな怪物ではありません。他方で、われわれが注意すべき戯画化がもう一つあり、それは方向は真逆ですが同じほど歪められています。すなわち、神は孫たちが好むことは何であれ行わせ、一日の終わりにはなお菓子を与えることによって、孫たちを甘やかして堕落させようとする甘い祖父母のようでもありません。われわれは第二の戯画化を第一のものとまったく同じほどに堅く拒まなければなりません。

深刻で卑劣な悪がこの世界にあり、それが結局のところ二〇世紀に生じ、二一世紀の今もなお生じつつあることを理解できない者は誰でも、まったく度の合っていない眼鏡をかけているようなものです。世界を創った神がいつか物事を正すことを願うことも祈ることもしない者は誰でも、自分たちがこの世界をせいぜい悪趣味な冗談だと見なすことを余儀なくされています。しかし、真の生ける神、すなわち世界の創造者が、抽象的な「悪」だけでなく、邪悪なことを発明し発展させること、そこから利益を得ること、他の者たちをそこへと誘うこと、結果として大規模な人間の荒廃をもたらすこと、これらのことに自分たちの命とエネルギーを献げてきた者たちと対決もせず、打ち負かすこともせずに、物事を正すことができると思う者は誰でも、無い物ねだりをしています。

大規模で明らかに邪悪なことだけが、神の裁きに直面するであろうと言っているのではありません。われわれが見てきたように、われわれが皆、自分たちの発するあらゆる空虚な言葉に基づいて裁かれることに関する厳格な言葉が福音書には確かにあります。しかし、ここの箇所は、人間はそれぞれ皆(イエスを除いて)罪深い者であるものの、どのようにして神の民が実際に神の民となるのかについて詳細に論じる場所ではありません。雑草の譬えも、その説明も、そんなことを目指してはいません。むしろそれは、イエスの聴衆が慣れ親しんだはっきりした事柄について扱っています。すなわち、小麦と雑草、善と悪、義人と罪人についてです。

しかし、意図的に過度に単純化した筋書きの中で、この譬えは徹底的にイエスの聴衆に挑みました し、われわれに対しても同様です。誰が雑草で、誰が小麦であるのかは、聴衆が考えたほど明白では ありませんでした。裁きは神次第でした。そして神がその裁きを委ねていたのは、この不思議な人物、「人の子」、良い種を蒔き続けてきた方にであり、おそらくイエスの聴衆は気が付いていたでしょうが、それはイエスのことを表していました。

この箇所の多くの部分では、再び、ダニエル書が思い起こされています。「人の子」には七章が反響していますが、そこでは「人の子のような者」が、神の民を圧迫してきた怪物たちを裁き、支配する権利を与えられています。「燃え盛る炉」には三章のダニエルの友たちについての章句が反響しています。「太陽のように輝く義である者たち」は、復活した神の民の栄光についての予告であるダニエル書一二章三節をわれわれに思い起こさせます。ダニエル書は、イエスの同時代人たちの間で好まれた文書で、（彼らの考えでは）諸国に対するイスラエルのまもなく来る勝利を予告するものでした。

イエスは聴衆に、こう警告していました。すなわち、彼らが望んでいたことは本当にすぐにでも起こることではありましたが、神の裁きは彼らが考えたほど単純でないかもしれない。彼らはイエスの存在と振る舞いに照らして、神の裁きについて新たにじっくり考える必要がありました。それこそが、雑草の譬えの説明さえも「もしあなたがたに耳があるならば、そのときには聞きなさい」という命令で終わっている理由です。そして、もしイエスの聴衆が、この命令を必要としたのであれば、われわれもまた確かにこの命令を必要としているのです。

一三章四四―五三節　他の譬え

44イエスは続けました、「天の王国は畑に隠された宝のようです。誰かがそれを見つけると、そ
れを隠し、大喜びで立ち去り、自分が持っているものすべてを売り、その畑を買いました」。
45「また、天の王国は素晴らしい真珠を探している商人のようです。46そして彼は、豪華で貴重
なものを見つけました。彼は立ち去り、自分が持っているものすべてを売り、それを買いました」。
47「また、天の王国は海に投げ入れられ、あらゆる種類の魚を集めた網のようです。48それが一
杯になると、漁師たちはそれを岸へ持って行きました。彼らは座って良い物を選び、それらをバ
ケツの中に入れました。しかし、悪い物は投げ捨てました。49それこそが、世の終わりの様子で
す。天使たちは出て行って邪悪な者たちを義である者たちから分け、50そして彼らは邪悪な者た
ちを燃え盛る炉に投げ入れるでしょう。そこでは嘆きの涙と歯ぎしりがあるでしょう」。
51「このすべてがあなたがたは分かりましたか」とイエスは尋ねました。
「はい」と彼らは答えました。
52イエスは彼らに言いました、「ええ、ですから、天の王国のための訓練を受けた学者は皆、自
分の貯蔵室から新しいものをいくつか、また古いものをいくつか、それぞれ持って来る家主のよ
うです」。

53 イエスはこれらの譬えを語り終えると、そこから立ち去りました。

私は先週、大きな音楽祭の最後のコンサートに行きました。ホール（実際には大聖堂）は溢れるほど満員でした。天気の良い夏の夕べでしたし、皆が心待ちにしていたコンサートでした。演奏された二つの主な楽曲は、両方とも美しく、素晴らしく演奏され、熱狂的に受け入れられました。しかし、そのコンサートの広告に最初の楽曲しか紹介されていなかったら、観客はもっと少なかったに違いありません。最初の曲は、無名の作曲家による無名の協奏曲でした。一方、二番目のものは、有名な作曲家による有名で人気のある交響曲でした。それでも、音楽祭の主催者たちは、仕事運びが上手でした。というのも、彼らは、二番目の有名な曲に魅かれてコンサートに来た多くの観客たちが、必ずや最初の無名の曲が情熱と力に溢れていることに気づいて、大いに喜ぶと知っていたのです。

自分の貯蔵室から新しいものをいくつか、また古いものをいくつか、それぞれ取り出す家主についてのイエスの言葉は、こうした点をより鮮明にしているにすぎません。イエスにとって「新しい」いくつかのものとは、**天の王国**がもたらしつつある驚くべき真新しい幻です。一方、「古い」いくつかのものとは、何世紀にもわたる知恵、特にイスラエルの古代の物語と希望です。イエスがもたらす**福音**——それはすなわちマタイがわれわれに伝えようと願っている福音——の中身は、二つを一つにすることであり、古いものの中に新しいものを深く根付かせることであり、古いものが新しいものにおいて新鮮で刺激的に言い表されることです。

おそらくマタイは――結局のところマタイにだけ家主についてのこの言葉が記されています――ここで、キリスト教の学者のあるべき姿についてのマタイ独自の見方をほのめかしています。おそらく実際にマタイは特に、自分が書いているこの福音書の説明として、そのことを言っていますが、そこに記されている古さと新しさの組み合わせこそが、まさに何度もわれわれの心を打つのです。イエスと彼の王国の使信には、われわれをびっくりさせようとする意図があります。しかし、本当に衝撃的なことの一つは、われわれがまばたきをし、目をこすってみると見えてくることですが、それらが神とイスラエルについての、そして本当に神と世界についての長きにわたった物語の真の成就であることです。これらの譬えが記されているこの章は、マタイ福音書における中心点です（五三節が他の区分の結び――七・二八、一一・一、一九・一、二六・一――と共鳴し、また以降のものを準備する仕方に注意してください）。七章の結びでわれわれが見たように、マタイ福音書の形式には、古くて馴染みのある様式を思い起こさせる意図があり、注意深い読者にモーセ五書を思い浮かべさせます。しかし、この福音書の内容は新しくて論争的です。

もしそうであるならば、決定すべきこと、しかも緊急に決定すべきことがあります。王国の福音は、いつか一、二時間の空き時間ができた時にでも、折を見て探求しようかなと思う心地よい宗教的な考えなどではありません。それは、ある地方を訪れた際にうっとりと眺めることもある美術館の魅力的なオブジェのようなものでもありません。それは――もしそれが隠されている畑を買うために他のものすべてを売るならば――すぐ手に入る埋蔵された伝説の宝のようなものです。それは――もしそれを買うために自分たちが今までに手に入れてきた他の真珠すべてを含む他のすべてのものを売るならば――すぐ手に入る真珠のようなもの、しかも、あらゆる宝石商がいまだかつて想像した中で最も大きく、最も優美で、最も混じり気のない真珠のようなものです。

この箇所の冒頭の二つの短い譬えは、現代社会においてはもちろん古代社会においても流行していた一つの考え、すなわち異なる諸宗教とそれらが提供するそれぞれの経験は、一連の真珠のように集めて並べることができるものであるという考えとはまったく大きく異なっています。この二つの譬えが伝えていることは、唯一の大きな真珠があり、唯一の埋蔵された宝がある、ということです。それに比べれば、他のものすべてではないようなものです。この真珠、この宝は、イエスが告げ知らせ、体現していた王国の福音です。それこそが、衝撃であり、新しいものです。これなしには、あなたがたが持っているものすべては、古いもののままであり、世界の半分がその時に信じており、いまでも信じている同じ古い物語に属するものなのです。

この世界は、多くの宗教や哲学が教えているようには単純にぐるぐると円環運動をしているわけではないので、一層、決断は急を要します。それはゴールに向かって一直線に進んでいて、そこへ向かって極めて早く進んでいます。イエスの到来は、最後の審判の手続きの始まりです。イエスが王国について教え、王国を生きた結果、この世界は鋭く二つに、すなわち、イエスに心を奪われた者たちと、イエスの福音に抵抗し、拒絶した者たちに分けられました。

その審判の手続きは、〔イエスに直接触れた〕第一世代を通じて続きました。そして、イエスを拒絶したその都市と体制が紀元七〇年にローマ帝国によって破壊された時に最高潮に達しました。その手続きはまだ続いていて、神が正義と真実の中で全世界を創り直すその日まで続き、そして、不正と嘘で自分たちを形作ってきた者たちすべては、自分たちは漁師たちが投げ捨てざるを得ない悪い魚のようであると気が付くでしょう。この選別は、現実で、容赦なく、鋭いものです。

この章のいくつもの譬えは、二つの点でわれわれに挑んでいます。すなわち、理解と行動という二つの点です。理解していながら行動しないことは不毛です。理解しないで行動することは、消耗するだけで効果はありません。イエスのいくつもの物語をわれわれが熟考し、それらがその時に何を意味したのか、そして今、意味するのかについて考える際には、われわれは常に自分たちにこう問うべきです。「天の王国のための訓練を受けた学者」であることは、今日、何を意味するのだろうか。われわれは、自分たちの考えること、語ること、生きることにおいて、自分たちが古いものに根差しつつ、しかも天の王国の新しく新鮮な実をも結んでいると、どのようにして確信することができるだろうか。

一三章五四―五八節　ナザレでの反対

[54]イエスは自分が育った町に来ました。イエスが彼らに彼らのシナゴーグで教えると、彼らは
驚いて、「この男はこの知恵やこれらの力をどこで得たのでしょうか」と言いました。
[55]「彼は大工の息子ではないか。彼の母はマリアと呼ばれ、彼の兄弟たちはヤコブ、ヨセフ、シ
モン、ユダと呼ばれているではないか。[56]そして彼の姉妹たちは皆ここでわれわれと一緒にいる
ではないか。それなのに、彼はそのすべてをどこから得ているのだろうか」。

57彼らはイエスに腹を立てました。
それで、イエスは彼らに言いました、「自分の故郷と自分の家以外では――預言者は皆、尊敬
されています」。
58そして彼らが信じなかったので、イエスはそこでは力ある業をあまり行いませんでした。

彼女は、熱意に溢れた八歳にとってこれ以上ないほどの興奮で目を大きく見開いて、クラリネットのケースを大好きなテディ・ベアのように抱きかかえながら学校から帰宅しました。彼女はその朝、新しい楽器の最初の音楽レッスンを受けました。彼女は、早くその楽器を取り出して自分の両親に見せたくてたまりませんでした。

彼女は楽譜を注意深く、ピカピカの新しい譜面台の上に置きました。彼女はリードを自分が教えられた仕方で調整しました。突然、自分の聴衆に気が付いて、彼女は先生が自分に教えた小曲を演奏しようとしました。他の初心者たちが皆そうであるように、いくつかの音符は正しい音が出ましたが、苦しんでいる雌鶏のような甲高い音がいくつも出ました。

彼女の父は、長い一日の働きの後で疲れていて、それに耐えられませんでした。彼女の母は、良かれと思って、別の部屋に行って曲を吹くように彼女に言いました。彼女は自分がドアから出るまで涙を我慢しました。別の部屋から甲高い音が二つ、三つ聞こえ、それから静かになりました。二、三週間のうちに、そのクラリネットは学校に返され、レッスンは中止になりました。一〇年後、私が彼女に会った時、あの時の拒絶された記憶はなお鮮やかで、彼女はまだ癒されていませんでした。

このように、家族というものはしばしば、自分の家族に対して、家族以外に対するほど寛容でないとわれわれは知っています。人々はしばしば、いくつもの新しいことを他の人々からは喜んで学ぶのに、両親や子どもたちからはそうしないことをわれわれは知っています。しかし、きっとイエスに対しては違っていたに決まっているとわれわれは考えます。何と言っても、彼は……ええ、彼はイエス、**神の子**、世界がいまだかつて知っている中で最も偉大な教師でした。そうであれば、彼の家族と村人たちは、間違いなく諸手を挙げて彼を歓迎するのでしょうか。

福音書に記されている大切な点の一つは、イエスも例外ではなかったということです。彼は、われわれの仲間の一人です。ヨハネ〔福音書一・一一〕が言うように、彼は自分の民のところに来ましたが、彼の民は彼を受け入れませんでした。彼はこの道を下がったところで育った少年でしたと彼らは言いました。彼は地元の若者にすぎません――そしてここには彼の兄弟たちや姉妹たちがまだわれわれと一緒に暮らしています。彼は特別な誰かであるはずがありません。おそらく非常に親しい誰かが言った何か新しくて心をかき乱すようなことに耳を傾けるためには、特別な謙虚さが必要です。確かに、ナザレの人々は、その必要な何かを持ち合わせていませんでした。

マタイはこの出来事を長い一連のイエスによる**王国**の**譬え**の直後に配置していますが、それはイエスの教えが、生活、道徳、霊性などについての単純明快な教訓を語っているにすぎないので、少しでも常識のある人ならば容易に身に付けられると考える人に対する厳しい警告になっています。まったくそうではありません。この「教え」――そう呼んでもかまいませんが――は、衝撃的で、爆発的で、危険です。賢明な人々は、この教えに不安を覚えるでしょう。この「教師」を少年時代から知っている人々は、彼が本気なのかどうか疑いたくなるかもしれません。おそらく彼は、裏庭に行ってこの調子の外れた曲を演奏するべきでしょうし、隣町での方が、さらに良いのでしょう。

イエスがナザレで拒まれたことは、もちろん彼の同時代のユダヤ人たち全体によって、彼の使信と働きがより広範囲に拒まれることの前兆となっています。イエスが預言し癒す力への異議申し立ては、まさに最後に祭司長たちとローマ軍兵士たちからもたらされる暴力に訴える異議申し立ての遠く離れたしるしです。そしてそれは、福音を宣べ伝えることが決して容易でなく、何かいわば自動操縦で行われ得ることでは決してないことをわれわれに思い起こさせます（もっともキリスト教の伝道活動を経験した人は、そのようなしるしなしでも分かるでしょうが）。もしわれわれが語っているのが本当にイエスについてであるならば、それは、故郷の村の人たちが信じようとしなかったまさにそのイエスについてなのです。

同時に、もしわれわれが掘るべき場所を知っているならば、この物語には慰めと励ましも隠されています。村人たちが言及しているまさにその人々――イエスの母マリア、彼の兄弟ヤコブ、ヨセフ、シモン、ユダ――は、この時点ではイエスに全面的に不賛成の側に加わっているように思われます。しかし、そのすべては変わるのです。イエスの復活後、彼の親族の多くは初代教会の偉大な指導者たちになりましたし、彼の兄弟ヤコブはその中でも最も偉大でした。ですから、現在はこの使信に対して頑なになっているように思われる人々にも、神の愛と力の更なる働きは、なお届くことがあるのです。

預言者たちの通常の取り扱われ方についてのイエスの意見には、危険な類のものではあれ慰めもあります。もちろん自分の語る言葉で人々が腹を立てたからといって、それだけで真実を告げているということにはなりませんし、自分が天から送られた真の預言者である証拠にもなりません。それは単に馬鹿げたことをたくさん語っているからなのかもしれません。しかし、もし神が働いているというしるしが――もちろんイエスの場合には豊富にあったのですが――他にも見られるならば、人々から拒絶されること、特に自分の地元で拒絶されることは、道を外れていることや、神の祝福が撤回されたことを指し示しているのだと受け取るべきではありません。

実際、拒絶されることは時折、奇妙な励ましになります。もしわれわれがそのような機会を謙遜に理解するならば、暗く否定的にではあっても、拒絶されることは神が本当に働いていることを更に指し示すものとなります。もし新しい創造と新しい生活が進展しているならば、古い創造すなわち古い生活スタイルに多額の投資をしてきた者たちは、必ず腹を立てます。しかし、この議論を自分に都合良く利用するのは、ここでの立腹が福音そのものに対するものであって、福音を告げ知らせる者についての何かに対するものでないことを確かめてからにしてください。

一四章一―一二節　洗礼者ヨハネの死

1そのころ四分領主ヘロデはイエスについての噂を聞きました。
2「この男は洗礼者ヨハネに違いない」と彼は自分の家来たちに言いました。「彼は死者の中から甦ったのだ。だから、彼にはこれらの力が働いているのだ」。
3事の次第はこうです。ヘロデは自分の兄弟フィリポの妻ヘロディアのことが理由で、ヨハネ
を捕らえ、縛り上げ、投獄しました。4ヘロデが彼女と通じることは正しくないとヨハネは彼に
言い続けていました。5ヘロデは彼を殺したかったのですが、群衆を恐れていました。なぜなら
彼らはヨハネが預言者であると見なしていたからです。
6ヘロデの誕生日が巡って来ると、ヘロディアの娘は集まった客たちのために踊り、ヘロデを
喜ばせました。7そこで彼は彼女が求めるものは何であれ与えると堅く誓いました。8自分の母に
促されて、彼女は「ここで、大皿に載せて――洗礼者ヨハネの首を私にください」と言いました。
9王は気の毒に思いました。しかし、自分で誓ったので、また自分の客たちの手前、彼はそれを
彼女に与えるように命じました。10彼は獄に人を遣わし、ヨハネを斬首させました。11彼の首は大
皿に載せて持って来られ、その少女に与えられ、彼女は自分の母にそれを渡しました。12彼の弟
子たちが来て遺体を持ち去り、埋葬しました。それから彼らはイエスのところに来てそのことを
伝えました。

砂漠を舞台にした一本の映画を想像してください。筋書としては、主人公は数日間、何とかして暑さと日照りだけでなく、捕食動物たちの攻撃を生き延びて、不毛で埃の多い地帯を旅して横断していくことになります。

旅の初っ端で、われわれは主人公の前の地面を一つの影が横切るのを見ます。われわれが見上げる

と、一羽の大きな猛禽類がまるで彼を攻撃するかのように急降下してくるのが見えます。彼は逃れますが、旅が進むに従ってときどき、われわれは再び影を見て、危険がまだ遠く離れてはいないことを知ります。

このルートで旅をしているのは、この旅人だけではありません。彼より前にも、道を探しながら進み続けている一人の友がいます。突然、旅の半ばで、われわれは再び、影がどんどん大きくなるのを見ます。すなわち捕食動物が攻撃しようと近づいているのです。しかし、攻撃目標は前を進み続けている友です。彼はその鳥の縄張りの中にあまりにも深く入り込んでしまい、究極の犠牲を払うことになるのです。恐ろしい場面が遠のくと、〔場面は〕主人公のところへ戻りますが、彼の前途にも何が起ころうとしているのか、今やわれわれには分かりすぎるくらい分かっています。

マタイ**福音書**にここで垂れ込めている影は、ヘロデ家のそれです。彼らは、不気味で、邪悪であり、行く手を横切ろうとするものは何であれ急降下して殺す用意ができています。ヘロデ大王は、イエスが赤ん坊の時に殺そうとして、失敗しました（二・一三―一八）。今や四分領主ヘロデ――先のヘロデの多くの息子の一人であるアンティパス――は、物語の半ばで、攻撃しようと急降下しています。果たして、それはすべてどこへ向かおうとしているのでしょうか。

ヨハネはイエスのために道備えをしましたが、それは、来たるべき**王国**について人々に警告し、また来たるべき王のための準備を彼らにさせることによってでした。ヨハネは自分の説教において、ヘロデがユダヤ人の真の王、すなわち**メシア**であるはずがないことを明らかにしました。ヘロデの生活は道徳的にとても乱れていたので、そんなことはあり得ませんでした。自分の兄弟の妻を奪うというヘロデの異様な結婚をヨハネが攻撃する背景には、ヘロデが真の王ではあり得ないということが確かにあったでしょう。それは単にヘロデが姦通者であるということだけでなく、そのような行為は彼が主に油注がれた者〔メシア〕であるはずがないことを明確に示しているということです。しかし、結局のところヨハネは時の王ヘロデの前では無力でした。猛禽類は急降下して、彼を殺しました。そしてわれわれ、マタイの読者たちには、ヨハネの後に続いているその人をなお待ち受けているものについて、より明瞭な考えが浮かんでいます。

われわれはヨハネの死が現実となった今、その死が意味することについて、より明瞭な考えに至っています。ヨハネはヘロデの邪悪さのせいで死んだと言えるかもしれません。ヘロデには権力への渇望があります。ヨハネはヘロデの道を遮ります。ヘロデには女性への渇望があります。すなわち彼はすでに自分の兄弟の妻を奪いました。そして今や彼女の娘、すなわち彼の姪に情欲を抱いています。彼女たちは彼を意のままに操ることができますが、だからと言って彼がそれほど操られているというわけではありません。彼は誇り高い上に、酒に酔っており、この二つの要素が合わさって、自分が意図する以上のことを彼は約束し、彼が行うべき以上のことを果たしてしまうのです。ヘロデは立て続けに失敗を重ね、その結果ヨハネは死に至りました。悪人には何が起こるのかを王とその民に警告してきたこの預言者は、彼らの運命を自分自身に受けました。マタイは自分の福音書の半ばに一つの目印、すなわち一つの道標を書き込みました。それは、もし先を行くこの預言者にこのことが起きたならば、これこそが後に続く者に起こることでもあることを示しています。

それで、物語の進展を辿る際に、われわれが次のことをじっくり考えるようにとマタイは促します。すなわち、何がイエスを彼の運命へと連れて行っているのか、またそれが現実となった時に、それをわれわれがどのように見るべきであるか、ということです。イエスは、ヨハネと同じく人々に悔い改めるように強く勧めてきました。彼は、ヨハネと同じく時の権力に異議申し立てを行ってきました。もっともイエスは、謎めいた言葉で、より曖昧に異議申し立てを行ったので、その意味が明白であからさまになるのは、イエスがエルサレムに到着してからになります。イエスの前にはすでに死の脅威が垂れ込めていましたが、それはイエス誕生の時だけではありません。イエスの計画が自分たちのものとまったく大きく異なることが正しくも分かったファリサイ派の人々が、イエスを排除すべきだと決断した時にもそうでした。そして、そのすべての背景として、一世紀のユダヤ人が皆、良く知っていた次のことにわれわれは気が付くことになります。すなわち、神の王国を告知する者は誰であれ、ヘロデの後ろ盾でもあった権力、すなわち皇帝自身の権力に異議申し立てを行っていることになるということに。禿鷹の背後には、たとえ空高くではあっても鷲が目を凝らして待ちながら、滑空しているのです。

しかしなお、ヘロデでさえも一旦は真実の閃光を垣間見ました。もっとも彼はそれをうやむやにしていますが。ヘロデが考えるに、イエスは甦ったヨハネであり、だからこそ彼はこれらの驚くべき業を行うことができるのです。われわれはそれが真実でないと知っています。しかしなお、われわれはいつか来たるべきことがほんの小さくここに暗示されているのを見出します。というのも、イエスが行ういくつもの驚くべき業は、確かに復活を指し示すものです。しかし、それらは復活の結果として起きることではなく、復活を前もって経験させるものなのです。さらに、ヨハネの甦りがイエスなのではなく、イエスの甦りが他の誰かなのでもありません。復活はイエスに命を与え、またヘロデの権力や皇帝自身のそれを超える王国を与えます。実際、復活はイエスに天においても地においても、すべての権威を与えるでしょう（二八・一八）。

したがって、イエスの生涯の意味は、ヘロデとヨハネと一人の踊る少女についてのこの悲しい小さな物語によって、ピントがしっかり合う状態にされています。それは、われわれ自身の生涯の物語、また今日の教会の物語を、より思慮深く読み進めるだけでなく、考察することをも、われわれに促します。どこでわれわれは邪悪さに断固反対するように召されているのでしょうか。もしそうしたならば、われわれはどんな脅しに遭うのでしょうか。あるいは――われわれは誰もこの物語のヨハネとのみ自分たちを結び付けて考えることはできないのですから――（ヘロデがそうであったように）いつか本当の邪悪さを生み出すことになりかねないわれわれの生活の中のどんな小さな弱さを、歯止めをかけずに育つままにさせておくのでしょうか。どんなヘロデのような特質が、われわれあるいは他者を滅ぼす機会を待ちながら、われわれの内部に潜んでいるのでしょうか。もしわれわれがこの問いに正直に答えられるならば、われわれはより一層、イエスが自分の孤独な砂漠を渡り切り、ついには人間の邪悪さのすべての重みを自分自身に引き受けることがなぜ必要であったのかを理解するでしょう。

一四章一三—二一節　五〇〇〇人の給食

13イエスはそのことを聞くと、一艘の舟でそこから一人で人の住んでいない場所へと去りまし
た。群衆はそのことを聞き、町々から歩いて彼について行きました。14イエスは姿を現し、大群
衆を見ると、彼らのことを気の毒に思いました。イエスは彼らの病気を癒しました。
15夕方になると、弟子たちがイエスのところに来ました。
彼らは言いました、「ここは人の住んでいない場所で、すでに遅い時間になろうとしています。
群衆が村々へ入って行って自分たちの食べ物を買うことができるように彼らを送り出してくださ
い」。
16イエスは言いました、「彼らは行く必要はありません。あなたがたが彼らに何か食べるものを
与えなさい」。
17彼らは言いました、「ここにわれわれが持っているものは、パン五つと魚二匹ですべてです」。
18イエスは言いました、「それらをここに私のところに持ってきなさい」。
19イエスは群衆に草の上に座るように告げました。それから彼はパン五つと魚二匹を取り、天
を仰ぎ見ました。彼はパンを祝福し、裂いて弟子たちに与え、弟子たちは群衆に与えました。
20皆が食べて満腹し、そして彼らは一二の籠一杯に、裂かれたパンのかけらを集めました。21食べ

た人は女と子を除いておよそ五〇〇〇人の男でした。

22 イエスはすぐに弟子たちを強いて舟に乗せ、向こう岸に自分より先に行かせ、一方自分は群衆を解散させました。

さあ、この物語の登場人物の一人になってください。役どころはたくさんあり、学ぶべきこともたくさんあります。

初めに、一番最近、本当に心から悲しかった時のことを思い起こしてください。両親のどちらか、あるいは親しい友が死んだ時でしょうか。あるいは、自分の希望する就職に失敗した時でしょうか。大好きだった家から転居しなければならなかった時でしょうか。〔そんな時に〕最も必要で求めていたことは、隠れたところで黙っていることだったことでしょう。じっくり考えたり、おそらく祈ったりしたかったことでしょう。しかし、何にも増して、静かなところで、人に煩わされないことだったことでしょう。

次に、自分がそのような時に選んだ静かな場所に何百人もの他人が押し寄せたと考えてみてください。自分がこっそり忍び込んだと思っていた小さな教会が、結婚式のパーティに来た人々で溢れていたとしたら。あるいは、一人きりにきっとなれたはずだった寂しい丘の中腹が、ハイキングをする陽気な人たちだらけだったとしたら。あなたはどう反応するでしょうか。

イエスのここでの反応は、とても驚くべきものでした。イエスは自分の従兄であり同労者である**ヨハネ**を失いました。しかもその失い方は、間違いなくイエスに自分の前途にも何が待ち受けているのか警告するものでした。しかし、一人になって黙していようとイエスがひそかに立ち去ると、群衆はイエスを見付け、四方から押し寄せました。それでもイエスはその時、怒りでも苛立ちでもなく憐れみで応じました。イエスはヨハネのことを嘆く気持ちや、おそらく自分自身のことを嘆く気持ちを群衆のことを嘆く気持ちへと転じさせました。ここに、病人を癒すという外に現れる目に見える力ある業よりも先に、イエスが自分の感情を困っている人々への愛に変容させるという内に隠れて目に見えない力ある業が起こりました。

あなたはおそらく、このイエスの憐れみに感動したので、イエスの物語にすっかり入り込んでしまったことでしょう。自分が——リーダー格でなく、一二弟子の一人にすぎない——弟子の一人か、あるいはおそらくその周辺をウロウロしている彼らの他の友か従兄の一人だと想像してください。あなたはイエスが人々の世話をする様子を見て、自分も彼らの世話をしたいと思うことでしょう。そこで、あなたは人々にとって何が最良なのだろうかと考え、一つの提案を携えてイエスのところに来ます。その提案とは、群衆が食べ物を買いに行けるように、今、彼らを送り出しませんか、どこからも数マイル離れているここで皆が空腹になってしまうよりも良いでしょう、というものです。

イエスは、自分の周りの人々が、他の人を助けようとして何かを思い付くと、いつも喜びます。しかし、イエスがしばしば行わざるを得なかったことは、こうした思い付きを一旦受け取った上で、それを生かして何か驚くべきことを始めることでした。もし本当に群衆のことを心配しているならば、あなたがたが彼らに何か食べる物を与えたらどうでしょうか、とイエスは言います。おそらく、神の召し〔を受ける際〕の典型的な雰囲気というのは、このようなものでしょう。人々を世話する方法についてわれわれが抱く小さな考えが、壮大で不可能な提案だと思われることになってわれわれに跳ね返ってきます。あなたがたは抵抗します。私にはそんなことはできません。私には時間がありません。私にはエネルギーがありません。私には能力がありません。私が持っているすべてはせいぜい……〔と言って〕。

しかしそこでこそ次の段階に移り、再び典型的な形で神の召しがどのように実行されるかが示されます。最初に、イエスの周りをウロウロすることによって、あなたがたに一つの考えが浮かびました。まだあまり焦点は合っていませんでしたが、あなたがたの望むこと――この場合は人々に食べ物が与えられること――が目標になります。イエスは別の手段でその目標を達成することを提案します。あなたがたはこんな小さなもので、そんなことはできないと言っていますが――それでもあなたがたはイエスに自分たちが持っているその小さなものを、もしそれが多少なりとも役に立つのであれば差し出す準備はできているのです。もちろんそれは自分たちが飢えることを意味します……しかし、今ではあなたがたはあまりに深く関わりを持っているので、手を引くことはできません。ひとたびイエスの憐れみの力によって人を憐れむ流れの中に引き込まれ始めると、あなたがたはもはや手を引くことができないのです。

われわれが差し出すものによってイエスが行うことそのものは、非常に神秘的で力強いことなので、言葉にすることは困難です。イエスが数千の人々に囲まれて、この悲しいほどに少ない量の、群衆にはもちろん、二人の人にも決して十分でない食べ物を手に取り、それについて祈るその場に自分たちが立っているのを想像してください。イエスはそれらの食べ物を神に感謝し、それを裂き、あなたたちに与え、あなたたちはそれを……一人に、それからもう一人に、それからもう一人に、何がどのように起こっているのかも知らずに、与えます。

一連の出来事がどのように起こったのか、じっくり考えてください。イエスの近くにいることで、奉仕しようという考えが生まれます。イエスはこの考えを受け取った上で、それをひっくり返して（もちろんそれをもっと犠牲の大きいものにして）、一つの挑戦すべきこととしてあなたがたに返します。その挑戦すべきことに困惑しながら応答して、あなたがたはそれがあまりに不十分である（が犠牲の大きいものでもある）ことを知りながら自分たちがすでに手にしていたものを差し出します。そして同じことが起こります。イエスはそれを受け取り、祝福し、裂き（またもやそこには大きな犠牲があります）、あなたがたに与えます――そしてあなたがたのそのとき為すべきことは、それを他のすべての人に与えることです。

イエスが行っていることや、自分たちがどのように手伝うことができるかを垣間見ることができるほど十分イエスの近くにいる時には、誰にでもいつでもこのようなことが起こります。われわれは自分たちの考えで、余計な手出しをします。われわれは理解しないままに、自分たちの持っている小さなものを差し出します。イエスはわれわれが差し出すものが何であれ、それが思い付きであろうと、パンと魚であろうと、お金、ユーモアのセンス、時間、エネルギー、能力、愛、芸術的才能、文章力、目利きや手先の器用さであろうと、それを受け取ります。イエスはそれらを自分の父の前に持って行き、祈り、祝福します。それから、イエスはすぐに使えるようにそれらを裂き、それらを必要とする人たちに与えるためにわれわれに返します。

そして今や、それらはわれわれのものでありながら、われわれのものではありません。われわれが考えていたことでありながら、われわれが考えていなかったことでもあります。何かより大きくて異なるもの、より力強くて神秘的なものでありながら、なおわれわれのものでもあります。真のキリスト教的奉仕の中で経験させられることには、次のことが含まれます。すなわち、どんなレベルのことであれ、神に差し出すためにわれわれが乏しい自分たちの資源から掘り出した取るに足りないものを用いて神が成し遂げたことを、われわれが目の当たりにして驚くという経験です。

もちろんマタイの物語では、キリスト教の召しの一つの驚くべき事例であることにとどまることなく、はるかに多くのことが語られています。食べ残された〔パンの〕一二の籠は、神の民、すなわちイスラエル一二部族を回復しようというイエスの意図を指し示しているかもしれません。荒れ野でイエスが人々に食べ物を与えたことは、新しいモーセとしてのイエスというマタイの主題と非常にぴったり合うので（かつてイスラエルの人々がモーセの時代に荒れ野にいた時に、神は彼らに天からの特別なパンであるマナを与えました）、このことをもわれわれが〔そのように〕見ることをマタイは意図していたのだとわれわれは確信することができます。

これは、なぜ食べ物を与え終えるとすぐにイエスが群衆を送り出したのかを確かに説明しています。イエスは群衆が周りをウロウロして自分の力をほめたたえることを望みませんでした。モーセとの類似は、ここでストップします。新しいモーセとしてのイエスは、大群衆の先頭に立って国中を行進したり、神の敵に対する軍事的勝利を収めるつもりではありませんでした。イエスは遂には、この箇所の最初の時点で自分が求めていた孤独を、孤独に十字架にかけられることによって成し遂げようとしていました。もしあなたが、イエスに従い、イエスの憐れみを共有し、イエスの奉仕の業において用いられるように自分が持っているものをイエスに差し出すようにという召しに気が付くならば、あなたはそのためにイエスがすでにすべてのものを犠牲として支払ったことをも覚えておかなければなりません。

一四章二三—三六節　イエスが水の上を歩く

23イエスは群衆を送り出した後で、一人で祈るために山に登りました。夕べになってもイエス
はそこに一人でいました。24舟はすでに岸からだいぶ離れて進んでいましたが、風が舟に向かっ
て吹いていたために波によって打ち叩かれていました。
25まさに真夜中にイエスは水の上を歩いて弟子たちのところへ向かいました。26弟子たちはイエ
スが海の上を歩いているのを見て、幽霊だと思い、恐怖に駆られました。彼らは恐怖で叫びまし
た。27しかしイエスはすぐに彼らに話しかけました。
イエスは言いました、「元気を出しなさい、私だ。恐れることはありません」。
28ペトロが答えて言いました、「主よ、もし本当にあなたならば、水の上をあなたのところへ行
くために私に言葉をください」。
29イエスは言いました、「では来なさい」。

ペトロは舟を降りて水の上を歩き、イエスのところへ向かいました。[30]しかし、ペトロは強い
風を見ると、恐れ、沈み始めました。
「主よ、私を助けてください」と彼は大声で叫びました。
[31]イエスはすぐに片手を伸ばし彼を捕えました。
イエスは言いました、「あなたは大層な信仰を持っていることだ。なぜ疑ったのか」。
[32]彼らは舟に乗り込みました。すると風は止みました。[33]舟にいた人々はイエスを拝みました。
「あなたは本当に神の子です」と彼らは言いました。
[34]こうして彼らはゲネサレトと呼ばれる土地へ渡りました。[35]その地域の男たちはイエスに気が
付きました。そして周囲の地域すべてにイエスのことを伝えました。彼らは自分たちのうちの病
気の人々すべてをイエスのところへ連れて来て、[36]その服の縁にだけでも触れる許しを乞いまし
た。そして、それに触れた者は皆、癒されました。

不思議なことに、この場面についての重要な絵は、（コンラート・ヴィッツによって一四四四年に）一枚しか描かれていません。あなたはこの場面は、想像上の題材について描いていると考えてきたかもしれません。すなわち、水の上でかすかに光る姿のイエス、舟の中で群れ集まって怯えている弟子たち、そして栄光と恐れの間を揺れ動き、イエスに向かって水の上を歩き、それから……沈み始めたペトロという題材です。おそらく信仰深い芸術家たちは、この場面を描くことが大使徒ペトロの悪い面を強調して恥をかかせるように思えたので、描くのを避けたのでしょう。個人的には、この場面から

は、むしろ大いに励まされます。それはまったくまさに私の知るキリスト者の経験、すなわち私自身や多くの他の人たちの経験と共鳴しています。

もし先の物語（五〇〇〇人の給食）をキリスト教の召しを絵画的に描いたものとして読むことができるならば、この物語は信仰生活――あるいはむしろ、弟子たちがそうであったように、非常に多くのキリスト者の典型的な状態である半端な信仰、すなわち恐れと疑いが混ざった信仰の生活を絵画的に描いたものとして読むことができます。マタイはペトロの評判についてそれほど心配していません。（われわれが見ることになるように）特に一六章において、そして続いてイエスの生涯の最後の日々において、ペトロの評判は、上ったり下ったりするシーソーのようです。いずれにしろペトロはどこか伝説的な人物です。すなわち、衝動的で、何に対してもやる気満々で、まず行動し後で考える性格です。親しみやすくしかし危険な性格です。あなたは、正しいと思うことをすぐさま行い、後から自分がしたことについて思い悩む友と、何でも実行するまでに数週間もの非常に多くの時間を費してじっくり考え抜く友と、どちらを望むでしょうか。

しかし、この物語が個人としてのわれわれにどのような影響を与えるかを考える前に、まずはこの物語をわれわれの世界が絵画的に描かれたものとして考えてみましょう。われわれは舟上の弟子たちのようです。彼らはすでにイエスの力を多く見てきました。彼らはイエスの教えを聞き、イエスの祈りに祈りを合わせてきました。しかし、今や彼らは動けなくなりました。本職の漁師である彼らが、櫂の扱いに苦闘し、風に抗して前進することができませんでした。われわれもまた自分たちの世界で多くを発見し、多くを学び、多くを発明しながら、それでもなお、まだ本当に重要である多くのことを行う力がありません。われわれは戦争をするための高性能の機械ならばいくつも発明しましたが、平和を作り出すものについては、まだ誰も発見できていません。われわれは月面に人を立たせることはできますが、食べ物を空腹な人々のお腹の中に入れることはできません。われわれは海底で鯨が歌う歌に耳を傾けることはできますが、人間の魂が一本向こうの道で叫んでいるのを聞くことはできません。

そのような中で、水の上でかすかに光りながら、得体の知れない姿が、われわれの方に歩いてきます。われわれの世界の多くの人々は、少なくとも少しはイエスについて知っています。しかし、イエスはわれわれやわれわれの諸問題とは無関係で実体のない幽霊や、蜃気楼や、幻想のように思われます。イエスが恐ろしく思えた人もいます。他の人たちはイエスが立ち去って、自分たちのことを放っておいてくれることを望みます。イエスを信じている者たちでさえ、弟子たちがすでにそうであったように、イエスに何を期待すべきか分かりません。それでも、イエスは不可能と思われることを成し遂げているように思われますし、もし可能であれば、自分もイエスをまねすることができたら良いのに、と人々は時折考えます。イエスの愛と力や、イエスの平和と希望を、必要とする世界にもたらす働きをすることだけを目的とする人々もいます。

しかし、そのような時に、彼らは下を向いて、一瞬波を見てしまいます。突然自分の背の二倍の高さの波が聳え立ち、自分たちに迫っている時のカリフォルニア海岸にいるサーファーたちのことを考えてください。それから、サーフボード、光り輝く太陽、海岸の砂を取り除き、闇、恐れ、唸る強風に置き換えてください。そのような中で、一人だけで、自然の諸要素に立ち向かっている。これこそが、この世の荒涼とした夜にあなたがたが神の愛と癒しの力をもたらそうとする時に、しばしば感じることです。これこそが、われわれが今一度イエスの——非常にしばしばそうであるように叱責と励ましが組み合わされた——その言葉に耳を傾ける必要がある時です。「あなたがたが持っている信仰の大きさは本当にその程度なのでしょうか。なぜこのすべてを疑うのですか」。われわれがイエスの愛と力、平和と希望をこの世界にもたらすことを諦めるように最も強く誘われるのは、後から振り返って初めて分かることですが、確かにあとほんの一歩先に助けがある時なのです。

これこそが、キリストの弟子として歩む際に、われわれ皆が何度も繰り返して経験することです。われわれが知る限りにおいて、文字通りの意味で水の上を歩くことは、初期のキリスト者たちが自ら行おうとしたことではありませんでした。パウロは、別の難船に遭った時に、舟の外に出て岸までぶらぶら歩くことができるとは決して考えませんでした。ですから、マタイはおそらく彼の読者たちが自分たちの信仰の旅という観点から——また自分たちの疑いとの苦闘という観点から——この物語を「聞く」ことを期待していたのでしょう。

できるとは思えないことをイエスが行うようにわれわれに求める時が何度もあります。どうすれば、行うようにとイエスがわれわれを召した課題をひとまず実行し始めることだけでもできるのでしょうか。どうすれば、戒められているその罪を犯さないでいられるように考えることだけでもできるのでしょうか。どうすれば、われわれがとても取り乱し、混乱している時にこそ、かえって真剣に祈る習慣を身に付けることができると本当に思えるのでしょうか。

もちろん、ペトロのように風によって波が打ち付けられるのを見るならば、水の上を歩くようなことは本当に無理だとわれわれは結論付けるでしょう。でも、われわれが行うように召されていること——それはとても基本的で明らかなことなのですが、実際に行うことはとても難しいことです——は、われわれの目をイエスにじっと注ぎ続け、われわれがイエスの励まし（もし多少の叱責をも含むとしても）に耳を開き続けることです。そして、われわれの意志と心は、イエスが言うことを、たとえ聞いたその時には突拍子もないと思われることであっても、行う準備ができていなければなりません。

一五章一—九節　清さと汚れについての議論

1その頃、ファリサイ派の人々と律法学者たちの何人かが、エルサレムからイエスのところに
やって来ました。彼らにはイエスへの質問が一つありました。
2彼らは言いました、「なぜあなたの弟子たちは長老たちの言い伝えに従わないのですか。彼ら
は食事をする時に手を洗いません」。
3イエスは答えました、「なぜあなたがたは自分たちの言い伝えを理由に、神の戒めに従わない
のですか。4神が告げたのは、『あなたの父と母を敬いなさい』、また『もし誰かが自分の父か母
を悪く言うならば、彼らは確かに死ななければならない』ということでした。5しかしあなたが
たは、『もし誰かが自分の父か母に「あなたが私から受け取るはずのものは、神に差し出します」
と言うならば、6彼らは自分たちの父をもはや敬う必要がない』と言っています。その結果、あ

なたがたは自分たちの言い伝えを理由に、神の言葉を無効にしています」。
7「あなたがた芝居役者たちよ。イザヤの預言の中には、あなたがたにぴったりの言葉があります。
8この民は、自分たちの唇では私を敬います、
しかしながら彼らの心は私を寄せ付けません。
9彼らが私に献げる礼拝は空虚です、
それは彼らが律法を単なる人間の教えとして教えるからです」。

教会には、伝統の力についての次のような宗派を問わず共通する小話があります。電球を一つ交換するには、何人の英国国教会信徒（あるいはメソジスト信徒、バプテスト信徒、ローマ・カトリック信徒……あるいはあなたの好むどの宗派の信徒であれ）が必要でしょうか。答えは五人です。そのうち一人は電球を換えるため、そして残りの四人は古い電球がどれほど良かったのかを話すために必要なのです。

大主教が地方の教会を訪問して、そこに五〇年間通い続けていた一人の男に会った時の話です。大主教は、「その期間にあなたは多くの変化を見てきたに違いありません」と言いました。「はい、そして私はそれらのすべてに反対しました」とその男は答えました。何にでも反対するやり方の危険性は、十字架上のイエスの「最後の七つの言葉」になぞらえて、「〔死ぬゆく〕教会の最後の七つの言葉」と

見る向きもある文章によって強調されています。ここでの「最後の七つの言葉」とは、「われわれは－決して－それを－この－ようには－今まで－行いませんでした」といった類のものです。

伝統と真理についての問題が、当初から教会には付き物であり続けてきたと知ることは、おそらく少しは慰めになるでしょう。そしてもちろん問題は、単に伝統を革新よりも支持したり、逆に革新を伝統よりも支持したりすることよりも根深いのです。目新しさのための目新しさは、慣例のための慣例とまったく同じく不毛です。ある人々が、特に社会の他のすべてのことがとても急速に変化している時に、教会で行われるいくつものことを年々同じ仕方で行うことを好むのとまさに同じように、ある人々は教会で行われるいくつものことをできるだけ異なった形で、しかもできるだけ頻繁に変えて行うことを好むのです。このような個人の好みは、賢い判断と決定のためには貧弱な根拠にしかなりません。

いずれにせよ、イエスとファリサイ派の人々の間で争点となっている問題は、単にイエスとその弟子たちが伝統的な仕方の代わりに新しい仕方でいくつものことを行っていたということではありませんでした。ファリサイ派の人々は、まさにそのような仕方で物事を見ようとしていましたが、イエスの鋭い返答は、それがそれほど簡単な話ではないことを示しています。彼らはイエスが自分の弟子たちに伝統的な清浄規定の一つ、すなわち食事の前に手を洗うことに対して甘い姿勢を取らせていると非難しました。

これは、不平を言うには取るに足りない些細なことのように思われるかもしれません。確かに、律法の教師たちが、マタイが一節で言っているように、イエスとその弟子たちをこのようなことで非難するためにだけエルサレムからガリラヤまで旅をするだろうかと疑問に思う人々もいます。しかしこれは、大切な点を見逃しています。イエスはすでに危険視されていた運動を率いていました。イエスは新しいいくつものことを行い、また語っていましたし、人々は群れをなしてイエスのところに押し寄せていました。そのような状況では、イエスが本当に「信頼できる」か否か、またイエスが本当に「物事の筋道」に従っているのか、それとも反しているのか、こうしたことをはっきり物語る小さなしるしを人々は探すことでしょう。さらに、ファリサイ派に属する他の人についてのわれわれの知識から、律法の教師たちのここでの行動を理解することができます。というのも、第一級のファリサイ派であるタルソス出身のサウロは、結局のところそこへ向かう途中で復活したイエスに出会い、自分の心と生活をひっくり返されることになるダマスコまで、イエスの弟子たちを襲うためにエルエレムから〔ガリラヤまでの〕二倍も遠い距離を旅したのでした。

イエスはファリサイ派の非難に直接には答えません。もっとも、続きの部分でイエスは、その〔非難の〕力を弱めることをいくつか語ります。ここからイエスは反撃を開始します。イエスが言うには、ファリサイ派の人々の言い伝えは、本来は言い伝えよりもはるかに重要であるはずの聖書の戒めそのものを覆すものでした。もちろんファリサイ派の人々は、自分たちの言い伝えは、聖書の教えの実際の運用を示すものだと主張しました。イエスは、ある特定の場合には、その逆が真であると指摘しました。

十戒自体では、イスラエルの人々は自分たちの両親を敬うよう命じられていました。これは特に、老いた親を世話することを言っていました。しかし、ファリサイ派の人々の言い伝えでは、本来は自分の両親に費やすべき金額を神殿に献げたならば、両親に対しては更に加えて何の義務も果たさなくてよいと見なされました。この取り扱いは神殿には、はっきり利益がありましたし、本当に偉大な信心深い振る舞いに見えたかもしれません。しかし、それは律法の本質を弱めるものでした。

この小さな一つの事例から、イエスはファリサイ派の人々への大規模な攻撃を開始します。それは、彼らが芝居役者だという攻撃です。「偽善者」という語は、文字通りには役を演じるために仮面をかぶっている人のことを言います。イエスが言うには、その仮面はファリサイ派の人々が使う言葉のことです。彼らの信仰深い言葉に隠れていますが、彼らの心には、神が切望したことを本当に発見しようという意思は何もありません。彼らは単なる人間の慣例を神の戒めの位置にまで高めてしまいました。その過程で、彼らは実際の神のいくつもの戒め自体を覆してしまいました。

ちょうどすべての教会が伝統の力についての小話を更に膨らませるように、すべての教会は、そして特にキリスト教指導者たちは、自分たちが同じように聖書の教えを膨らませていないかどうか、定期的に問う必要があります。すなわち、自分たちが教えていることや、キリスト者が当然行うべきだと自分たちが見なすことが、本当に聖書自体から生じていることなのか、あるいは単なる人間の言い伝えにすぎないと異議申し立てされるべきものなのか。単に何かが「時代遅れ」であるのか、あるいは「最新」であるのか、ということではありません。イエスは「伝統的なことは危険です——もし疑わしいならば、刷新しなさい」とだけ言っていたのではありません。実際、イエスのファリサイ派批判は、年代的にはより最近の彼らの言い伝えが、古くからの根本的な神の言葉を弱めている、ということでした。これこそが、特にキリスト教指導者たちにとって、聖書の真剣な学びが教会の生活と

課題の中心であり続ける理由です。聖書によってわれわれが絶えず新しくされ、また挑まれなければ、
健全な言い伝えと偽善的な言い伝え――あるいは、ついでに言えば命を与える刷新と死をもたらす刷
新――を区別するための冷静な判断力をわれわれは持つことがないでしょう。

一五章一〇―二〇節　清さと汚れについての譬え

10それから、イエスは群衆を呼び、彼らに言いました、

「聞いて理解しなさい。11人を汚すものは、口の中へ入るものではありません。口から出るもの
が人を汚すのです」。

12それから、弟子たちがイエスのところに来ました。

彼らは言いました、「あなたが言ったことを聞いてファリサイ派の人々が大きなショックを受
けたことをあなたは知っていますか」。

13イエスは答えました、「私の天の父が植えなかった苗木は皆、根ごと引き抜かれるでしょう。

14彼らをそのままにしておきなさい。彼らは目の見えない案内人たちです。もし一人の目の見え
ない人がもう一人を案内するならば、彼らは二人とも穴の中に落ちるでしょう」。

15ペトロが大声で言いました、「われわれにその謎めいた言い方を説明してください」。

16イエスは答えました、「あなたがたもまた、まだ物分かりが悪いのですか」。17「何であれ口の

中へ入るものは、腹へと進み、下水へと出て行くことがあなたがたは分からないのですか。[18]しかし、口から出るものは、心の中で始まり、それこそが人を汚すのです。[19]知っての通り、心から、悪だくみ、殺人、不倫、性的不道徳、盗み、偽証、冒瀆は出てきます。[20]これらのことが、人を汚すのです。しかし、洗っていない手で食べることは、人を汚しません」。

子ども向けの物語の中で最も愛されているキャラクターの一つは、くまのプーさんです。（作者であるA・A・ミルンの創作である）このフレンドリーで愛らしいぬいぐるみの熊の悪戯の一つでは、プーは一頭の象――あるいは彼の間違った発音ではズオウ――に罠を仕掛けようとします。

プーはズオウを捕まえるために穴を一つ掘り、自分の好物蜂蜜を餌に罠を仕掛けることに決めました。しかし、プーは蜂蜜が好きだったので、その瓶ごと罠に置いたままにすることに耐えられず、少しばかり自分で食べ始めました……瓶の中身が一番底まですべて本当に蜂蜜であるのか確かめることは重要なのだと自分に言い訳しながら。おそらくチーズであれ何であれ他のものならば、プーが一番底まで瓶の中身を調べることはなかったでしょう。そしてもちろん、瓶の中身が一番底まですべて本当に蜂蜜だったとプーが確かめ終えた時には、瓶は空になっていました……。

プーにとって重要なことは、瓶の中身が一番底まですべて本当に何なのかということです。もし一番上だけが蜂蜜で、瓶の下の部分にはまったく違うものが入っていたならば、そのことを知っておく必要があります。そして、こうしたことこそが、清浄規定についてのファリサイ派の人々との先の議論に対する意見として、イエスがここで言っていることの中心にあります。

清浄規定のすべてを守る目的は何でしょうか。神がいつもイメージしていたような人になることです。神がいつもイメージしていたのはどんな人だったでしょうか。単に表面的にだけでなく、一番底まで、すなわち人格の奥底に至るまでも純粋な人です。清浄規定そのものには何も問題はありません。もっとも、それらの規定から発展した言い伝えの中には、まったく無意味になったものがあるかもしれません。しかし、規則の字面のみにこだわって、底抜けに純粋であるようにという召しを無視することは、まったく目的から外れていました。

このことをイエスは、不可解だと受け止められたに違いない謎めいた言い方で伝えましたし、この箇所で述べられているように、その言葉は聴衆にとっては衝撃的でした。「口の中へ入るものでなく、口から出るものがあなたがたを汚すのです」という言葉によってイエスは何が言いたかったのでしょうか。イエスが、嘔吐物や唾のことをよもや考えていたはずはありません。

イエスは口から出る言葉について考えています。イエスが言いたいことは、言葉はその人が深いところで抱いているものを顕わにするということです。われわれがすでに見てきたように、人が何となく発した言葉が、その人が本当は何を考え、何を想像しているのかを示す指標だと心理学者たちが気付くずっと前に、イエスは同じことを指摘しました。人を汚す、聖なる神の御前に相応しくない行為は、殺人、不倫、性的不道徳などです。これらの行為へ走らせる動機は、人格の深みから湧き出てくる考えと言葉の中にさらけ出され、その人が清浄規定の字面をどんなに守っていたとしても、もし神が意図し、望んだ者に自分たちがなるべきならば、その人の最も内なる自己が変えられる必要があることを示します。

ですから、この議論は、単にファリサイ派の人々が他のユダヤ人たちに強制しようとした言い伝えを、イエスと弟子たちが守っているかどうかについてのものではありません。この議論は、神は本当に自分の民にどうあってほしいのか、またその願いはどのようにして実現され得るのか、についてのものです。ここでも他のところでも、イエスは――ファリサイ派の人々も、彼らを含む同時代人たちも、その多くが確かに十分気が付いていた――深い問い、すなわち人間の心はどうしたら純粋になるのかを提起しています。

このことを問題視しない人は誰であれ――答えは規則一覧の中にのみあり得ると考える人は誰もが含まれます――人格の内側のいかに深くまで邪悪さが潜んでいるのかをまだ知りません。われわれの大半は、一九節に列挙されたことの大半を、またさらにその他いくつものことを行いかねません。もしこうしたことがわれわれの心の中にまさにあるならば、われわれは神の目には不純であり、一番底まですべて清くされる必要があります。

ここで、イエスが言っている重要なことは、イエスの働きを通して神は心の奥底のこの不純さの治療法を提供しているということです。そして、この治療法は、彼の時代の他の教師たちが提供していたものとは大きく異なっています。彼らは清浄規定を守ることが、正しい開始地点だと見ましたし、彼らの中にはそこに止まることに満足した者もいました。イエスはこれらの規定は自分が引き受けることになった真の課題に対しては、大いに不適切であると見ました。（一三章のいくつかの譬えで自分が言ったように）イエスは王国の種を蒔き、成長し繁るであろう木を植えていました。しかし、他の行動指針を持つ人々は、根こそぎにされることになる木を植えていました。イスラエルの諸問題の解決策として清浄規定を推し進めていた人々は、イエスが言うには、目の見えない人が他の目の見えない人の道案内をしようとするようなものでした。彼らは二人とも道に迷うでしょうし、二人とも地面に開いた穴の中に落ちもするでしょう。

そうすると、この箇所が真に挑戦しているのは、とりわけもしわれわれが自分たちをイエスの弟子だと考えるならば、われわれすべてに対してということになります。われわれは古代イスラエルの清浄規定に照らして生活してはいませんが、規定いかんにかかわらず、われわれの心や、考えや、何気なく発する言葉は、われわれが少しも完全には純粋でないことを必ずや告げることでしょう。もしそうであるならば、そのことについてわれわれは、どうしたら良いのでしょうか。

この箇所ではイエスは自分が診断した症状の治療薬を提供していません。それは今後の話の展開の中でもたらされます。究極的には、自分の死と復活において、また聖霊の賦与において、人類に感染が及ぶ邪悪さと汚れをイエスが処断することによって、イエスは自分を治療薬として提供します。しかし、この治療薬は、われわれが神の前に立つ時に、神がいつも望んでいたように、われわれは奥底まですべて純粋なのだと神に認められるように、人格の内側の奥深くまで症状に対して使用される必要があります。

一五章二一—二八節　カナンの女

21イエスはその場所を去り、ティルスとシドンの地方へと向かいました。22その地方出身のカナ
ンの女がやって来て、叫びました、「ダビデの子よ、私に憐れみを。私の娘が悪霊に取りつかれ
ています。彼女は危険な状態です」。23しかしながら、イエスは彼女にまったく何も言いませんで
した。
イエスの弟子たちがやって来ました。
彼らは「どうか彼女を去らせてください。彼女は叫びながらわれわれについて来ます」と頼み
ました。
24イエスは答えました、「私が遣わされたのは、イスラエルの家の迷子になった羊たちのところ
だけです」。
25しかしながら、その女は近づくとイエスの足元にひれ伏しました。
彼女は言いました、「主よ、どうか私を助けてください」。
26イエスは答えました、「子たちのパンを取って、犬たちに投げるのは正しくない」。
27「主よ、分かっています。しかし、犬たちさえも自分たちの主人のテーブルから落ちるパンの
かけらは食べます」。
28「私の友よ、あなたは立派な信仰を持っていますね。分かりました。あなたが望むようになる
ように」。
そして、彼女の娘はその瞬間に癒されました。

過去一〇〇年にわたって、道徳的にも、文化的にも、大問題であり続けたことの一つは、人種問題でした。ナチスドイツが、ただユダヤ人であるという理由だけで、六〇〇万人もの人を殺したことを知って、世界は震撼させられました。さらに世界は、南アフリカのアパルトヘイト制度が、肌の色だけを理由に何百もの仕方で国民の大半を差別したのを目の当たりにして、ますます震撼させられました。しかしついに、多くの懸命な働きによって、変化がもたらされました。それでも、世界の他の諸地域では、なお今日に至るまで人種の違いが過激に区別されています。

しかし今、多くの国々で挑戦が始まっています。それは、すべての人が人種や肌の色にかかわらず平等であるという行き渡った考えが実際の社会の中で機能し、極めて異なる背景を持つ人々がお互いに平和と調和をもって共に生きることができるようになるための挑戦です。克服されるべき多くの偏見、多くの憎しみ、多くの疑いがなおあります。

ですから、この物語をわれわれ自身のこうした背景から読むならば、それが極めて衝撃的であることに気が付くでしょう。第一に、まるで、ただ彼女が相応しくない人種であるという理由だけで、困っている相手を助けることをイエスが拒んでいるように見えます。もし患者が相応しい家庭環境や肌の色でないという理由で、医師や看護師が治療を拒むならば、そのやり方にわれわれはあまり感心しないでしょう。そのため、この物語は極めて奇妙に思われます。いったいどうなっているのでしょうか。

われわれはここで再び、イエスの根本的な使命が明示されている地点にいます。イエスは、自分が出会う病人すべてを癒すことを務めとする単なる巡回医師ではありませんでした。イエスには極めて特別な召しがありましたし、イエスはすでにそのことを一〇章五―六節でほのめかしています。神の民であるイスラエルは、自分たちの神が今やついにご自分の約束を成就させつつあることを知る必要がありました。彼らが待ち望んでいた王国は、現れ始めていました。イエスはその告知者であり――弟子たちが気が付き始めていたように、イエス自身が神の油注がれた王でした。

しかし、この使信はいつもイスラエルに向けられていました。このことが継続されなければ、神がイスラエルを選び、ご自分の特別な民になるようにと、すなわち彼らによって神の言葉、そして神の新しい命が世界の残りの人々にもたらされるという約束の担い手になるようにと召したことが、間違いだったと暗に示すことになるでしょう。それにしても、なんと多くのキリスト者が、神の目的においてイスラエルが特別であることを忘れようとしてきたことでしょう。ところが、新約聖書記者たちはイスラエルが特別でないとは、決して述べていませんし、イエスも確かに決してそんなことをほのめかしませんでした。マタイ福音書五章でイエスが言っているように、イエスが来た目的は、律法を廃止することでなく、それを成就させることです。すなわち、神の選んだ民である「イスラエル」の特別さを解消することでなく、本来この民が存在する目的を成就することです。もし神の新しい命がこの世界にもたらされることになっているならば、それはイスラエルによってもたらされるでしょう。

だからこそ、イスラエルは最初に使信を聞かなければならなかったのです。もし約束の担い手である民が、肝心の約束を忘れる危険にさらされていたならば、彼らに約束を思い出させることが必要です。なぜならば、その約束が今や成就しつつあるからです。もしイエスとその弟子たちが、神の目的が明らかになる前に、より広い世界の誰に対しても差別なく務めをただ果たし始めてしまったならば、彼らは神を約束破りの嘘つきにしてしまったことでしょう。それこそがイエスが、そしてイエスの指示に従うその弟子たちが、自分たちの働きをほぼ完全にユダヤ人たちに限定した理由です。

しかし、イエスの公生涯において起こることの多くでそうであるように、未来に起こることの一端が現在において垣間見られ――ここでもまた、イエスが意表を突かれているように思われます。イエスはすでに異邦人である百人隊長の驚くべき信仰についてコメントしました（八・一〇）。今や、イエスは、イスラエルの北に住む非ユダヤ人であるカナンの女の同じほど驚くべき信仰についてコメントします。イエスとその近しい関係者たちが、その地に行ったのは、おそらくイエスがいくつものことを語ったり、行ったりしたことが、物議を醸し、怒りを伴う反発を買ったため、それらすべてから逃れるためでした。

このカナンの女の信仰は、確かに本当に偉大です。彼女はイエスが悪霊に襲われた自分の娘を癒すことができると明確に信じているだけではありません。彼女はイエスに向かって、「ダビデの子」と呼びかけます。この「ダビデの子」は、ユダヤのメシアに対する呼称ですが、弟子たちはまだ徐々にイエスとこの呼称を関係付け始めていたにすぎませんでした。一方、極めて驚くべきことに、世界のための約束を担う民として神がイスラエルを選んだことが実際に実行される仕方を彼女は理解し、それをイエスとの軽口のやり取りにおいて自分に都合よく利用しています。彼女が言うには、もちろん犬たちは子たちの食べ物の分け前に簡単には与ることができません。ここで、異邦人を劣ったものとして「犬」と呼んでいたその呼称を彼女が受け入れていることは、十分に驚くべきことです。それでも彼女は自分が重要と思う点を主張します。すなわち、もしイスラエルが本当に約束を担う民であるならば、イスラエルの**メシア**は全世界に究極的に祝福をもたらすでしょう。〔そして、その時には〕犬たちは子たちのテーブルから落ちるパンのかけらの分け前に与るでしょう。

われわれは一つのことを確信することができます。すなわち、初期の教会は、異邦人の受け入れに関するすべてのことについて、意見が一致していたのではありません。キリスト教運動の極めて初期以来、ユダヤ人たちと対等に異邦人たちを受け入れることについては、教会内で争われ、戦いは特にパウロによって勝利が収められました。ここの場面はわれわれにとって驚くべきものですが、それは、おそらくは当時のイエスの弟子たちにとっても同じく驚きでした。この女の信仰は、待機期間、すなわちイエスがイスラエルのメシアとしてエルサレムに入り、殺され、再び甦らされ、それから自分の弟子たちを全世界へと遣わす（二八・一九）までの期間を飛び越えました。弟子たち、そしておそらくイエスも、カルバリ〔の十字架〕の準備がまだできていません。一方、この外国人の女は、すでにイースター〔後の状況〕を求めています。

今日の世界でキリスト者にとって重要なことは、他の人々が将来実現すればそれで良いと思っていることを、今、すぐにでも神が行うように祈りにおいてせがみ、急かす信仰を持つことです。一九世紀初頭に、多くのキリスト者たちは、奴隷制度が邪悪であり最後には止めなければならないことに同意していましたが、それほど多くの人が今すぐそうすることを望みはしませんでした。ウィリアム・ウィルバーフォースと彼の友たちは、将来起こるべきことは神の力によって現在においても起こらなければならないという信仰に自分たちの身を献げて働き、祈りました。それこそが、この女をイエスが祝福した類の「偉大な信仰」です。

それではわれわれが今日直面している諸問題は何でしょうか。遠い将来に成就するかもしれないとわれわれが思い描いてきたけれども、先延ばしされることを拒む祈りと信仰によって、現在においてその成就を要求すべきであるのは、神のどの約束なのでしょうか。

一五章二九―三九節　四〇〇〇人の給食

[29]イエスはそこを去りガリラヤ湖のほとりに着きました。彼は山に登り、座りました。[30]大群衆が、彼らの〔中の〕足の不自由な人、目の見えない人、体の不自由な人、口の利けない人、その他の大勢の人たちを連れて、イエスのところに来ました。彼らはそれらの人々をイエスの足元に横たえ、イエスは彼らを癒しました。[31]群衆は口の利けない人が話し、体の不自由な人が機能を回復し、足の不自由な人が歩き、目の見えない人が見ているのを見て驚き、イスラエルの神を賛美しました。

[32]イエスは自分の弟子たちを呼んで言いました、「私は群衆を本当に気の毒に思います。彼らはもう三日間も私の側にいますが、彼らには食べるものが何もありません。私は空腹のまま彼らを去らせたくありません。彼らは家に帰る途中で倒れてしまうかもしれません」。

[33]弟子たちはイエスに言いました、「このような人里離れたところで、この規模の群衆に食べ物を与えるのに十分なパンをわれわれはどこで手に入れることができるでしょうか」。

[34]「あなたがたはパンをいくつ持っていますか」とイエスは尋ねました。
「七つです。そして魚が少しばかり」と彼らは答えました。
[35]イエスは群衆に地面に座るように告げました。[36]それからイエスはパン七つと魚を取り、感謝
して、それらを裂いて弟子たちに与え、弟子たちはそれらを群衆に与えました。[37]そして彼らす
べてが食べて満腹しました。そして彼らは七つの籠一杯に、裂かれたパンのかけらの残りを集め
ました。[38]食べた人は女と子を除いて四〇〇〇人の男でした。
[39]イエスは群衆を去らせました。それから、イエスは舟に乗り込み、マガダンの岸へと渡って
行きました。

私は先日、自分の甥二人と姪と一緒に映画に行きました。それは普通の映画ではなく、３D（スリーディー）の作品でした。普通の映画を見るのとは違って、すべての物がまるでスクリーンから出てまっすぐに向かってくるように思われました。スクリーンから出てまっすぐにわれわれに向かってボールが投げられ、水がはね、車が突進すると、皆が悲鳴を上げました。そのような映画は、映画の創世期には人気がありましたが、それらが少なくとも子ども向けの目新しさを求めるものとしては、再び流行しつつあるように思われます。

もちろん、３Dの効果を体験するためには、映画館の扉のところで渡される特別な眼鏡をかけなければなりません。もしそれをかけなければ、すべての物が少しぼんやりと見え、映画の内容が分かりません。でも、ひとたび３D眼鏡をかけたならば、たちまち話の中に入り込んで、何が起こっている

のかを理解することができます。

　同じように、何であれ偉大な文学作品を読む時には、どんな眼鏡をかけるべきかを知ることが必要です。私は、読む時に必要であるかもしれないガラスの普通の眼鏡について話しているのではありません。私が話しているのは、話の中に入り込み、著者が何を語っていて、それが本当に何を意味するのか知るために必要な、頭の中のレンズについてです。このことは、われわれが読んでいるのが聖書であれ、シェイクスピアであれ、ゲーテであれ、チョーサーであれ、あるいはわれわれの時代の偉大な作家のものであれ、どれにも当てはまります。

　マタイのこの箇所は、このことの優れた代表例です。マタイは、群衆がイエスのところに「足の不自由な人、目の見えない人、体の不自由な人、口の利けない人」を連れてきたとわれわれに告げています。そして、イエスが彼らを癒した時、群衆は「口の利けない人が話し、体の不自由な人が機能を回復し、足の不自由な人が歩き、目の見えない人が見ている」のを見ました。マタイはすでにイエスが行った驚くべき癒しについて、かなり多くの物語をわれわれに伝えてきました。それなのに、なぜ癒しの物語をさらに加えることで、マタイ福音書をなお一層長くする必要があるのでしょうか。

　眼鏡をかけなさい、そうすれば意味が分かります。マタイ自身は、イスラエルの聖書である旧約聖書に記された多くの重要な預言のテキストを疑いなく思い浮かべていましたが、自分の読者たちにも、これらのテキストを思い浮かべてほしかったのです。神がイスラエルをそのすべての困難から救い出す偉大な時が来ることについて、美しい詩によって語っているいくつかのテキストがあります。最もよく知られているものの一つをここに記します。マタイは、このテキストや、類似の他のテキストを

「通して」見ることによって、マタイが描いている情景をわれわれが３Ｄで〔預言の成就という視点を加えて、立体的に〕「見る」ことを意図しています。

その時、見えない人の目は開かれ
聞こえない人の耳は通る。
その時、足の不自由な人は鹿のように跳び、
口の利けない人の舌は喜びを歌う。

このテキストは、預言者イザヤ（三五・五―六）からの引用であり、イスラエルの民が捕囚から連れ帰られ、荒れ野を安全に通って自分たちの故郷に到着することを神が約束している箇所の一部です。この引用によって、長く待っていた時が今やついに来つつあるという自分の信仰をマタイは強調しています。癒しの業には特異な力が働いていますが、それでも単なる特別な力のしるしというわけではありません。むしろ、癒しの業はイエスがいくつもの古い預言を成就しつつあるという事実のしるしだ、言ってみれば３Ｄのしるしです。ここについにイスラエルが初めからずっと待っていたものがあります。ですから、群衆が「イスラエルの神を賛美しました」（三一節）とマタイが書いてもまったく不思議ではありません。

このことは、イエスが荒れ野で数千人もの人々の腹を満たしたことについての第二の物語を、一四章の極めて類似の物語の直後にマタイがここに加えた理由をも説明することでしょう。マタイが数

字（前回は五〇〇〇、今回は四〇〇〇。前回は残ったかけらは籠一二個分、今回は籠七個分）に果たして何か特定の意味を込めているのかどうかについて人々はさまざまに推測してきましたが、誰もこのすべてがおそらく意味することについて説得力ある説明を考え付いてはいません。（二六節で子たちが「犬たち」に先んじて食べることについて語られているのに対応して）最初の給食はユダヤ人に対するもので、第二の給食は異邦人たちに対するものであると提案されたことも何度かありましたが、この群衆が異邦人であるとか、異邦人の領域にいると考える理由は何もありません。

他の箇所と同様ここでもマタイにとって重要なことは、これが山の上で起こったということです（二九節）。マタイは自分の福音書において、何が起こっているのかを自分の読者たちが３Dで見ることを可能にするもう一つの「眼鏡」についても多く言及しています。その「眼鏡」とは「シオン伝承」のことであり、それは、エルサレム（「シオン」）が、すべての諸国民が救われるために集まる偉大な山となるという旧約聖書にいくつも記された預言のことです。まさに今や、皆が集まるのはエルサレムにではなく、イエス自身にです。そしてイエスは来る者皆のために祝宴を催します。その時、われわれはイザヤ書三五章の内容を別の言い方で語ることができます。すなわち、今こそ成就の時、イスラエルへの神の古い約束が成就しつつある時です。

そしてもしそうであるならば、それは諸国民が祝福に入り、祝福を共有する時でもあります。前の箇所でカナンの女についてわれわれが言ったことを振り返って考えてください。彼女が指摘したのは、神がイスラエルのために行おうとしていたことが実行された時には、たとえ今のところはテーブルの下の犬たちが子たちの落としたものを食べているような状況であったとしても、それに続く偉大な給食に異邦人たちは加えられるだろうということです。そうであれば、この箇所は、すべての被造物に対する神の赦しの愛という福音を告知するために、イエスが自分の弟子たちを全世界へ送り出す二八章一六―二〇節、すなわちマタイ福音書の結びに記された山での場面を見据えています。

これらのすべての物語と同様に、ここでの物語は、個々の読者すべてが物語の内部で生き、それを自分自身の物語とするように招いています。われわれは適切な眼鏡をかける方法を学ぶ必要があります。マタイはこれらについてのいくつかのヒントをすでにわれわれに与えており、またもしわれわれが旧約聖書を十分には分かっていないとすれば、マタイが３Ｄでわれわれに示している情景が分かるように、それをより注意深く読むように励ますでしょう。しかし、われわれは、自分たちの世界において情景が３Ｄになる場所を、祈りを通して、また今日の他の読者たちとの交流において発見する必要もあります。世界のどこで、今日、神の約束は緊急に必要とされているのでしょうか。病気の人たちと空腹な人たちは、どこで一人の真の神の祝福と希望をなお待っているのでしょうか。

訳者あとがき

本書は Tom Wright, *Matthew for Everyone part 1: Chapters 1-15, Second edition* (London: SPCK, 2004, 初版は 2002) の翻訳です。著者の略歴については、本書冒頭の「日本語版刊行の言葉」を参照してください。ライト教授が現代を代表する第一級の新約聖書学者であり、非常に多作であることは衆目の一致するところですが、専門書に限らず、本シリーズを含めて、一般読者向けに何とも言えない魅力にあふれた著書を送り出し続けておられます。ぜひ、実際に本書を読み進めながら、その魅力を味わっていただきたいと思います。各項目の冒頭に紹介されるエピソードからは、著者の教養の深さと共に細やかさ、暖かさ、軽やかさ、また時にお茶目ささえも伝わって来るように思います。しかもそれらの根底にある著者の神に対する深い信頼と、われわれに託された務めに対する鋭い洞察とが、文書のそこかしこから心を揺さぶる説得力と共に迫ってきます。

ライト教授とお会いしたのは、国際学会でほんの数回のことですが、それでも、短い個人的な会話の中で、「包容力」という言葉がこれほど相応しい人物もそれほどいないであろうとの確信を抱かせる何かを深く印象付けさせられたことでした。二〇一五年九月にエジンバラで開催された英国新約学会で最初にお会いした時から、本書の日本語版の翻訳者であると自己紹介していましたので、今般、多くの方々のご助力、ご協力によって、ようやく形にすることができ安堵しています。

いささか長きにわたった翻訳期間は、大学での働きに加えて、東京神学大学での九年間の長期履修制度による博士課程の後半と重なり、また、家族の中にもさまざまな変化が起こりました。そのような中で、翻訳に取り組み、本書を深く読むことによって、教えられ、励まされ、慰められ、また戒められたことは、たいへん豊かな経験となりました。

今春に博士課程は「単位取得退学」ということになりましたが、監修者の一人で博士課程の指導教授でもあった（そして、今も貴重な助言をくださっている）中野実教授から翻訳の打診を受け、自身が研究テーマとしている「自然奇跡」の聖書箇所を含むマタイ福音書の前半を担当させていただいたことに、深く感謝しています。中野教授には、本書の日本語訳の文体についても、貴重な具体的な助言を多くいただきました。

また、英語表現について私の力量の及ばぬところには、青山学院大学の同僚であるS・G・ランバッカー（Lambacher）教授に貴重なアドヴァイスをいただいたことを深い感謝と共に記させていただきます。また、文体も訳文もなかなか定まらない翻訳者の訳文に忍耐強く目を通していただき、編集の労をとってくださった教文館の高木誠一さんに心からの感謝を申し上げます。

個人的なことになりますが、我が家の最近の出来事の一つに、一三年半にわたって我が家の大切な一員であった愛犬の最期を看取ったことがありました。ちょうどこの時期に本書をまとめることができましたことに何か深い導きを覚えます。翻訳を終えるまで見守り、支えてくれた天と地にある家族に改めて感謝します。

二〇二一年平和を切望する八月に

大宮　謙

用語解説

安息日（sabbath）

ユダヤ教の安息日，つまり週の 7 日目は万物創造（創 2.3，出 20.8–11）と**出エジプト**（申 5.15）とを記念する日である。安息日は，**割礼**や食事規定と共に，古典後期の異邦人世界にあってユダヤ人のアイデンティティを象徴する重要な事柄であり，この遵守にまつわる細則がユダヤ**律法**において大切な位置を占める。

命，魂，霊（life, soul, spirit）

古代人は，人が他の生き物と比べて特別である理由をさまざまな仕方で説明した。ユダヤ人を含む多くの人々は，人が完全であるために，身体だけでなく内的自己を有している必要があると考えた。プラトン（前 4 世紀）の影響を受けた人を含む多くの人々は，人が「魂（プシュケー）」という重要な要素を有し，これが死によって肉体という牢獄から解放されると考えた。ユダヤ教の思想を継承する新約聖書においては，「プシュケー」が「命」あるいは「真の自己」を意味し，霊魂／肉体という二元論的な理解をしないので，これが現代人読者を混乱させてきた。体験や理解など人の内的存在が「霊」と表現される場合もある。**聖霊**，**復活**をも参照。

異邦人（Gentiles）

ユダヤ人は，世界をユダヤ人と非ユダヤ人とに分けて考えた。非ユダヤ人を表すヘブライ語「ゴイーム」は，民族アイデンティティ（ユダヤ人の祖先を持たない）と宗教的アイデンティティ（唯一真なる神**ヤハウェ**に属さない）という両面の意味を持つ。ユダヤ人――特にディアスポラのユダヤ人（パレスチナ以外に住むユダヤ人）――の多くは，異邦人と良好な関係を保っていたが，公には異民族間婚姻の禁止などのしきたりを守っていた。新約聖書で用いられる「エスネー（諸国）」という語は「ゴイーム」と同様の意味を持ち，これが「異邦人」と訳されている。イエスを信じる異邦人が**割礼**を受けることなく，キリスト者の共同体においてユダヤ人と同様に完全な立場を有するということ，それがパウロの絶えず強調した点である。

永遠の命（この世を参照）（eternal life, cf. present age）

エッセネ派（死海文書を参照）（Essenes, cf. Dead Sea Scrolls）

割礼（circumcision）

包皮の切除を意味する。男性の割礼はユダヤ人としてのアイデンティティを明示するしるしで，アブラハムへの命令（創 17 章）に始まりヨシュアによって再確認された（ヨシュ 5.2–9）。エジプト人など他の民族のあいだでもある種の割礼の伝統は見られた。もっとも，申命記（30.6 参照）に始まり，エレミヤ書（31.33 参照），**死海文書**，そして新約聖書（ロマ 2.29）が共通して「心の割礼」という表現を用いることから分かるように，この儀礼は神の民が聖別されるための内面的な姿勢を象徴的に表した外見的な儀礼である。近隣の民族やその文化に同化する目的で，ユダヤ人の中には割礼のしるしを外科手術によって取り除く者もあった（Ｉマカ 1.11–15）。

神の王国，天の王国（kingdom of God, kingdom of heaven）

いくつかの詩編（99.1 参照）や預言書（ダニ 6.26 参照）によると，イスラエルの神**ヤハウェ**の王権，主権，あるいは救済的支配を指す。ヤハウェは創造神なので，この神が自らの意図する王となるとき，それは被造物に正しい秩序をもたらし，その民イスラエルを敵から救出する。イエスの時代には，「神の王国」やそれに準ずる表現が，革命と抵抗のスローガンとして広く用いられていた。イエスによる神の王国の宣告は，これらのスローガンを再定義し，イエス独自の理解を表明することであった。王国へ「入れ」というイエスの呼びかけは，待ち望まれた神の救済的支配の始まりであるイエスの活動とイエス自身へ所属することを促す。イエスにとって王国の到来は一度で完成するものではない。それはイエスの公的活動，イエスの死と**復活**，また終末の完成という各段階を経て到来する。マタイは「**天**の王国」という表現を用いるが，これは「神」に対して「天」という婉曲表現を用いるユダヤ教一般の感性に倣っている。これは「天国」という場所を指しているのでなく，イエスとその業をとおして神が王となることを意味する。パウロはイエスを**メシア**と呼ぶが，これはメシアがすでに王国を支配しており，やがて父にその支配を明け渡すことを意識している（Ｉコリ 15.23–28。エフェ 5.5 参照）。

神の子（son of God）

「神の子」は本来，イスラエル（出 4.22），ダビデ王とその継承者（詩 2.7），また古の天使的な生き物（創 6.2）を指した。新約聖書の時代までに

は，この語が**メシア**を示す語として用いられるようになっていた（例えば**死海文書**）。**福音書**においてイエスが「神の子」と呼ばれる場合，それは「メシア」を意味しており，イエスを神として捉えているわけではない。もっともパウロ書簡においては，この意味への移行が見て取られ，「神の子」は，神と等しい存在でありながら，神によって人またメシアとして遣わされた者である（ガラ 4.4 参照）。

犠牲（sacrifice）

古代人の多くがそうするように，イスラエルはその神に対して動物や穀物を犠牲として献げた。他の民族との違いは，何をどのように献げるかに関して非常に詳細な規則が記述されたことである（その大部分はレビ記に見られる）。そしてこれは，200 年頃執筆された**ミシュナ**において確立される。旧約聖書は，犠牲がエルサレム**神殿**でのみ献げられることを明示している。70 年に神殿が崩壊すると犠牲はなくなり，ユダヤ教は以前から実施していた祈り，断食，施しをその代用として確立させた。初期のキリスト教は犠牲にまつわる表現を，聖め，宣教，**聖餐**等との関連でメタファとして用いた。

奇跡（miracles）

特にエリヤやエリシャら古の預言者のように，イエスは多くの著しい力ある業——特に治癒——を行った。**福音書**はこれらを「業」「しるし」「不思議」などと表現する。「奇跡」という語は，閉じられた宇宙の「外」にいる神が「介入する」ことを意味するが，これは一般に閉じられた宇宙観を前提とする原理に基づいて否定される。しかし聖書においては，「力ある業」は不在者の侵入ではなく，臨在する神のしるしと見なされる。特にイエスの預言に続く「力ある業」は，彼がメシアであることを証明する（マタ 11.2–6）。

来たるべき世（この世を参照）（age to come, cf. present age）

義認（justification, justified）

神が，全世界の審判者として，普遍的な罪にもかかわらず人を正しいと宣告すること。最後の審判は各人の全生涯に基づいて将来なされるが（ロマ 2.1–16），義認という宣告はイエスのなした業——十字架において罪がすでに取り扱われたこと——をとおして，今の時代においてなされる（ロマ 3.21–4.25）。義認を享受する手段は**信仰**である。これは，ユダヤ人と**異邦人**とが共に，神がアブラハムへ約束した家族の構成員となることを意味

する。

キリスト（メシアを参照）（Christ, cf. Messiah）

悔い改め（repentance）
文字どおりには「引き返すこと」を意味する。旧約聖書とそれに続くユダヤ教資料においては，個人的に罪から離れること，またイスラエル全体が偶像崇拝から離れて**ヤハウェ**への誠実さを取り戻すことを意味する。いずれの場合も，「**捕囚**からの帰還」というユダヤ人の体験と結び付いている。イスラエルが引き返すべき場所はヤハウェである。これが**洗礼者ヨハネ**とイエスとの説教が命じるところである。一般にパウロ書簡においては，**異邦人**が偶像から離れて真の神に仕えることを指し，また罪を犯し続けるキリスト者がイエスに立ち返ることをも表す。

クムラン（死海文書を参照）（Qumran, cf. Dead Sea Scrolls）

契約（covenant）
ユダヤ教信仰の中心には，唯一神であるヤハウェが全世界を創造し，アブラハムとその一族とを選んで特別な関係を結んだ，という確信がある。神がアブラハムとその一族とに対して告げた約束と，その結果として彼らに与えられた条件は，王とその臣民，あるいは夫婦のあいだの合意になぞらえられた。この合意に基づく関係性が「契約」という語で表現され，それには約束と**律法**が含まれる。この契約は，シナイ山において**トーラー**の授与というかたちで，申命記では約束の地に入る前に，またダビデ王とのあいだで（詩 89 編参照）再確認された。エレミヤ書 31 章では，**捕囚**という罰のあと神がその民と「新たな契約」を結び，彼らを赦してより親しい関係性を築く，という約束がもたらされた。イエスは，自分による**王国**到来の宣言と死と**復活**とによってこの約束が成就すると考えた。初期のキリスト者たちはこの考えにさまざまな解釈を行い，イエスのうちにこれらの約束が成就するという理解を共有した。

ゲヘナ，地獄（Gehenna, hell）
ゲヘナとは文字どおりには，エルサレム南西の傾斜にあるヒノムの谷のことである。古の時代から，ここはごみ捨て場であり，燻る火が絶えなかった。すでにイエスの時代には，死後の罰を受ける場所を人々に想像させるためゲヘナが譬えとして用いられた。イエスがこの語を用いるとき，2 つの意味が込められていた。1 つはエルサレム自体への警告であり，エル

サレムが悔い改めなければ街全体が燻るごみの山と化すということである。もう1つは，より一般的な神の最後の審判への警告である。

言葉（良き知らせを参照）（word, cf. good news）

この世（時代），来たるべき世（時代），永遠の命（present age, age to come, eternal life）

イエスの時代のユダヤ人思想家たちは，歴史を2つの時代へと分けていた。すなわち「この世（時代）」と「来たるべき世（時代）」である。後者は**ヤハウェ**が悪に対して決定的な審判を下し，イスラエルを救い，正義と平和とを保証する新たな時代である。初期のキリスト者たちは，来たるべき世の完全なる祝福はまだ将来にあるが，イエスの死と**復活**をとおしてそれはすでに開始しており，すでにキリスト者は**信仰**とその象徴である**洗礼**をとおしてその中に入れられると考えた。「永遠の命」とはたんに終わりのない存在が続くことではなく，来たるべき世における命を指す。

祭司，大祭司（priests, high priest）

モーセの兄アロンがイスラエル最初の祭司に任命されると（出28–29章），彼の子孫がイスラエルの祭司職を務めるという理解が定着した。同じ部族（レビ族）の他の構成員は「レビ人」と呼ばれ，犠牲以外の祭儀を執り行った。祭司たちはイスラエルの民のあいだに住んで，それぞれの地で教師としての役割を果たし（レビ10.11，マラ2.7），当番の年にエルサレムに移り**神殿**での義務を果たした（ルカ2.8参照）。**ダビデ**王がツァドクを大祭司として任命してから（彼がアロンの血筋を受け継ぐか疑われる場合がある），その一族が上級祭司職を受け持つことになる。おそらくこれが**サドカイ派**の起源であろう。クムランの**エッセネ派**に関しては，正統な祭司長職を主張する反体制的な集団であると説明される。

再臨（パルーシア）（parousia）

文字どおりの意味は「不在」の反語としての「臨場，参席，列席」であり，パウロはときとしてこの意味で用いる（フィリ2.12）。ローマ世界においては，例えば皇帝が支配地や植民地を訪れる際の訪問儀式を指して用いられた。天の主は教会に対して「不在」ではないが，再臨における主の訪問（コロ3.4，Ⅰヨハ3.2）は，皇帝の訪問のようであり，パウロはこの意味でパルーシアを用いる（Ⅰコリ15.23，Ⅰテサ2.19等）。**福音書**では，マタイのみがこの語が用いる（24.3，27，39）。

サタン，告発する者，悪魔，悪霊（Satan, 'the accuser,' demons）

聖書は「サタン」として知られる存在に関して詳細を語らない。ヘブライ語の意味は「告発する者」である。ときとしてサタンは，いわば**ヤハウェ**の天における評議会構成員として，罪人の訴追という役割を負っているようにも見受けられる（代上 21.1，ヨブ 1–2 章，ゼカ 3.1–3）。一方でサタンは，エデンの園のヘビと見なされたり（創 3.1–5），**天**から閉め出される明けの明星と表現される（イザ 14.12–15）。多くのユダヤ人は，人の悪行や社会悪の背後にある人格化された悪の源としてサタンを理解し，その力がある程度自立した存在である「悪霊」をとおして影響を及ぼしていると考えた。イエスの時代には，「ベルゼブル（ハエの主）」あるいは「邪悪な者」などの名がサタンに付された。イエスはその弟子たちに，サタンの欺きに対して注意喚起している。イエスの反対者たちは，イエスをサタンの仲間として非難した。しかし初代のキリスト者たちは，誘惑への抵抗（マタ 4 章，ルカ 4 章），悪霊追放，そして死（Ｉコリ 2.8，コロ 2.15）をとおして，イエスがサタンを敗走させたと考えた。黙示録 20 章はこの究極の敵に対する決定的な勝利を約束するが，キリスト者にとってはいまだサタンの誘惑は現実のものであり，それに対する抵抗が続いている（エフェ 6.10–20）。

サドカイ派（Sadducees）

イエスの時代までには，ダビデ王の時代に**大祭司**を務めたツァドクの一族に起源がさかのぼると言われるサドカイ派が，ユダヤ社会において貴族階層を形成していた。指導的な立場にある祭司を輩出する諸家を構成員とするサドカイ派は，エルサレムを拠点として独自の伝統を守りつつ，**ファリサイ派**の圧力に対して抵抗していた。彼らは権威の根拠としてモーセ五書のみを認め，死後の生や**復活**，またそれらと関連する思想を否定した。おそらくそれは，これらの思想が革命的運動につながりかねないことを恐れたからだろう。サドカイ派の資料は――シラ書（集会の書）と呼ばれる黙示書がサドカイ派の資料でないかぎり――現存しない。サドカイ派は 70 年のエルサレムと**神殿**の崩壊とともに消滅した。

死海文書（Dead Sea Scrolls）

1940 年代にクムラン（死海の北東部）周辺で発見された文書資料群で，非常に良い状態で保存されているものもあれば，著しく断片的なものもある。これらは現在ほぼすべて編集され翻訳されて公開されている。これらの資料は，前 2 世紀中頃に成立し 66-70 年のユダヤ戦争に至るまで続いた厳格な隠遁者集団（おそらく**エッセネ派**）の図書館に所蔵されていたと考

えられている。これらの文書（巻物）は，現存する最古のヘブライ語とアラム語の聖典テクスト，共同体の規則，聖典の注解，賛歌，知恵書等からなる。これらの資料は，イエスの時代に存在した一ユダヤ教宗派に光を照らし，当時のユダヤ人の少なくとも一部がいかに考え，いかに祈り，いかに聖典を読んだか，われわれが知る手がかりを与えている。さまざまな解釈は試みられているが，これらのテクストが洗礼者ヨハネ，イエス，パウロ，ヤコブ，あるいは初期キリスト教一般に言及しているとは考えられない。

地獄（ゲヘナを参照）（hell, cf. Gehenna）

使信（良き知らせを参照）（message, cf. good news）

使徒，弟子，12 弟子（apostle, disciple, the Twelve）

「使徒」は「遣わされた者」を意味する。大使や使節を意味することもある。新約聖書では，ときとしてイエスに近い内部集団を指す場合もある。使徒の条件としては，復活したイエスに個人的に出会ったことが挙げられるが，パウロは自分自身をも含めて 12 弟子以外の同労者を指して「使徒」と呼ぶ場合がある。イエスが 12 人の側近を選んだことは，神の民であるイスラエル（の 12 部族）を再興する計画を象徴している。イスカリオテのユダが死んだ後に（マタ 27.5，使 1.18），その欠員を埋めるべくマティアがくじによって選出され，その象徴的意義が保たれた。イエスの公的活動期には，彼らを含めた多くの追従者が「弟子」とみなされたが，これは「徒弟」や「門人」ほどの意味である。

出エジプト（Exodus）

出エジプト記によると，イスラエルの民はモーセの導きによってエジプトでの長い隷属状態から解かれた。創世記 15 章 13 節以下によると，これは神がアブラハムに与えた契約における約束内容の一部だった。出エジプトという出来事は，イスラエルが神にとって特別な子であることを，イスラエルの民とエジプト王ファラオに対して明らかに示した（出 4.22）。イスラエルの民は 40 年にわたって，雲と火との柱をとおして神に導かれつつシナイ半島の荒野を放浪した。この長旅の初期には，シナイ山において**トーラー**が与えられた。モーセが没してヨシュアが指導者となると，民はヨルダン川を渡り，約束の地カナンに進行し，ここを征服した。この一連の出来事は，過越祭やその他の祭儀によって毎年記念され，イスラエルが一つの民として確立されたという鮮明な記憶を刻むのみならず，**ヤハウェ**が創

造神であり解放者であるというヤハウェへの信仰を形成した。そしてその後の歴史においてイスラエルが再び隷属状態――特にバビロン捕囚――に置かれると，彼らは新たな出エジプト，すなわち新たな解放の訪れを期待した。おそらく，これほどに後1世紀のユダヤ人の想像を刺激する過去の出来事は他になかっただろう。初期のキリスト者たちもこれに倣い，イエス自身の教えに従いつつ，彼らが経験するさまざまな危機的あるいは重要な局面において，出エジプトの記憶から意義と希望を見出そうとした。彼らは出エジプトをとおして，イエスの死と復活に関する信仰を形成することとなる。

信仰（faith）

新約聖書における信仰は，人の信頼と信頼性という広い領域を指す語であり，一方では愛，他方では忠誠と深く関わる。ユダヤ教とキリスト教の思想において，神信仰は神に関する真理や神の行為――イスラエルをエジプトから連れ出したこと，イエスを死から甦らせたこと等――の意義に同意することを含んでいる。イエスにとっての信仰とは，イエスをとおして王国をもたらすという決定的な行為に神が着手していることを確信することである。パウロにとっての信仰とは，イエスが主であり神がイエスを甦らせたことを確信すること（ロマ10.9），また神の愛に対する感謝と大いなる愛に溢れた応答を指す（ガラ2.20）。パウロにとってはこの信仰こそが，キリストにある神の民を他と分かつしるしであり，それはトーラーとその諸規定がなしえないことである。

神殿（Temple）

エルサレム神殿は，全イスラエルのための中心となる聖域としてダビデ王によって計画され（前1000年頃），その子ソロモンによって建設された。この神殿は，ヒゼキヤとヨシヤとによる前7世紀の改革の後，前587年にバビロニアによって破壊された。神殿の再建は前538年バビロン捕囚からの帰還者たちによって開始され，前516年に完成した。これが「第二神殿期」の始まりとなる。前167年にアンティオコス・エピファネスが偶像を持ち込んで神殿を汚したが，ユダ・マカバイが前164年にこれを浄めた。前19年，ヘロデ大王が壮麗な神殿の建設を始めたが，これが完成したのは後63年のことである。しかし後70年，ユダヤ戦争の結果として神殿はローマ軍によって破壊された。多くのユダヤ人が神殿の再建を望んだが，その望みを今でも持ち続ける者もいる。神殿は犠牲を献げる場所というだけでなく，地上においてヤハウェの臨在が現れる場であり，ここで天と地が結ばれる。

聖餐（eucharist）

最後の晩餐における「私を覚えるためにこれを行え」（ルカ 22.19，Ⅰコリ 11.23–26）というイエスの教えに従ってキリスト者たちのあいだで行われる食事。「聖餐」とは「感謝」を意味するギリシア語に由来し，イエスがパンを取り，神に感謝を献げてそれを裂き，人々に与えたことに思いを馳せる記念の食事である（ルカ 24.30，ヨハ 6.11）。この食事は「主の晩餐」（Ⅰコリ 11.20）あるいは「パンを裂く」（使 2.42）とも表現された。これはのちに「ミサ」（礼拝の最後に告げられるラテン語で「解散（派遣）」を意味する），「聖なる交わり」（パウロは，キリストの体と血とにおける信徒の交わりについて語る）と呼ばれるようになる。この食事に関わるさまざまな行為と要素との厳密な意義に関するのちの神学的論争が，初期キリスト者の生き様と今日の信仰におけるこの儀礼の重要性からわれわれの目を逸らすことがあってはならない。

聖霊（holy spirit）

創世記 1 章 2 節において，霊は神の臨在であり被造物のうちにある力である。この霊が特に預言者に降るとき，彼らは神のために語り行動する。**洗礼者ヨハネ**の**洗礼**において，イエスはその公的活動のために霊による特別な備えを受けた（使 10.38）。イエスの**復活**以降，彼の追従者たちも同じ霊によって満たされたが（使 2 章），この霊はイエスの霊と見なされるようになった。創造神がその活動を新たにし，この世界とキリスト者とに新たな創造を始めた。霊は彼らが聖い生き方を送ることができるようにしたが，これは**トーラー**がなしえなかったことである。霊は彼らのうちに「実」を結び，神と世と教会に仕えるための「賜物」を与え，将来の**復活**を確証した（ロマ 8 章，ガラ 4–5 章，Ⅰコリ 12–14 章）。教会の非常に早い段階から（ガラ 4.1–7），霊は神理解に重要な役割を持つようになった。例えば，「御子と御子の霊を遣わす神」という神理解がされた。

洗礼（baptism）

文字どおりには，「（水中に人を）突っ込む，浸す」ことを意味する。**洗礼者ヨハネ**は，儀礼的な洗い浄めというユダヤ教の伝統を引き継ぐかたちでヨルダン川において人々に洗礼を授けたが，これはたんに彼が行った数あるユダヤ儀礼の 1 つというのでなく，**神の王国**の到来に備えるため人々を**悔い改め**に導くという彼の中心的で独自の活動だった。イエス自身もヨハネの洗礼を受けてその刷新運動に賛同しつつ，イエス独自の意義を確立していった。イエスの弟子は他の追従者たちに洗礼を授けた。イエスの**復活**と**聖霊**授与のあと，洗礼はイエス共同体へ属する一般的な通過儀礼とな

った。すでにパウロの時代には，洗礼が，**出エジプト**（Ⅰコリ 10.2）またイエスの死と復活（ロマ 6.2–11）と結び付けられるようになっていた。

譬え（parables）
　旧約聖書以来，預言者や他の教師たちはイスラエルの民を教えるためにさまざまな仕掛けを用いてきた（Ⅱサム 12.1–7）。あるときは幻とその解釈という設定で語った（ダニ 7 章参照）。同様の話法は**ラビ**たちによっても用いられた。イエスもこれらの伝統に独自の特徴を加えつつ，同時代に横行した世界観を切り崩して，自らが抱く神の**王国**への確信へと聴衆を誘った。イエスの語る譬えは，神の王国がたんなる普遍的原理でなく，今まさに起こりつつある現実であることを読者に印象づけた。譬えのうちには，旧約聖書の教えに独自の解釈を加えて，イスラエルの預言者の預言を語り直すものがある（マコ 4 章：「種蒔く者」の譬え，マコ 12 章：「ぶどう園の農夫」の譬え）。

ダビデ（ダビデの子を参照）（David, cf. son of David）

ダビデの子（son of David）
　「ダビデの子」は，**メシア**という称号の代用として用いられる場合もある。旧約聖書におけるメシアに関する約束は，しばしばダビデ王の子孫において成就する（サム下 7.12–16，詩 89.19–37）。マリアの夫ヨセフは，天使によって「ダビデの子」と呼ばれる（マタ 1.20）。

魂（命を参照）（soul, cf. life）

弟子（使徒を参照）（disciple, cf. apostle）

天（国）（heaven）
　天（国）とは，創造秩序における神の領域を指す（創 1.1，詩 115.16，マタ 6.9）。これに対して，われわれが知る空間，時間，物質の世界は「地」である。したがって天（国）はしばしば神を示す語として代用され，マタイ福音書では「天の**王国**」という表現が見られる。普段は人の目から隠れている天（国）が啓示されるとき，それは神のあるべき秩序が示されることである（王下 6.17，黙 1.4–5）。新約聖書において天（国）は，神を信ずる者が死後に移行すべき非物質的で非身体的な領域を意味しない。終わりの時に，新たなエルサレムが天から地へと降り，こうして 2 つの領域が永遠に 1 つとなる。「天の王国に入る」とは死後に天国に行くことでなく，こ

の時代における地上の生活を天（国）の目的と基準とに照準を合わせて舵取りする共同体に属する，すなわち**来たるべき世**に属することである。主の祈りが「天になるごとく地にも」という所以である。

トーラー，ユダヤ律法（Torah, Jewish law）

「トーラー」は，狭義には旧約聖書の最初の五書を指すので，「モーセ五書」と呼ばれる。これらの書の多くの部分は律法の記述に割かれているが，また多くの部分が物語からなっている。広義には旧約聖書全体をも指すが，旧約聖書全体は厳密には「律法，預言書，諸書」に分類される。より広義には，記述律法と口伝律法からなるユダヤ教の律法伝承全体を指す。口伝律法が最初に成文化されたのは，後 200 年頃に編纂された**ミシュナ**においてである。これは 400 年頃に補足・編集されて，バビロニア・タルムードとエルサレム・タルムードとして集成された。イエスやパウロの時代のユダヤ人の多くは，トーラーを神の明確な意思表示とみなし，ほとんど神格視していた。ある者はこれを人格化した「知恵」と同一視した（シラ 24 章を参照)。トーラーに命じられていることの遵守は，神の好意を得る行為としてではなく，むしろ神への感謝を表明する行為と考えられた。トーラーはユダヤ人アイデンティティを象徴するものであった。

筆記者，律法学者（scribes）

識字率が低い社会においては，商売や結婚の契約等を代行者として書き記す専門の「筆記者」が必要とされた。したがって，多くの「筆記者」は律法の専門家であり，**ファリサイ派**に属することもあった。もっとも律法学者は，政治的あるいは宗教的に他の宗派に属することもあっただろう。初期の教会においては，「筆記者」がイエスに関する物語等を写本しつつ伝承するという重要な役割を果たした。

人の子（son of man）

この句は、ヘブライ語あるいはアラム語でたんに「必滅の（者)」あるいは「人」を意味したが、古代後期のユダヤ教においてはときとして「私」あるいは「私のような者」を意味した。新約聖書においてこの句はしばしばダニエル書 7 章 13 節と関連づけられた。すなわちそれは、しばらくの苦しみののちに報いを受け、**天**の雲に乗って「日の老いたる者」の前に出、王権を授与される「人のこのような者」を指した。ダニエル書 7 章自体はこれを「いと高き方の聖者ら」を指すと解釈するが、後 1 世紀のユダヤ人のあいだではこれが**メシア**待望の根拠と見なされた。イエスはこの句を重要な講話の中で用いた。これらの講話は、イエスがしばらくの苦しみのの

ちに神から報いを与えられ、彼に抵抗する者らが裁かれることを示唆している（例えばマコ 14.62)。つまりイエスは自らを指す暗号のようにこの句を用いつつ、苦難、報い、そして神からの権威を受ける日が近いことを仄めかした。

ファリサイ派，律法学者，ラビ（Pharisees, legal experts, lawyers, rabbis）

ファリサイ派は，前 1 世紀から後 1 世紀にかけて，非公式ながら大きな影響力を持つユダヤ社会の圧力集団だった。少数の**祭司**階級を含みつつも大半が一般階級から構成されるこの宗派は，ユダヤ律法（**トーラー**）の厳格な遵守を呼びかけるとともに，聖書に関する独自の解釈と適用とを確立し，民族独立の希望に関する独自の視点を展開した。ファリサイ派の多くが律法の専門家であった。

彼らはトーラーの学びと実践とが神殿礼拝と同等であると教えたので，その意味においてイスラエルの民の民主化に寄与したことになる。もっとも，**神殿**における独特の典礼規則遵守に消極的な祭司たち（サドカイ派）に対して，これを要求するという面もあった。神殿に頼らないユダヤ人のあり方を提供したファリサイ派は，ユダヤ戦争（66–70 年）における神殿崩壊後においてもその存在意義を維持し，初期のラビ・ユダヤ教の形成につながった。彼らは父祖の伝承に堅く立ち，政治的には異邦人とユダヤ人指導階層とによる搾取に対して，抵抗運動の前線に自らを置いた。イエスの時代には，ファリサイ派に 2 つの学派が存在していた。より厳格なシャンマイ派は武装抵抗運動も厭わなかったが，もう 1 つのヒレル派はより穏健な立場をとった。

ユダヤ戦争による壊滅的な敗北のあとも，ヒレル派とシャンマイ派とは激しい政治的論争を続けた。バル・コクバの戦いによってローマに対してさらなる敗北を喫したあと（135 年），ラビたちがこの伝統を継承した。彼らは初期ファリサイ派の意志を継ぎつつも，政治的な野望から距離を置き，個人的な聖さを求めるトーラーへの敬虔を主眼とした。

福音（良き知らせを参照）（gospel, cf. good news）

復活（resurrection）

一般に聖書的には，人の身体には肯定的な意味があり，たんに**魂**を閉じ込めるだけのやがて朽ちゆく牢獄というニュアンスではない。古代イスラエル人が創造神**ヤハウェ**の正義と善という問題を深く考えた結果として，神は死者を甦らせるという理解に達したが（イザ 26.19，ダニ 12.2–3），これは古代の異教世界の思想と相容れない。待ち望まれる**捕囚**からの帰還

も，ヤハウェが乾いた骨に新たな命を吹き込んで呼び起こすと言い表される（エゼ 37.1–14）。この思想は，特に殉教体験をとおして，第二神殿期に発展した（Ⅱマカ 7 章）。復活はたんなる「死後の生」ではなく，「死後の生」のあとに来る新たな身体を伴う命である。現在死んでいる者は，「眠っている者」「魂」「天使」「霊」などと表現されるが，これは新たな身体を待ち望む過程である。初期のキリスト者がイエスの復活を語るとき，それはイエスが「天に行った」とか「高挙した」とか「神となった」ということでない。彼らがこれらのことを信じたとしても，それは復活に言及せずとも表現できる。身体を伴うイエスの復活のみが，初代教会の誕生，特にイエスがメシアであるという確信を説明しうる。復活のない十字架刑は，イエスがメシアであるという主張を即座にかき消してしまう。初期のキリスト者は，彼ら自身も主の再臨（パルーシア）の時に新たな身体へと甦らされると信じた（フィリ 3.20 参照）。

捕囚（exile）

申命記（29–30 章）は，イスラエルの民がヤハウェに従わなければ捕囚へと追いやられ，民がのちに悔い改めるならば呼び戻される，という忠告を与える。バビロニアがエルサレムを滅ぼしてその民を連れ去ったとき，エレミヤなどの預言者はこの出来事を申命記の忠告の成就と解釈し，さらに捕囚の期間（エレ 25.12, 29.10 によると 70 年）について預言した。たしかに捕囚の民は前 6 世紀の後半に帰還し始めた（エズ 1.1）。しかし，帰還後の時代，民はいまだ外国人への隷属状態にあった（ネヘ 9.36）。そしてシリアによる迫害が頂点に達したとき，ダニエル書 9 章 2，24 節が，70 年ではなく 70 週の年（つまり 70 × 7=490 年）のあいだ続く「真の」捕囚に言及した。イザヤやエレミヤなどの預言が成就して，異教徒の圧政から解放される意味での解放に対する切望は，多くあるユダヤ人（メシア）運動を特徴付け続けた。これはまた，イエスの宣言と**悔い改め**の要請においても重要な主題であった。

ミシュナ（Mishnah）

200 年頃に**ラビ**たちによって成文化された文書を指し，イエスの時代にすでに成文化されていた**トーラー**と共存した口伝律法を文書化したものである。ミシュナは，より多くの伝承を集めた 2 つのタルムード（400 年頃）の基礎となっている。

メシア，キリスト（Messiah, messianic, Christ）

ヘブライ語の文字どおりの意味は「油注がれた者」で，それは基本的に

預言者，祭司，王を指す。これをギリシア語に訳すとクリストス（キリスト）となる。初代教会において「キリスト」はある種の称号であったが，徐々にイエスの別名となった。実際には，「メシア」はユダヤ教においてより厳密な意味で用いられ，来たるべきダビデ王の正統な継承者を指す。この王をとおしてヤハウェは世に審判を下し，イスラエルを敵から救う。メシア到来に関する理解はさまざまであった。聖書中の物語や約束が多様に解釈され，さまざまな理想や待望運動を生じさせた。とりわけ，（1）イスラエルの敵に対する決定的な軍事的勝利，（2）神殿の再建と浄め，とに焦点が置かれた。死海文書は2人のメシアに言及するが，1人は祭司で，もう1人は王である。ローマ人によるイエスの十字架刑は，イエスがメシアでありえないことを示すしるしと見なされた。しかし初代教会はイエスの復活によって，神がイエスのメシア性を認めたと認識し，イエスがメシアだという確信に至った。

ヤハウェ（YHWH）

「YHWH」は，遅くとも出エジプトの時期（出 6.2–3）以降，古代イスラエルにとっての神を表す語であった。これは本来「ヤハウェ」と発音されたのではないかと考えられる。イエスの時代までには，この名は口にするにあまりにも聖いと考えられ，大祭司だけが年に1度，神殿内の至聖所において発するようになった。敬虔なユダヤ人が聖書を読む場合は，この神名の代わりに「アドナイ（主）」という呼び名を用いた。これを記すために，子音のみからなるYHWHに「アドナイ（Adonai）」の母音が挿入され，「エホバ（Jehovah）」という混合名詞が作られた。YHWHは「ある」という動詞からなり，「私はある者」，「私はある者となろう」，そしておそらく「私はある，それゆえ私はある」という意味を含有し，YHWHの創造的力と権威とを強調している。

良き知らせ，福音（書），使信，言葉（good news, gospel, message, word）

「良き知らせ」とそれを表す古英語「ゴスペル（福音）」が示す概念は，1世紀のユダヤ人にとって特に2つの重要な意味があった。第1にそれは，イザヤの預言をもとにしており，ヤハウェが悪に勝利し人々を救出するという期待を成就したことの報告である。第2にそれは，ローマ世界において，皇帝の誕生日や即位の知らせを意味する。イエスとパウロとにとって，神の王国到来の知らせは預言成就であると同時に当時の支配者への挑戦を意味しており，この意味で「福音」は，イエス自身の教えとイエスに関する使徒の説教を指す。パウロは福音自体が神の救済の力を体験する手段だと考えた（ロマ 1.16，Ⅰテサ 2.13）。新約聖書の四福音書は，イエスの物

語を記すにあたってこれらの2点を明確に示している。2世紀以降に出回った他の「福音書」には，イエスの功績からユダヤ教的なルーツを排除し，この世の支配者に対する抵抗というよりも，個人的な信仰を強調する傾向が見られる。イザヤ書はこの創造的で命を与える良き知らせを神の力強い言葉と見なしたので（イザ 40.8，55.11），初期のキリスト者はキリスト教の根幹をなす宣言を「言葉」や「使信」などとも言い表した。

ヨハネ（洗礼者）（John [the Baptist]）

ルカ福音書によると，ヨハネは**祭司**の家庭に生まれ，イエスより数か月前に生まれた，イエスの母方の従兄弟である。彼は預言者としてふるまい，ヨルダン川で洗礼を授けたが，これは**出エジプト**の象徴的なやり直しである。これによって民を**悔い改め**へと導き，神の来たるべき審判に備えさせようとした。彼は**エッセネ派**と何らかの接触を持っていたかもしれないが，そのメッセージはこの宗派の思想と異なる。イエスの公的生涯の開始は，ヨハネによる**洗礼**をとおして承認された。ヨハネはその**王国**に関する説教の一部として，兄弟の妻を娶ったヘロデ・アンティパスを公に批判した。その結果ヘロデはヨハネを投獄し，妻の要望に応えて打ち首にした（マコ 6.14–19）。ヨハネの弟子たちは，その後しばらくのあいだ，キリスト者共同体とは距離を取り，独自の道を歩んだ（使 19.1–7）。

ラビ（ファリサイ派を参照）（rabbi, cf. Pharisees）

律法（トーラーを参照）（law, cf. Torah）

律法学者（ファリサイ派を参照）（legal experts, lawyers, cf. Pharisees）

霊（命，聖霊を参照）（spirit, cf. life, holy spirit）

レプラ，重い皮膚病（leper, leprosy）

現代のような医療技術がない社会において、伝染性の病が流行ることを防ぐために医療行為としての厳格な規制が必要とされた。重篤な皮膚病に代表されるそのような症状は「レプラ」と称された。レビ記 13–14 章はレプラの診断と予防について詳しく述べている。患者は居住区から隔離され、「不浄」と叫んで人々が近寄らないよう警告を発することが求められた（13.45）。症状が治癒した場合、**祭司**がこれを認定する必要があった（14.2–32）。

《訳者紹介》

大宮 謙（おおみや・けん）

1964年生まれ。1988年、慶応義塾大学経済学部卒業。日興証券株式会社引受部勤務を経て、1997年、東京神学大学大学院修士課程修了。日本基督教団西那須野教会牧師、同逗子教会牧師を経て、現在、青山学院大学宗教主任・社会情報学部教授。

共著　『3.11 以降の世界と聖書――言葉の回復をめぐって』（共著、日本キリスト教団出版局、2016年）。

訳書　デイヴィド・ヒル『ニューセンチュリー聖書注解　マタイによる福音書』（日本キリスト教団出版局、2010年）。

N. T. ライト新約聖書講解 1

すべての人のためのマタイ福音書 1 ―― 1‐15章

2021 年 11 月 10 日　初版発行

訳　者　大宮　謙

発行者　渡部　満

発行所　株式会社　教文館

〒104‐0061 東京都中央区銀座4‐5‐1 電話 03（3561）5549 FAX 03（5250）5107

URL　http://www.kyobunkwan.co.jp/publishing/

印刷所　モリモト印刷株式会社

配給元　日キ販　〒162‐0814　東京都新宿区新小川町9‐1

電話 03（3260）5670　FAX 03（3260）5637

ISBN978‐4‐7642‐2081‐2　Printed in Japan